Professor Dr. J. Thienemann

Rossitten

Dritte Auflage

Rossitten

Drei Jahrzehnte auf der Kurischen Nehrung

Von

Professor Dr. J. Thienemann

Dritte verbesserte und vermehrte Auflage
(Zwölftes bis siebzehntes Tausend)

Mit 157 Abbildungen und 6 Karten

1930

Verlag von J. Neumann-Neudamm

Anmerkungen des Verlages zu den Reprints „Klassiker der Ornithologie"

Die Reprints der Reihe „Klassiker der Ornithologie" verstehen sich als historische wissenschaftliche Ausgaben und sind deshalb vollständig unverändert wiedergegeben. Die Inhalte und sachlichen Aussagen entsprechen dem Wissensstand zum Zeitpunkt des Erscheinens der Originalausgabe. Weltanschauliche Äußerungen spiegeln den jeweiligen Zeitgeist wider. Der Verlag distanziert sich ausdrücklich von solchen Äußerungen im Text, die unseren heutigen Anschauungen und Rechtsvorstellungen zuwiderlaufen.

AULA-Verlag GmbH

Die Deutsche Bibliothek – CIP-Einheitsaufnahme

Thienemann, Johannes:
Rossitten : drei Jahrzehnte auf der Kurischen Nehrung / von J. Thienemann. – Repr. der Ausg. Melsungen, Neumann-Neudamm, 1930, 3. Aufl., 12.–17. Tsd. – Wiesbaden : Aula-Verl., 1996
   (Klassiker der Ornithologie)
   ISBN 3-89104-591-3

Reprint der 3. Auflage 1930, Lizenzausgabe durch AULA-Verlag GmbH, Verlag für Wissenschaft und Forschung, Wiesbaden, 1996

© 1930, 1996, Verlag J. Neumann-Neudamm GmbH & Co. KG, Melsungen
Das Werk ist einschließlich aller seiner Teile urheberrechtlich geschützt. Jede Verwertung außerhalb der engen Grenzen des Urheberrechtsgesetzes ist ohne Zustimmung des Verlages unzulässig und strafbar. Dies gilt insbesondere für Vervielfältigungen auf fotomechanischem Wege (Fotokopie, Mikrokopie), Übersetzungen, Mikroverfilmungen und die Einspeicherung und Verarbeitung in elektronischen Systemen.

Umschlagsgestaltung: Klaus Neumann
Druck und Verarbeitung: Zechnersche Buchdruckerei Speyer
Printed in Germany/Imprimé en Allemagne
ISBN: 3-89104-591-3

Inhaltsverzeichnis

	Seite
Die Kurische Nehrung	9
Das Leben in Rossitten	31
Nehrungsfahrten	65
Über Land	65
Über Eis	84
Übers Wasser	109
Durch die Luft	120
Vom Wilde der Kurischen Nehrung	127
Der Vogelzug und die Vogelwarte Rossitten	147
Allgemeines	147
Ulmenhorst	172
Das Vogelberingungsexperiment	196
Allgemeines	196
Krähenfang	206
Nebelkrähen	214
Störche	218
Lachmöwen	226
Heringsmöwen, Sturmmöwen, Mantelmöwen	229
Silbermöwe	230
Waldschnepfen	231
Stare	232
Kleinvögel	232
Geschichten beim Auffinden von Ringvögeln	236
Die Schnelligkeit des Vogelzuges	245
Die Höhe des Vogelzuges	259
Der Zug getrennt nach dem Alter	263
Witterung und Vogelzug	265
Die Orientierung der Zugvögel	277
Der geheime Vogelzug	298
Gedanken über moderne Vogelzugsforschung	301
Die Falknerei	303

Vorwort zur erſten Auflage

Was ſoll dieſes Buch? Oder ich will lieber fragen: Was ſoll das Buch nicht? Es ſoll keine ausführliche Beſchreibung der Kuriſchen Nehrung in geologiſcher und hiſtoriſcher oder ethnographiſcher Hinſicht geben. Das können andere Autoren viel beſſer ſchreiben und haben es viel beſſer geſchrieben, als ich es vermag. Es ſoll auch keine allgemeine Behandlung des geſamten Vogelzugproblems bringen, wenn auch die Beſprechung des Vogelzuges einen breiten Raum innerhalb des Buches einnimmt, und zwar des Vogelzuges, wie er auf der Kuriſchen Nehrung ſtattfindet, wobei ich mir vorbehalte, gerade den Vogelzug noch einmal in einem beſonderen Werke zu behandeln.

Das Buch ſoll vielmehr etwas von dem bringen, was ich in dreißig Jahren auf der Kuriſchen Nehrung ſelbſt geſchaut, ſelbſt erlebt und ſelbſt zu erforſchen verſucht habe, und wenn dieſe beſcheidenen Forſchungen zur Klärung der dunklen Vogelzugfrage ein wenig beitragen würden, ſo ſollte mich das ſehr freuen.

Man ſoll mir nicht vorwerfen, daß ich keine Literatur benutzt hätte. Ich benutze überhaupt keine Literatur; denn Bücherweisheit will ich nicht bringen, ſondern ich ſchreibe nach meinen Tagebüchern und aus der Erinnerung. O, möchte es mir doch vergönnt ſein, ſo recht mit dem Herzen zu ſchreiben; denn mein ganzes Denken und Fühlen gehört ja meiner geliebten Nehrung, und möchte doch von der Fülle von Liebe etwas in die Herzen der Leſer überſtrömen, daß man über die Kuriſche Nehrung, dieſen entlegenſten Teil unſeres Vaterlandes, ſowie über unſer abgeſchnürtes Oſtpreußen auswärts etwas anders denken lernt wie bisher. O, Oſtpreußen iſt ſchön! Man kennt es nur nicht und macht ſich ganz falſche Vorſtellungen davon.

Diese Erfahrung tritt mir auf meinen vielen Vortragsreisen im fernsten Westdeutschland, ja, im Auslande zur Genüge immer wieder entgegen. Wenn doch dieses anspruchslose Buch nach der Richtung hin etwas Aufklärung schaffen könnte! —

Die Abbildungen sind auf Veranlassung des Verlages vorwiegend von der Firma Hubert Schonger in Berlin hergestellt worden. Zu verschiedenen Jahreszeiten war ein Photograph auf längere Zeit in Rossitten anwesend, um die Aufnahmen zu machen, und ich möchte dem Herrn Verleger gegenüber dankbar anerkennen, daß er keine Mühe und keine Kosten gescheut hat, das Buch würdig auszustatten.

Darf ich kurz noch etwas von mir selbst sagen? Ich bin im Leben wunderbar geführt worden. Wie oft türmten sich unüberwindlich scheinende Schwierigkeiten entgegen, aber immer ebneten sich die Wege wieder, und es wurde mir das beschert, was ich suchte: innigster Verkehr in und mit der Natur, einer Natur, wie sie urwüchsiger und unverfälschter wohl kaum gedacht werden kann. In größter Dankbarkeit darf ich auf mein bisheriges Leben zurückblicken, denn die Träume meiner Jugend haben sich erfüllt, und so möchte ich diese kurze Einleitung mit dem innigen Wunsche schließen, daß die jungen Menschenkinder, denen dieses Buch vielleicht in die Hände kommt, später von ihrem Leben auch so sagen möchten. —

Geschrieben in der Beobachtungshütte Ulmenhorst
   zur Herbstvogelzugzeit 1927.

Der Verfasser.

Vorwort zur zweiten Auflage

Wo hätte ich geglaubt, daß mein schlichtes Buch in so kurzer Zeit schon eine zweite Auflage erleben würde. Ich darf diese Erfahrung als ein Zeichen dafür hinnehmen, daß in unserm Volke noch ein reger Sinn für unverfälschte Natur vorhanden ist. Darüber empfinde ich aufrichtige Freude, und die vielen so überaus freundlichen Zuschriften von nah und fern, für die ich herzlich danke, erhöhen diese Freude.

So konnte ich nur einige Verbesserungen und Ergänzungen an der neuen Auflage vornehmen. Die Ergänzungen beziehen sich namentlich auf den Fortgang des im Sommer 1927 angesetzten Orientierungsexperimentes mit 75 Jungstörchen, die inzwischen abgezogen sind.

Möge das Buch weiter seinen Weg finden.

Januar 1928.

Der Verfasser.

Vorwort zur dritten Auflage

In der Zeit zwischen dem Erscheinen der zweiten und dritten Auflage dieses Buches ist ein neuer Nehrungs- und Vogelwartenfilm „Im Lande des Vogelzuges" entstanden, gedreht von der Firma Hubert Schonger in Berlin. Ich fühle so etwas wie Verpflichtung, durch diesen Film gleichsam nach außen hin Rechenschaft abzulegen über die Arbeit auf der Vogelwarte Rossitten, weil die Allgemeinheit an den unternommenen Versuchen und Experimenten so treu mitgeholfen hat. Der Film enthält aber auch Allgemeines über die Nehrung: das Landschaftliche, Elche, Beizjagd, überhaupt alles, was in diesem Buche behandelt wird.

Die dritte Auflage hat mancherlei Erweiterungen und Verbesserungen erfahren; auch neue Abbildungen sind hinzugekommen.

Der Verfasser.

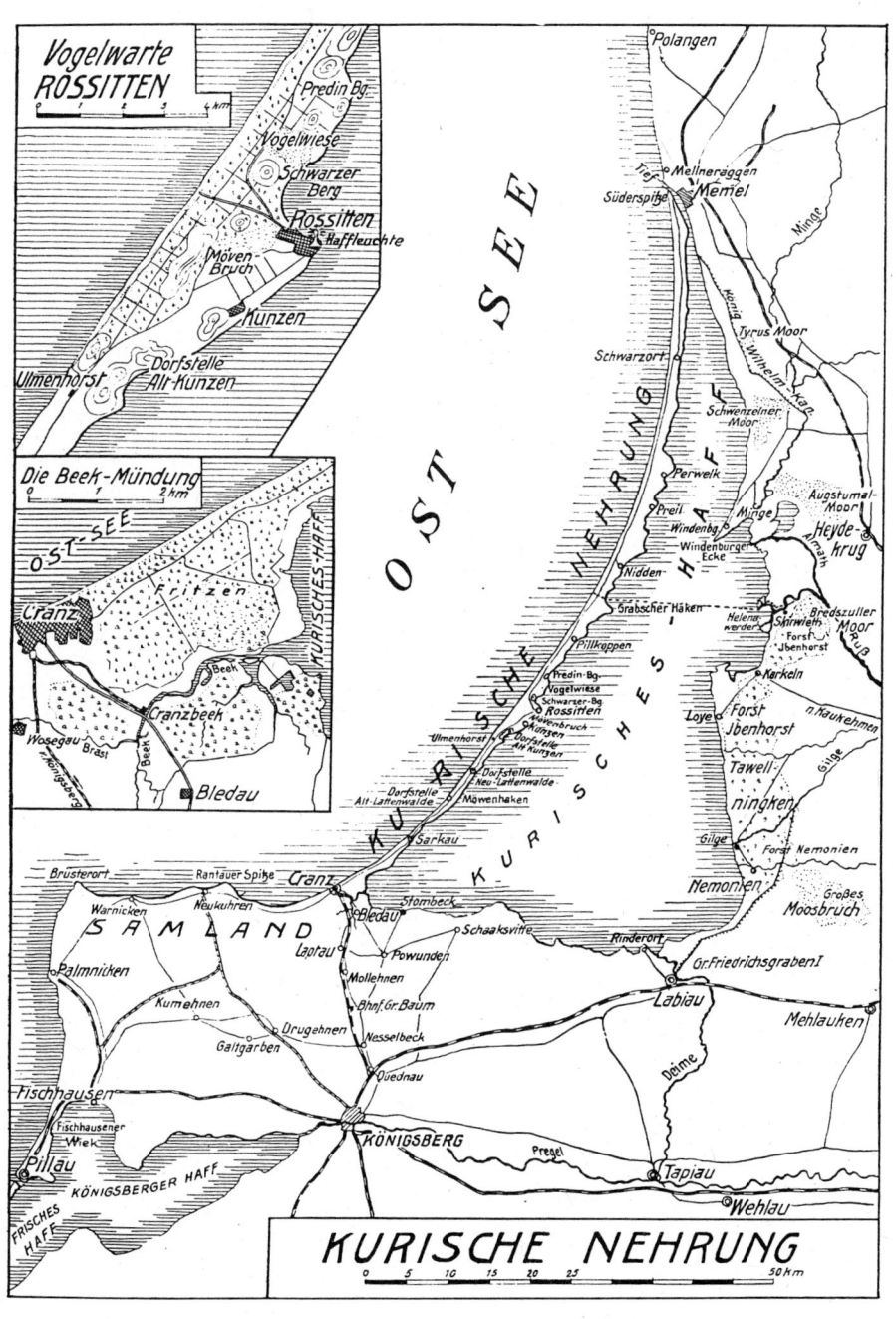

Kupstengebiet.

Die Kurische Nehrung

Am 18. Juli 1896 betrat ich zum ersten Male den Nehrungsstrand. Wir waren über das Kurische Haff gefahren, hatten unterwegs die lange gelbe Kette der Wanderdünen mit neugierigen Augen von weitem geschaut, und nun waren wir endlich da. Ich bekam in Rossitten Wohnung in einem mit Stroh gedeckten Häuschen, mitten in einem Garten gelegen, wie er so recht nach meinem Herzen ist. Nicht so blitzblank zurechtgemacht, daß man sich scheut, auf den Wegen die Pfeife auszuklopfen, sondern urwüchsig, aber voll von üppig blühenden einfachen Bauernblumen. Beim Sachenauspacken schaute ich zufällig zum Fenster hinaus; da saß ein Kuckuck ganz nahe auf einem Zaunpfahl; und dort noch einer! Ich war aus der Großstadt gekommen. O, wie weit hatte ich da immer fahren müssen, um einen Kuckuck zu Gesicht zu bekommen, und hier sah man ihn vom Stubenfenster aus. — Ein merkwürdiges Land!

Nachher gingen wir ein Stück spazieren nach dem alten, ehrwürdigen, schwarzen Berge, der nächstgelegenen hohen Wanderdüne.

„Ist das alles Sand?" so kam es erstaunt über meine Lippen, als wir den weiten Abhang hinaufstiegen.

„Ja, bis unten hin," meinte lächelnd mein Begleiter, „und so geht es weiter bis nach Memel hinauf." — Ein merkwürdiges Land!

Abends lustwandelten wir durchs Dorf. Da huschte etwas an uns vorüber, das andauernd pfiff, piepte, wie man hier sagt.

„Was war denn das?"

„Das ist der Nachtwächter."

„Aber es war doch eine Frau?"

„Ja, hier nachtwächtern auch die Frauen." — Ein merkwürdiges Land!

Ein paar Tage später tranken wir im Garten Kaffee. Die Flinte hatte ich immer bei mir. Da strich ein großer Vogel über mich weg. Ich schoß ihn. Es war eine Steppenweihe. Noch nie in meinem Leben hatte ich eine Steppenweihe gesehen, und hier schießt man diese seltenen Wanderer vom Kaffeetische aus. — Ein merkwürdiges Land! Ich ahnte damals noch nicht, daß dieses merkwürdige Land meine zweite Heimat werden sollte, und von diesem merkwürdigen Lande will ich jetzt zu erzählen versuchen. Ich glaube, wir lernen es am besten kennen, wenn wir gemeinsam eine Fußwanderung von Süden her die Nehrung entlang unternehmen.

Die Kurische Nehrung ist der schmale Landstreifen, der sich in einer Länge von 97 Kilometern von dem bekannten Ostseebade Cranz in sanftem Bogen zwischen der Ostsee und dem Kurischen Haff bis nach Memel hin erstreckt. Im Süden hängt die Nehrung mit dem Festlande zusammen, während sie im Norden durch das Memeler Tief vom Festlande getrennt wird. Dort fließen also Haff und See zusammen und verursachen Brackwasser. Aber der Salzgehalt verliert sich schon sehr bald nach Süden zu, so daß das Kurische Haff als ein Süßwasserbecken bezeichnet werden kann. Mehr als die Länge interessiert wohl die Breite dieses merkwürdigen Landstreifens. Gewöhnlich wird gesagt, daß die breiteste Stelle bei Rossitten liege. Das stimmt nicht ganz. Nördlich von Nidden gibt es einen Punkt, wo man noch etwas breiter messen kann, nämlich fast 4 Kilometer, während die Gegend bei Rossitten nur 3,2 Kilometer aufweist. Die schmalste Stelle findet sich bei Sarkau. Nur 400 Meter liegen da Haff= und Seestrand voneinander entfernt. Im übrigen ist die Breite sehr verschieden, da der Haffstrand in einer Wellenlinie verläuft. Zu= weilen zeigen sich tiefe Einbuchtungen, und andererseits ragen sogenannte Haken weit ins Haff hinaus.

Wir werden bei unserer Wanderung auf mancherlei Gegensätze stoßen. Darum pflege ich bei meinen Vorträgen die Nehrung oft als ein Land der Gegensätze zu bezeichnen. Da wandelt man eben noch auf festem Boden, und beim nächsten Schritte sinkt man in die Tiefe und schnappt nach Luft: man ist in den tückischen Triebsand geraten. Oder jetzt schreitet man durch wogende Getreidefelder, pflückt Blumen so wunderbar schön, wie man sie auf dem Festlande nicht besser antrifft, und in ein paar Minuten befindet man sich auf einem Boden, so mager, daß er nicht einmal ein dürftiges Grashälmchen hervorzubringen vermag. Welcher Gegensatz! Oder bei schönstem warmen Wetter sind wir ausgezogen; die Mäntel blieben zu Hause. Da tritt ganz plötzlich dichter Seenebel auf, und ein eiskalter Wind pfeift uns um die Ohren. Wie sagte darum einst ein witziger Ober= förster, der vom Festlande hierher versetzt war? „Bei Nehrungs= wanderungen muß man eigentlich immer den Kleiderschrank mitnehmen, um sich je nach der Witterung öfter umziehen zu können." Ist das nicht Gegensätzliches genug? Und wie unvermittelt wechseln oft Wald und Wüste miteinander ab, daß man aus dem Staunen nicht herauskommt! Auch der Volkscharakter weist mancherlei Gegensätze auf, die den Ethnographen und Psychologen interessieren müssen.

Wir beginnen also in Cranz. Zunächst kommen wir durch Wald, schönen Hochwald. Da brüten Wanderfalke, schwarzer Milan und Bussard. Der Schwarzspecht zimmert seine geräumigen Wohnungen, und früher hauste der Seeadler noch in diesem Gebiete — für den Kenner alles Zeichen dafür, daß hier schöne hohe Bäume zu finden sein müssen. Plötzlich schimmert es weiß durch die Büsche, — Häuser! Das erste Nehrungsdorf Sarkau! Ein brenzliger Geruch weht uns entgegen, denn die Sarkauer sind wie immer beim Räuchern ihrer berühmten Flundern. Jetzt verstehen wir auch die vielen kleinen Klapperwagen, die uns auf unserem Marsche zwischen Cranz und Sarkau begegneten. Vorn ein kleines, mageres Pferd vorgespannt, lang angesträngt an langer Deichsel, so daß der Wagen in Schlangenlinien hin und her schlottert, und oben zwischen Spankörben eine mehr oder weniger vermummte Frauengestalt thronend, mit braungebranntem Gesicht, als Zepter die Peitsche in der Hand führend — das sind die bekannten Sarkauer Flunder= frauen, die jahraus, jahrein ihren Fang nach Cranz oder Königsberg zu Markte bringen.

Nach kurzer Rast in Sarkau geht's weiter. Mit einem Male hört der Wald auf. Die Wüste umfängt uns, und rechts am Haff beginnen die hohen Wanderdünen. Wüste — Düne — Ruhe — Verlassenheit — Tod — diese Begriffe bringt man gewöhnlich zusammen, und mit Recht. Eben noch lustiger Vogelgesang im Walde, jetzt eine unheim= liche Stille. Alles Leben scheint erstorben, nur oben aus der Luft tönen ein paar Heidelerchentriller hernieder, mit ihrem wehmütigen Klange so ganz zur Landschaft passend. Keine Menschenseele weit und breit, kein Weg, kein Steg, nur Sand und Sonne. Wir gehen den sanft ansteigenden Abhang der Wanderdüne hinauf und sind erstaunt, daß wir gar nicht tief in den Sand versinken, weil unten sehr bald die Feuchtigkeit beginnt. Nur flüchtig schauen wir uns unterwegs um, denn wir merken schon jetzt, daß uns oben eine große freudige Überraschung bevorsteht, und die wollen wir uns durch einen vor= eiligen Vorgenuß nicht abschwächen. Von unten erschien die Düne gar nicht so ausgedehnt, aber jetzt breiten sich immer wieder neue weite Flächen vor unseren erstaunten Augen aus. Aber sind die wirklich so weit, wie sie aussehen? Wir haben ganz den Maßstab verloren, weil das Auge keinen Vergleichspunkt findet, nach dem es sich richten kann.

Nur Sand und immer wieder Sand!

Endlich sind wir oben, und nun, Du Menschenherz, öffne Dich

und nimm den ganzen Zauber der Nehrungswüste in Dich auf! Dort die grüne gekräuselte See, hier das blanke Haff, in der Mitte die weiten, von Thymian rot gefärbten Palwen und die gelben Dünen, im Hintergrunde der grüne Wald und darüber ein blauer Himmel — o, das sind Färbungen und Stimmungen, die sich einem empfänglichen Herzen dauernd einprägen.

Kuppendünen.

Aber wir müssen weiter und gelangen nun in das Kupstengebiet, meinem Geschmack nach das interessanteste Gelände der ganzen Nehrung. Eine rauhe Urwüchsigkeit und Unberührtheit tritt uns entgegen. Dünenkuppe reiht sich an Dünenkuppe, eine immer abenteuerlicher aussehend als die andere. Der Wind, dieser allmächtige Gestalter auf der Nehrung, hat auch diese Gebilde hervorgebracht. Um natürliche Hindernisse hat er Sandmassen aufgehäuft und an ihren Oberflächen dann herumgeformt wie ein überspannter Bildhauer. Ist man zu zweien, so kann man sich bei dem Wirrwarr

13

von Kuppendünen gegenseitig leicht aus dem Gesicht und aus der Hörweite verlieren. Und durch dieses schwierige Gebiet mußten wir uns in früheren Zeiten, als es noch keine Nehrungsstraße gab, mit unseren einfachen Nehrungsfuhrwerken hindurcharbeiten, wenn wir von Rossitten nach Cranz wollten. „Mang die Humpels" mußten wir fahren, wie die Nehrunger sagen, und es war keine Seltenheit, daß wir an gebleichten Knochen vorüberkamen, wo ein Nehrungspferd vor Überanstrengung zusammengebrochen war.

Jetzt biegen wir um eine besonders hohe Kuppendüne herum, da schaut ein Hausfundament aus dem Sande hervor, und dort liegen Topfscherben, Ofenkacheln Angelhaken, Knochen, zerbrochene Tonpfeifen, verrostete Nägel und andere Spuren menschlicher Kultur herum. Ein versandetes und jetzt wieder freigewehtes Nehrungsdorf! Wo früher reges Leben herrschte, da jetzt Ruhe. Düne — Wüste — Tod — so geht es uns wieder durch den Kopf, und wir werden so klein und bescheiden in dieser erhabenen wilden Natur.

Stundenlang sind wir nun schon gewandert, und es ist immer

„Mang die Humpels."

„Tausende von weißen Lachmöwen wirbeln schreiend durch die Luft . . ."

noch kein Ende abzusehen. Heiß brennt die Sonne hernieder, und die Spannung in unserem Körper fängt an nachzulassen. Wenn uns jetzt hier etwas zustoßen würde! Wer findet uns? Wer fragt nach uns? Wüste! — Verlassenheit! — Tod!

Da taucht plötzlich ein schwarzer Streifen am nördlichen Horizonte auf. — Der Rossittener Wald! Nun mutig vorwärts, denn dort vorn winkt ja das Leben. Bald nimmt uns der Schatten der Bäume auf, und noch ein Stück weiter — die Häuser des Dörfchens Kunzen und das Möwenbruch bei Rossitten. Tausende von weißen Lachmöwen wirbeln schreiend durch die Luft, und auf dem Wasserspiegel Scharen von Enten und Tauchern! Die höchste Entfaltung tierischen Lebens tritt uns entgegen, und kurz vorher noch Ruhe und Verlassenheit: ja, die Nehrung ist das Land der Gegensätze! Und Rossitten die Oase in der Wüste! Wogende Getreidefelder sehen wir, ebenso auf saftiger Weide stehende Pferde und Kühe.

So abwechselnd zwischen Wald, freier Palwe, Kupsten, bewaldeten und kahlen Dünen zieht sich die Nehrung weiter nach Norden hin bis zum äußersten Ende bei Memel, der sogenannten Süderspitze mit dem Sandkruge. Die nächsten hohen Wanderdünen nördlich von Rossitten sind die Predinberge, wo seit neuester Zeit die Segelflieger in den emporsteigenden Aufwinden ihre Übungsflüge abhalten,

Am Seestrande.

Seestimmung.

und wo der bekannte Segelflugwettbewerb stattfindet. Es ist dort schon eine richtige Häuserkolonie entstanden, worin eine Fliegerschule untergebracht ist.

Die Nehrungsdörfer, die wir bei unserem weiteren Marsche nach Norden zu antreffen und die sämtlich auf der Haffseite liegen, sind folgende: elf Kilometer nördlich von Rossitten das Fischerdörfchen Pillkoppen. Dann das malerisch gelegene Nidden mit seiner drei-

Rohrrecke am Haffstrande.

sprachigen Bevölkerung (deutsch, kurisch und litauisch), jetzt zum Memelland gehörig, denn etwa drei Kilometer südlich vom Dorfe verläuft die Grenze. Nidden ist jetzt Badeort und wird gern von Malern aufgesucht. Weiter die Orte Preil und Perwelk in ihrer Dürftigkeit. Sie zählten wohl mit zu den kleinsten Dörfern Preußens. Schließlich das bekannte Ostseebad Schwarzort mit seinen modernen Einrichtungen. O, Schwarzort ist schön! Geschützt hinter bewaldeten Dünen gelegen.

Nun wollen wir einmal quer über die Nehrung hinweg gehen,

„Ganze Wäldchen entstehen so ganz von selbst durch Anflug."

weil wir dadurch vielleicht ein noch deutlicheres Bild von unserm merkwürdigen Landstreifen bekommen. Wir beginnen an der See. Zunächst der Seestrand. Daran anschließend die Vordüne, ein künstlich angelegter Schutzwall, an dem von seiten der Wasserbauverwaltung fortwährend gearbeitet werden muß. Seine Höhe wird durch Fangzäune aus Reisig reguliert, seine Festigkeit durch Anpflanzungen von Sandgräsern erreicht. Dahinter folgt die Nehrungsplatte oder Nehrungspalwe, eine weite, entweder mit dürftigem Gras oder auch mit Wald bewachsene Fläche. Über unsern schönen Wald, der aus Fichten, Kiefern, Birken, Erlen, Espen besteht, wundern sich die Fremden oft, da sie so etwas hier in der Wüste nicht vermuten. Wo durch Sandauswehungen auf den Nehrungspalwen Mulden entstanden sind, so daß der feuchte Untergrund zutage kommt, da hat der Wind Birken- und Erlensamen hineingejagt, auf diese Weise malerische Baumgruppen erzeugend. Ganze Wäldchen entstehen so ganz von selbst durch Anflug. Ja, der Wind gibt und nimmt uns auf der Nehrung. Ein ewiger Wechsel von Werden und Vergehen vollzieht

Birken im Sturm

sich vor unseren Augen. Mir will es scheinen, als ob die hiesige Bevölkerung, die solches dauernd mit ansieht, etwas ernst gestimmt ist. In meiner Heimat Thüringen kam es mir lustiger vor.

An die Nehrungspalwe schließt sich die Triebsandzone an. Ja, der Triebsand! Dieses mit Sagen und Fabeln umwobene Gebilde auf unserer Nehrung! Darüber könnte man allein ein kleines Buch schreiben. Zuweilen kommen die Fremden mit ängstlichen Fragen zu mir nach der Vogelwarte, ob man denn hier allein ausgehen dürfe? Ob man nicht rettungslos im Triebsande versänke oder von den Elchen totgeschlagen würde? So schlimm ist die Sache nicht. Was ist denn der Triebsand? Er liegt am ausgiebigsten am Westfuße der hohen Wanderdüne. Ahnungslos geht der Wanderer da entlang; plötzlich weicht der Boden unter seinen Füßen, er fährt erschreckt mit den Armen in die Luft und glaubt nun zunächst, daß es mit ihm unrettbar hinuntergeht in die Tiefe. Nein, bald schon würde er wieder festen Grund unter den Füßen haben, aber so weit läßt man es gar nicht kommen, sondern man wirft sich hin und wälzt sich heraus. Die Stiefeln bleiben allerdings gewöhnlich stecken, vom zähen Sandbrei wie mit magischer Gewalt festgehalten. Es gibt Bilder, wo man Wagen und Pferde im Triebsande rettungslos versinken sieht; Menschen sollen verschwunden sein und dergleichen mehr. Das ist übertrieben. Wohl kann oder konnte man, als es noch keine Nehrungsstraße gab, bei seinen Fahrten in unangenehmer Weise aufgehalten werden, indem ein Pferd plötzlich einsank und ausgegraben werden mußte. So etwas ist mir öfter passiert, weshalb man früher immer einen Spaten auf dem Wagen mitführte Ich habe auch gesehen, wie ein galoppierender Reiter, der mir bei der schwierigen Brachvogeljagd auf der Vogelwiese bei Rossitten als Treiber diente, plötzlich vom Erdboden verschwand, in einer tiefen Triebsandstelle sich wälzend. Auch Weidevieh läuft öfter in die gefährlichen Stellen hinein, wobei auch mal ein Beinbruch vorkommen kann, aber sonst pflege ich zu sagen, daß ein **nüchterner Mensch sicher aus dem Triebsande wieder herauskommt**.

Auf dem Kamm der Wanderdüne.

Dünenstimmung.

Über die wissenschaftliche Erklärung des Triebsandes ist früher viel geredet und geschrieben worden, und alle möglichen Hypothesen wurden aufgestellt. Daß die ganze Erscheinung zunächst höchst auffallend anmutet, steht außer Zweifel, denn wenn man ein Becken mit Wasser nimmt und Sand hineinschüttet, dann sinkt der Sand unter, und das Wasser steht oben, und die Sandschicht unten auf dem Boden des Beckens ist durchaus nicht breiartig, sondern fest. Hier aber steht der Sand obenan, und unten ist Wasser. Die ganze Erscheinung steht nach den Forschungen von Heß von Wichdorff nicht mit den Druckverhältnissen der hohen Wanderdüne im Zusammenhange, sondern ist abhängig vom Grundwasserstande. Wenn bei Ostwind das Haff an der Nehrungsküste steigt, dann steigt auch der Grundwasserspiegel auf der Nehrung, und die Sandflächen an den Triebsandstellen sind dann vollständig mit Wasser gesättigt, zuweilen sogar überstaut. Dann kann man diese Stellen getrost betreten, denn sie halten die Last aus. Jetzt fällt der Spiegel des Haffs und damit auch das Nehrungsgrundwasser. Die Flüssigkeit sinkt „zwischen den einzelnen Sandkörnern nach unten, und es bleiben nur dünne Wasserhäutchen und Luftbläschen zwischen den nun loser liegenden Sandkörnern in den oberen Schichten zurück." Diese Schichten sind sozusagen ein noli me tangere, ein Rühr-mich-nicht-an. Tritt man darauf, dann bricht man unfehlbar durch. Dem Kenner verraten sich diese verhängnisvollen Stellen immer schon von weitem durch ihr graugrünliches Aussehen. Vegetation darf nicht darauf vorhanden sein. Wo Pflanzen stehen, bricht man nicht ein. In dem Nehrungs- und Vogelwartenfilm, der kürzlich zusammengestellt worden ist, betitelt: „Die Wüste am Meer, Bilder von der Kurischen Nehrung" kann man deutlich sehen, wie ein Mensch mehrfach in den Triebsand fällt.

Auffallend ist es, daß man nie hört, daß Wild in den Triebsand hineingerät und etwa verunglückt. Allerdings käme wohl nur der schwere Elch in Frage. Ob das Wild die gefährlichen Stellen aus Erfahrung kennt?

Nun folgt bei unserem Gange wohl die gewaltigste Erscheinung auf der Kurischen Nehrung, die dem Landschaftsbilde den Stempel des Einzigartigen aufdrückt: die Wanderdünen. Wer diese hohen gelben Berge mit ihrer Wucht und Schönheit als Fremder zum ersten Male sieht, der ist zunächst ganz überwältigt. Er hat so etwas nicht für möglich gehalten. An uns Einheimische werden dann gewöhnlich zwei Fragen gerichtet: Wie hoch sind diese Dünen? und: Wie kommt das Wandern zustande? Die erste Frage ist ohne weiteres zu beantworten, da genaue wissenschaftliche Messungen vorliegen. Die höchste Erhebung liegt bei dem Dorfe Preil mit 66,3 m Höhe. In der Umgebung von Rossitten finden sich folgende Höhen: Die Predinberge 47,6 m, der Schwarze Berg 33,4 m, die Bruchberge am Möwenbruche 44,6 m.

Die zweite Frage über das Wandern wollen wir uns selbst aus Erfahrung beantworten, indem wir eine Wanderdüne bei Sturm besteigen. Bei gutem Wetter waren wir ja vorhin schon einmal oben. Wiederum marschieren wir vom Westen, also von der Seeseite aus, den sanft schrägen Abhang hinauf oder werden vielmehr vom Weststurm hinaufgeschoben. Wie anders als vorhin! Damals diese Ruhe, und jetzt lebt alles um uns herum. Jedes Sandkörnchen ist unterwegs. Ganze Sandwolken werden hinaufgefegt und wir mit. Manchmal bilden sich förmliche Wirbel mit wunderlichen Formen, so daß es tatsächlich aussieht, als ob Gespenster und Hexen da ihr Wesen treiben. Jetzt kommen wir auf dem Dünenkamme an, der von Flugsand zu rauchen scheint. Die Sandmassen jagen über den Kamm

„Alles, was sich der vorrückenden Düne entgegenstellt, wird unrettbar begraben."

hinweg, geraten in den Windschatten und rollen nun die Sturzdüne nach dem Haff zu hinunter. Wieder kommen neue Massen oben an und gehen denselben Rutschweg nach dem Haff zu hinunter, und so ununterbrochen weiter, solange der Sturm anhält. Wenn wir diesem gewaltigen Naturschauspiel selbst zuschauen — eine Wanderdüne im Sturm ist ein grausig schöner Anblick — und uns vielleicht platt hinlegen und dann im Nu von einem Sandwalle umgeben oder ganz eingeweht werden, dann merken wir erst, welche ungeheuren Sandmassen an einem einzigen solchen Sturmtage in Bewegung geraten.

Und wenn sie nun auf der einen Seite des Berges weggenommen und auf der anderen Seite zugelegt werden, so muß die Düne nach dieser Seite hin zunehmen, vorrücken — wandern. Da nun West=
winde auf der Nehrung vorherrschen, so wandern die Dünen nach Osten, und zwar in jedem Jahre 4 bis 7 m.

Alles, was sich der vorrückenden Düne entgegenstellt, wird unrett=
bar begraben. Ein Aufhalten gibt es da nicht. Der Wind nimmt

Ein sterbender Wald.

uns in diesem Falle. Ich kenne eine Stelle südlich von Rossitten am Haff gelegen. Früher eine schöne, große Weidefläche, wohin die Kunzener Fischer ihr Vieh trieben. Ein hübsches grünendes Gehölz stand darauf, das den Vögeln als Brutplatz diente und worin die Rehe Schutz suchten. Das Gehölz ist längst unter der Wanderdüne verschwunden, und das Wiesengrün ruht abgestorben unter einer Sand=
decke. Was früher eine weite Fläche war, ist jetzt ein zwischen Haff und Düne eingeengtes Stückchen Land. Und doch weile ich gern dort. Man fühlt dort das allmächtige Walten der Natur und wird zur Besinnlichkeit getrieben: Düne und Tod!

Und ich kenne noch den alten Kirchhof von Pillkoppen, einen am Fuße der Wanderdüne gelegenen begrasten Hügel. Vielleicht der eigenartigste Kirchhof, den man sich denken kann! Am 7. August 1896 stand ich zum ersten Male dort. Ein frischer Grabhügel war aufgeworfen, mit welken Kränzen geschmückt. Viele Holzkreuze schon von der Düne verschüttet oder schief gedrückt. Auf dem einen saß ein Steinschmätzer, und unter einem Dornbusche fuhr ein Junghase flüchtig

Frei gewehte Hausstätte von Alt-Kunzen.

heraus und rollte in drolligen Fluchten den Abhang hinunter. Das war rings herum in dieser stillen Einöde das einzige Leben. Ich bin den Eindruck, den dieser Kirchhofsbesuch damals auf mich machte, nie losgeworden. Jetzt ist der Kirchhof längst verschüttet. Der letzte Rest verschwand im Jahre 1900. Es war ein guter Gedanke von der Gemeinde, zum Schluß noch einen gewaltigen Findlingsblock auf den Kirchhof zu legen mit der eingemeißelten Inschrift: „Versandet im Jahre 1900", den Nachkommen zur Lehre. Düne und Tod!

„Erst wird der Berg schachbrettartig mit Reisig bestedt..."

„Dann werden in diese Bestedvierede die Kiefernpflänzchen eingesetzt..."
(Im Hintergrunde die Haffbucht und das Dorf)

So sind im Laufe der Jahrhunderte sieben Nehrungsdörfer vom Erdboden verschwunden, und ihre Reste kommen jetzt auf der anderen Seite der Düne vielfach wieder zum Vorschein. Im Jahre 1925 konnte man an der Stelle von Alt-Kunzen recht deutlich ein ausgewehtes Hausfundament sehen. Früher gehörte es mit zu unsern Sonntagnachmittags-Beschäftigungen, daß wir an diese alten Dorf- und Kirchhofsstellen hinausfuhren, um nach bemerkenswerten Sachen zu suchen.

Festgelegte Düne.

Mancherlei haben wir gefunden, auch Gegenstände aus der Steinzeit im alten Nehrungswaldboden, von den Wohnplätzen der Steinzeitmenschen herstammend, so daß ich in der Vogelwarte eine kleine Sammlung davon aufstellen konnte. Jetzt lohnt uns das Suchen nicht mehr. Zuviel Touristen wandern heutzutage die Nehrung entlang, und da sieht man dann die Wandervögel zuweilen losziehen, aus jeder Tasche ein langer, weißgebleichter Menschenbeinknochen herausragend.

Weil nun auch die jetzigen Nehrungsdörfer vielfach von den vorrückenden Wanderdünen bedroht wurden, so entschloß sich vor langen Jahren die Regierung, Dünenfestlegungen in größtem Maßstabe auf

Dünengelände. Rechts eine Spur im Sande.

der Nehrung vorzunehmen. Eine mühsame und kostspielige Arbeit! Am besten bewährten sich Anpflanzungen mit Bergkiefern. Erst wird der Berg schachbrettartig mit Reisig besteckt, damit der Wind die Sandfläche nicht anfassen kann, und dann werden in diese Besteckvierecke die Kiefernpflänzchen eingesetzt, wobei jedes ein wenig Lehm an die Füßchen bekommt. Wir müssen also unterscheiden zwischen kahlen Wanderdünen und durch Menschenkunst und Menschenfleiß festgelegten Dünen.

Noch eins möchte ich erwähnen, was die Wanderdünen für den Jäger und Tierfreund ganz besonders interessant macht: das ist ihre Eigenschaft, als aufgeschlagenes Buch draußen in der freien Natur dem Kenner allerhand hübsche Geschichten zu erzählen. Wir wissen, wie sehr sich der Jäger auf die erste Neue im Winter freut, wenn eine glatte Schneedecke die Fluren bedeckt, worauf die freilebenden Tiere ihre Spuren einzeichnen. Da kann man oft in ein paar Stunden mehr über seinen Wildstand erfahren als durch monatelange Beobachtung im Sommer.

Als solche leserliche Schrifttafel liegt nun die weite glatte Wander⸗
dünendecke das ganze Jahr über vor uns. Da sehen wir beim Darüber⸗
hinschreiten eine Krikelkrakelspur im Sande. Wir gehen ihr nach.
Plötzlich hört sie auf, aber von ihrem Urheber ist nichts zu sehen, er ist
wie weggezaubert. Wir bücken uns nieder, da erscheinen im Sande
zwei eigenartige Abdrücke, ähnlich wie ein verwischtes preußisches
Adlerbild auf dem Schilde vor dem Dorfschulzenamte, und daneben
ein paar Vogelfußabdrücke mit ganz besonders langer Hinterkralle.
Wir wissen genug, um uns den Vorgang, der sich heute oder gestern
hier abgespielt hat, zusammenzureimen: ein Wasserkäfer ist vom Winde
auf die Düne ge⸗
trieben worden und
hat sich hilflos, krikel⸗
krakel, krikelkrakel,
vorwärts bewegt.
Eine darüberhin⸗
fliegende Krähe hat
ihn erspäht, hat sich
sofort niedergelassen,
mit den beiden Flü⸗
geln das Schulzen⸗
amtsschild aufdrük⸗
kend und mit ihren
langen Zehen die
Spuren einzeichnend,
hat den Käfer aufge⸗
nommen, und beide
sind verschwunden,
aber eben nicht spur⸗
los, und die Spuren
berichten uns das
Weitere. — Jetzt
stoßen wir auf aller⸗
hand Schlangen⸗

Elchfährte.

linien im Sande. Sie rühren von Ameisenlöwen her, die unterwegs gewesen sind, um sich neue Kessel zu bauen.

Aber hier ist etwas Niedliches: kleine Trippelspuren. Von einem Vogel müssen sie herrühren, das sagen uns die drei nach vorn gerichteten Zehen. Hinterzehenabdrücke sind nicht zu bemerken. Wir wissen genug: Regenpfeifer sind's gewesen. Die haben keine Hinterzehe. Ob sich die kleinen Kerle nicht noch in der Nähe aufhalten? Aber nun suche einer einmal sandfarbige Regenpfeifer in einer Sandlandschaft, wenn die Tiere steif und unbeweglich dastehen. Endlich entdecken wir sie, gehen langsam darauf los, und jetzt fangen die Tierchen an zu laufen. Aber wie komisch das aussieht! Den Körper ganz ruhig steif wagerecht gehalten, und unten trippeln blitzschnell die dünnen Streichholzbeinchen. Wir gehen nach der Stelle hin und stellen fest, daß es dieselben Spuren sind, die wir vorhin im Sande fanden.

Jetzt leuchtet uns eine größere Spur entgegen, perlschnurartig in den losen Sand gedrückt: ein Fuchs ist da geschnürt. Aber was ist das? Neben den Abdrücken noch eine Schleppspur im Sande, jetzt deutlich sichtbar, dann wieder eine Zeitlang verschwindend. Aha, der rote Räuber hat Erfolg bei der Hasenjagd gehabt. Eine Fähe hat ihren Jungen einen Hasen im Fang zugetragen, und die langen Hinterläufe des Hasen sind nebenhergeschleift. Und kurz darauf wird unsere Vermutung durchaus bestätigt, denn hier hat der Fuchs den schweren Hasen hingelegt, wie die Abdrücke im Sande deutlich zeigen.

So könnten wir stundenlang in den Dünen herumwandern, um uns lange Geschichten aus den voraufgegangenen Tagen oder Nächten erzählen zu lassen. Und da soll es in den Dünen langweilig sein?!

Über die Wanderdünen hinweg gelangen wir nun endlich zum Haffstrande, und damit ist unser Gang quer über die Nehrung beendet.

Rossitten vom Haffstrande aus gesehen.

Das Leben in Rossitten

Jedes Nehrungsdorf trägt sein eigenes Gepräge, bedingt durch seine Umgebung, und so muß Rossitten aus dem Rahmen der übrigen Dörfer herausfallen, denn seine Umgebung ist in geologischer Hinsicht abweichend gestaltet. Nur hier tritt der feste diluviale Kern der Nehrung als weite Ebene zutage, eine sehr fruchtbare Feldflur bildend, und so haben nur wir hier neben Fischerei auch landwirtschaftlichen Betrieb, wenn auch in bescheidenem Maße. In den anderen Dörfern gibt es nur Fischerei, allenfalls noch etwas Kartoffelbau. Rossitten ist ein schmuckes Dörfchen von etwa 500 Einwohnern. Eine breite Hauptstraße, mehrere Nebenstraßen, von denen die eine sogar Klein-Berlin heißt. Einen Jordan haben wir auch, der als kleiner Graben durchs Dorf fließt. Die Häuser und Häuschen meist weiß getüncht, hübsche Gärten, umgeben mit lebenden Hecken, viel grüne Bäume eingesprengt, alles so sauber — kurz, es soll mir einer ein so freundliches Dörfchen in Ostpreußen zeigen, wie unser Rossitten.

Von diesem neuen Rossitten will ich aber wenig erzählen. Soll ich berichten, daß jetzt ein Gasthof nach dem andern entsteht? Daß an der Haffmole zuweilen zehn Dampfer liegen mit Tausenden von Ausflüglern? Daß man jetzt in den Kaufläden Odol, Bubifixreifen und seidene Strümpfe zu kaufen bekommt, und daß das Dorffräulein, das jetzt die Kühe hütet, einen Bubikopf trägt mit einem weißen Hute obendrauf? Alles das gönne ich meinen verehrten Miteinwohnern als segensreichen Kulturfortschritt von ganzem Herzen, aber besonders interessant, daß man darüber ein Buch schreiben könnte, sind doch diese Dinge gewiß nicht. Dagegen von dem alten Rossitten will ich erzählen, als noch kein rotes Ziegeldach durch die grünen Bäume schimmerte, sondern lauter graue, anheimelnd gemütliche Strohdächer, und als in den echten Fischerdörfern der Nehrung durch diese Strohdächer, deren Giebel die charakteristischen Pferdeköpfe trugen, noch der Rauch vom Herdfeuer ohne Schornstein frei hindurchzog, die darunter aufgehängten Fischernetze räuchernd und dadurch konservierend, und als uns mit der 35 Kilometer entfernt liegenden Bahnstation Cranz noch kein Weg, kein Steg verband, so daß wir vollkommen abgeschnitten saßen von aller Welt. O, das Dasein war gewiß manchmal schwer, aber man erlebte etwas, und ich möchte dieses Erlebte nicht missen, und davon will ich zu erzählen versuchen.

Ich sage immer, mein Rossitten ist eine kleine Welt für sich, wo man fühlen kann, wie sich das Leben draußen in der großen Welt abspielt. Ein Zeitabschnitt reiht sich an den anderen, und jeder trägt sein eigenes Gepräge. In Rossitten galt für mich immer als Prüfstein für Beginn einer neuen Zeit das Bedienungspersonal in dem einen Gasthofe. Zunächst war in alten Zeiten überhaupt keine Bedienung vorhanden; da holte man sich alles selbst. Dann trat beim Wachsen des Verkehrs ein angestelltes männliches Wesen auf, gekleidet wie jedes andere Menschenkind. Dann zog man diesem Wesen einen Frack an, aber es mußte während der vielen Freistunden noch nebenbei Laub harken im Garten, und zwar mit Frack. Dann fiel das Laubharken weg, es blieb nur der Frack — und die neue Zeit war da. Nie und nimmer wird es aber uns schwachen Menschen gelingen, etwa die Zeitabschnitte zu meistern und mit Gewalt eine neue Epoche herbeizuführen. Das konnte derselbe Krugwirt am eigenen Leibe erfahren. Er wollte, regen Geschäftsgeistes der Zeit vorauseilend, in Rossitten eine Barbierstube einrichten. Die äußeren Abzeichen, das gelbe Barbierbecken und das Firmenschild, ließen sich geduldig vor der Tür an-

Pferdeköpfe als Schmuck am Hausgiebel eines Fischerhauses.

bringen, aber die Seele des Ganzen, das heißt die Sehnsucht der Leute, gerade in Rossitten barbiert zu werden, hielt nicht gleichen Schritt. Ich habe die Barbierstube dreimal besucht, aber immer ohne Erfolg. Das erste Mal befand sich der junge Haarkünstler in der Heuernte, da Regenwetter drohte. Das zweite Mal war gerade Schweineschlachten, und da konnte die Fertigkeit des Barbiers im Haarabschaben am Brühtroge nicht entbehrt werden, und beim dritten Male mußte der Mann den Kutscher vertreten. Ich bin nie wieder hingegangen, und der Künstler verschwand dann auch bald, um sich in anderen Gefilden anzusiedeln, wo man seiner verschönenden Tätigkeit größeres Interesse entgegenbrachte. Rossitten war noch nicht reif für eine Barbierstube, und so hieß es weiter: Selbst ist der Mann! So heißt es überhaupt immer hier in Rossitten.

Als mein Schulkamerad, Dr. Fritz Lindner, im Jahre 1888 zum ersten Male nach Rossitten kam und dabei die reiche Vogelwelt dieses Dörfchens sozusagen entdeckte, da betrug der Tagespreis für Wohnung, volle Beköstigung, Bedienung, Jagderlaubnis, Wasserstiefeln- und Flinteborgen 1,25 Mk., und was man schoß, durfte man behalten. Bei meinem ersten Besuche im Jahre 1896 — zunächst als Sommergast — war der Preis schon etwas gestiegen, aber ich hatte immer Not, mein Geld loszuwerden. Es war ja alles so einfach, so urwüchsig, so unberührt, und darum so herrlich. Wollte man zu Tisch Hähnchen essen, so ging man auf den Hof, schoß einige tot und ließ sie sich zurecht machen, oder man schoß sich Wildenten auf dem Bruche — Berechnung war Nebensache. Ein Verschließen von Türen kannte man nicht. Immer schlief man bei unverschlossener Haus- und Stubentür. Das Nachtwächtern ging und geht auch jetzt noch der Reihe nach von Haus zu Haus herum. Auch ich bin, wenn die Reihe an mich kommt, Nachtwächter, muß sogar mehr nachtwächtern als die andern Leute, erstens für die Vogelwarte und zweitens für mein Privatgrundstück. Das schaffe ich nicht und lasse mich vertreten. Man hat bei diesem wichtigen Geschäfte weniger auf Spitzbübereien zu achten, sondern man muß das Feuer hüten und bei Gefahr mit einer großen Schnarre, die man in der Hand trägt, einen mächtigen Feuerlärm verursachen. In der anderen Hand hält man eine Pfeife (Piepe), mit der man die Stunden abzublasen hat. So steckt diese Pfeife seit Jahrzehnten in jeder Nacht in einem anderen Munde. Das ganze Geschäft heißt nicht nachtwächtern, sondern „piepe gahne".

Ich traf damals eine kleine, sogenannte Badegesellschaft in Rossitten an, bunt zusammengewürfelt und darum interessant: ein Bürgermeister-Ehepaar, eine Lehrerin, einen Forstassessor mit seiner Frau, einen Doktor, verschiedene Kaufleute, eine Frau Superintendent u. a. Diese Leute hatten durch irgendwelchen Zufall von Rossitten gehört, waren hierher gekommen, hatten dies unberührte Idyll vorgefunden, sagten niemandem etwas davon und genossen nun mehrere Jahre hintereinander in völliger Weltabgeschiedenheit eine herrliche Sommerfrische. Wer wußte damals etwas von Rossitten! Wer kannte die Kurische Nehrung! Kein Mensch! Auch in Königsberg nicht! Ich erlebe nach der Richtung hin noch jetzt die unglaublichsten Dinge. Die Leute denken zuweilen, wir wohnen hier in Schneehütten, und ich verbringe meine Tage damit, daß ich andauernd abwehrend auf Wölfe schieße. Ich wünschte als Jäger, es wäre so! Bis jetzt habe ich in 30 Jahren ostpreußische Wölfe nur in Gefangenschaft und als frisch erlegte Stücke gesehen. Sagte doch neulich eine Berliner Dame nach einem Vortrage über Rossitten zu mir, sie hätte gar nicht gewußt, daß so weit nördlich noch Menschen existieren könnten! —

Für die erwähnte kleine Badegesellschaft konnte der damalige Krugwirt die Beköstigung leicht selbst erzeugen, denn er war Besitzer des fischreichen Möwenbruches und verfügte über eigene Jagd. Ich werde einen Anblick nie vergessen, den ich einmal hatte, als ich früh in die Gasthofküche trat. Da lag zunächst ein frisch erlegter Rehbock mit einem Nehrungsgehörn, so klobig, daß es der verwöhnteste Herrenjäger gewiß gern an der Wand gehabt hätte. Der halberwachsene Wirtssohn war nämlich in aller Morgenfrühe draußen gewesen — natürlich auf Holzpantoffeln, wie er immer ging — und hatte diesen Bock geschossen. Ferner stand da ein großer Korb mit herrlichen Schleien, die der Knecht aus den Reusen im Bruch geholt hatte, und zum Überfluß schlachtete die Wirtstochter noch drei Gänse. Nun hatten wir wieder eine Zeitlang zu essen, denn anders zu verwerten waren ja die Sachen nicht, da wir ohne Verbindung nach auswärts saßen.

Wie ist das anders geworden! Und wie wurde es schon anders, als ich dann dauernd nach Rossitten übersiedelte und einen Hausstand gründete. Eine Hausfrau hatte es und hat's auch jetzt nicht leicht in Rossitten. Ohne Fleischer, ohne Bäcker! Das heißt, wir hatten auch in alten Zeiten hier einen Bäcker, aber der schlachtete auch gleichzeitig und versäumte über dem Schlachten das Backen und überm Backen das Schlachten. Und wehe! wehe! wenn der Bäcker sein Land bestellte und auf dem Dungwagen durchs Dorf fuhr. Das war für uns stets ein erschütternder Anblick, denn das hieß so viel wie: Jetzt wird Dung gefahren und nicht gebacken, und wenn der Dung zu seinem Rechte gekommen ist, dann geht das Backen wieder los! Da mußten dann die Hausfrauen schnell selbst Hand anlegen, damit zum Kaffee etwas zu essen da war.

Dann das Besorgen von Wirtschaftsgegenständen von auswärts! Besonders wenn diese Gegenstände eine bestimmte Weite oder Länge haben mußten; zum Beispiel ein Lampenbrenner. Das ist ein dunkles Kapitel für sich. O, du Stadtmensch, der du bei beginnender Dämmerung an deinem Schreibtische sitzest und mit einem einzigen Fingerdrucke dir Licht verschaffst, du weißt, daß für dich große Maschinen und Hunderte von Menschen arbeiten, damit du sehen kannst. Aber du bist dafür nicht etwa dankbar, sondern im höchsten Grade unwirsch, wenn auch nur einmal die geringste Störung vorkommt. Bedenke doch: Da draußen sitzen Nehrungsmenschen im Dunkeln; für die mahlt ein kümmerliches Postfuhrwerk meilenweit durch den Sand, um den ersehnten Lampenbrenner zu bringen, damit es licht wird. Jetzt kommt das Fuhrwerk in Rossitten an. Mit fiebernden Händen wird das Paket geöffnet, der Brenner aufgesetzt — zu eng, trotz eingeschickter Maße! Diese paar Worte sagen genug! Also wieder zurück nach Cranz oder Königsberg; und wieder mahlt das Fuhrwerk zweimal meilenweit durch den Sand. Es kommt zum zweiten Male nach Rossitten zurück; der Kutscher sieht etwas betreten aus.

„Na?" —

„Diesmal hab ich's verjassen!"

Kein Wutausbruch unsererseits, keine Klage; eine stille Ergebenheit greift in unserm Innern Platz.

Es hat uns immer Spaß gemacht, wenn neuen Leuten, etwa Pfarrersleuten, die hier zuzogen, zum ersten Male so etwas passierte. Die Herrschaften waren dann zunächst ganz außer sich, und namentlich die Frauen wollten sich gar nicht trösten lassen.

„Frau Pfarrer," habe ich dann gesagt, „wenn Sie erst 20 Jahre in Rossitten wohnen, dann sehen Sie in solchem Lampenbrenner ein höheres, stärkeres Wesen, das Sie nie meistern werden, und beugen in Demut und Geduld Ihr Haupt vor höheren Gewalten."

Es ist überhaupt nicht ganz leicht, einsam zu leben. Die Menschen glauben oft, daß in so schöner Einsamkeit dauernd auf dem Lande die Nerven von Tag zu Tag stärker werden. Nein, gerade eine ausgeprägte Nervosität kann Platz greifen, und ich stehe nicht an, wie von einem Tropenkoller, so von einem Nehrungskoller zu reden. Als ganz vernünftige Erdenbürger kommen die neuen Menschen zuweilen hierher gezogen, und es vergehen ein paar einsame Winter, da sind es verärgerte, überreizte Menschenkinder geworden.

Ich habe mir erzählen lassen, daß es bei Schiffsexpeditionen ganz schrecklich sein soll, immer und immer mit denselben Menschen auf eng begrenztem Raume zusammengepfercht zu leben. Tagaus, tagein immer dasselbe sehen, dasselbe erleben! — man soll sein Gegenüber schließlich gar nicht mehr anschauen können. Ähnlich ist es in kleinen Orten in der Einsamkeit. Je kleiner der Ort, um so größer die Lebensschwierigkeiten, das ist eine alte Wahrheit, und da muß dann der einsam Lebende an seinem inneren Menschen viel mehr arbeiten als der Städter, auf den befruchtende Eindrücke fortwährend einwirken. Er darf in dem kleinen Horizonte, der ihn umgibt, nicht eingekeilt bleiben und darf sich vor allem von den Nichtigkeiten und Alltäglichkeiten, die in der Einsamkeit ganz besonders aufdringlich sind, nicht bezwingen lassen, sonst kann es geschehen, daß er in kurzer Zeit ein innerlich verarmtes Menschenkind ist.

Und wie sehnt man sich manchmal nach Menschen! Es war im Winter 1910/11. Wir hatten elf Jahre lang ununterbrochen Sommer und Winter in Rossitten gelebt, waren Gott sei Dank immer gesund gewesen und hatten trotz kleiner Kinder nie einen Arzt gebraucht. Einen solchen gab es übrigens hier nicht. Da packte es uns in dem genannten Winter, weil wir in eine kalte, feuchte Wohnung hatten ziehen müssen. Die Betten waren zu Daueraufenthaltsorten für uns geworden. Wer etwas aufstehen konnte, kochte den andern eine Krankensuppe. Ein böser, böser Winter! Da kam die schöne Osterzeit und brachte einen Gast, einen Fremden nach Rossitten. Ein Ereignis! Der Mann wollte

auch die Vogelwartensammlung besichtigen, und nie habe ich meine
Schätze so eingehend und umständlich gezeigt wie damals, nur daß
der Mann noch bleiben sollte. Ich hatte ja einen leibhaftigen Menschen
aus der großen Welt draußen vor mir. Und der sprach auch! Man
konnte sich mit ihm unterhalten! Und als er doch schließlich ging, da
lud ich ihn für den Abend in unser Haus ein. Ich habe nie erfahren,
wer er war und was er war; das dünkte uns auch ganz Nebensache.
Nur einen Menschen haben! Ich glaube, dieser Fremdling hat uns für
äußerst nette und gastfreie Menschen gehalten, und doch war nur
krasse Selbstsucht die Triebfeder für unser entgegenkommendes Benehmen.

Man glaube aber nicht, daß wir hier nie Verkehr gehabt hätten.
O, doch! In manchen Jahren sehr regen. Pfarrers, Oberförsters und
wir, wir verkehrten zusammen, gaben im Winter auch Gesellschaften;
o, sehr fein! im schwarzen Rocke! Wir führten auch zu Tisch! Seine
Tischdame wußte man schon immer lange voraus, sogar schon für
den nächsten Winter, denn die Auswahl war nicht groß — entweder
die Frau Pfarrer oder die Frau Oberförster —, wobei sich nach und

Haffbucht.

Rohrecke am Haffstrande.

nach innerhalb der Variation ein eisernes Gesetz herausbildete, so daß man bei der Vorausbestimmung nie fehlging und sich die Tisch=
unterhaltung schon wochenlang vorher zurechtlegen konnte.

Wir erleben jetzt übrigens hier den zehnten Pfarrer, den vierten Oberförster, den vierten Förster, den achten Lehrer. Die Oberförsterei ist neuerdings aufgelöst und dafür eine Revierförsterei eingerichtet worden.

Zuweilen steigerten sich unsere feinen gesellschaftlichen Formen zu einer geradezu grandiosen Höhe. Da war ein Forstassessor=Ehepaar neu zugezogen. Sehr feine Leute! Sie wohnten als unsere Nachbarn in einem Fischerhause. Im Zaun befand sich eine Lücke, an der wir uns schon einige Male getroffen und gegenseitig — zunächst mit äußerster Vorsicht — genähert hatten. Die offiziellen Besuche waren ja noch nicht gewechselt worden, und das muß man als gebildeter Mensch zart merken lassen. Da — eines Sonntags mittags zur Be=
suchsstunde, wir trauen unseren Augen nicht — kommen Assessors am Dunghaufen vorbei durch die Zaunlücke gekrochen; er im schwarzen Rocke und Zylinder, sie in großer Toilette, und der offizielle Besuch

spielte sich in feierlichster Weise ab. Dann krochen sie wieder zurück. Wir wollten uns nun auch nicht beschämen lassen, zogen am Sonntag darauf unsere guten Sachen an und krochen um dieselbe feierliche Besuchsstunde zu Assessors hinüber, nur mit dem Unterschiede, daß wir bei unserem Hinweg erst durch die Lücke mußten und dann am Dunghaufen vorbei. Für Assessors war's umgekehrt gewesen. Wir hielten sogar Visitenkarten lose in der Seitentasche, hatten uns allerdings vorher gar nicht überlegt, wem wir die eigentlich hätten abgeben sollen.

Später habe ich so etwas hier nicht mehr mitgemacht, da es mir zu wenig am Platze erschien. Der Anblick eines Zylinderhutes wirkt hier in der herrlichen unberührten Natur auf mich als störender Fremdkörper geradezu niederschmetternd. Ich empfinde förmlich Schmerzen. Ich komme aus meinem Jagdhabit nicht mehr heraus.

Auch die Volksfeiern und Belustigungen waren früher viel urwüchsiger und darum interessanter als jetzt. Jetzt tanzt hier alles Jimmy und Foxtrott, manchmal vielleicht besser als auf dem Festlande, aber das läßt einen kalt. Was bot dagegen so eine Kaisersgeburtstagsfeier am Ende des vorigen Jahrhunderts für herrliche Bilder!

Die veranstaltende Gesellschaft war immer die Schützengilde oder der Kriegerverein. Ich bin nie dahinter gekommen, was von beiden dieses Häufchen trunkfester Mannen eigentlich darstellen sollte, denn der „Hauptmann", ein kleiner Beamter, stellte sich mit seiner starken Stimme und seinem starken Durste so in den Vordergrund, daß er alle gründlichen Erwägungen über seine Untergebenen erstickte. Der „Hauptmann" hatte sich mit dem Pfarrer überworfen bis zum Nichtgrüßen. Auf Hauen und Stechen standen sich die zwei. Der Pfarrer führte seine gehobene gesellschaftliche Stellung ins Treffen, indem er bei jeder Gelegenheit betonte, daß er ein studierter Mann sei. Der „Hauptmann" hatte nichts dem Gleichwertiges entgegenzustellen und ging dafür nie zum Pfarrer in die Kirche. Aber nun kam er heran, der Tag der Rache, der Tag von Kaisers Geburtstag. Der „Hauptmann" hatte durch den hier üblichen Schulzenstock ein ausführliches Festprogramm bekanntgeben lassen. Der Schulzenstock ist ein Stück glatt gehobeltes Brett, das mit dem aufgeklebten Bekanntmachungszettel möglichst schnell von Haus zu Haus weitergegeben wird. Als erster Punkt war auf dem Zettel Kirchgang angeordnet worden, und so zog nun der Hauptmann mit seinen Mannen, die sich vor der Kneipe versammelt hatten, in die Kirche ein. Vorn auf die erste Bank setzte er sich breit hin, sah den Pfarrer scharf an, und der mußte ihm nun als Kriegervereins-Hauptmann eine Kaisersgeburtstagspredigt halten, ihm ganz speziell, und wenn er's nicht getan hätte, wäre eine Anzeige wegen Majestätsbeleidigung die unausbleibliche Folge gewesen. Dem Pfarrer sah man seine gequälte Lage an, aber er mußte eben. „Nun haben wir wieder einmal für ein Jahr genug!" murmelte der „Hauptmann" möglichst vernehmlich vor sich hin, als er die Kirche verließ. Das war die erste und wohl auch die einzige geistige und geistliche Stärkung, die den Kameraden zur Feier des Tages zuteil wurde. Die Stärkungen, die nun folgten, waren rein körperlicher Natur. Zunächst ging's im Marsch= schritt direkt von der Kirche in den benachbarten Krug zum Früh= schoppen, und zwar zu einem tüchtigen, ausgedehnten Frühschoppen, denn den war man seinem Kaiser schuldig.

„Halt! Kameraden, jetzt wollen wir einen Schoppen genehmigen!" so hörte ich das Kommando des Hauptmanns vor der Kneipe. Drei Faß Bier und eine reichliche Anzahl Flaschen Schnaps wurden be= wältigt. Der Hauptmann tat, was er konnte, ja sogar noch mehr, denn schließlich sank er steif um und wurde einstweilen beiseite gelegt. Das ist nicht etwa peinlich oder gar ehrenrührig, nein, das ist Dienst. Man muß als Kriegervereins-Hauptmann seinen Leuten bei den Festen etwas vorleben, damit sie Respekt bekommen, und darum ist die Stellung als Hauptmann durchaus nicht leicht, und nicht jeder eignet sich dazu. Diese seine Ansicht hatte mir der Herr Hauptmann in einem Privatissimum kurz vorher einmal klargelegt.

Unser Fest war also bis dahin gediehen, wo man den steifen Herrn Hauptmann einstweilen beiseite gelegt hatte. Mehrere Stunden konnte er getrost schlafen, denn der Zapfenstreich begann erst gegen Abend. Nun erhob er sich. Der Dienst rief. Die Feier mußte jetzt unbedingt eine Steigerung erfahren, drum ließ sich der Hauptmann sein Schlachtroß vorführen, um von nun an zu Pferde seinen Re=

präsentationspflichten nachzukommen. Daß er den linken Steigbügel nicht bekam, war nicht von Schaden; im Gegenteil! Durch das Hängen des Körpers nach der linken Seite kam der Schleppsäbel, dessen Koppel durch einen Bindfaden sowieso etwas verlängert worden war, noch mehr zur Geltung. Er berührte fast den Boden.

Jetzt hieß es, die angetretenen Mannschaften, deren stramme Haltung durch den genossenen Frühschoppen nicht gerade gefördert worden war, auszurichten. Ein schweres Stück Arbeit! Ich habe von meinem stillen Beobachtungsposten aus die Zähigkeit bewundert, mit der der Hauptmann einen Mann durchaus in Reih und Glied zu bringen suchte. Entweder stimmte es vorn nicht, indem der Bauch zu weit hervorragte, oder es stimmte hinten nicht, da war der ganze Rücken in der Fluchtlinie zu sehen. Unter furchtbaren Donnerworten wurde hin und her probiert — es stimmte nicht. Ich sah längst, woran es lag. Der Unglückskrieger hatte nämlich die Pauke vor dem Bauche hängen, und der Herr Hauptmann sah die Pauke für Bauch an. Wo kann's da stimmen! Schließlich gab der Hauptmann unter kräftigen Männerworten, die den widerspenstigen Krieger in die passende Stelle im Tierreich einreihten, das Rennen auf — „Rrrrechts um!" Der Zapfenstreich begann. Vornweg der Herr Hauptmann mit gezogenem Säbel — unten schlenkerte die Scheide zwischen den Pferdebeinen herum. Dann folgte der Bäcker als Kassierer; in der linken Hand eine Schachtel Feuerwerksstreichhölzchen, mit der Rechten ab und zu ein Hölzchen anstreichend und hochhaltend. Das stellte die bengalische Beleuchtung dar. Nun die Musik. Sie bestand aus einer Pauke, einer Violine (Rossittener Fabrikat), einer Mundharmonika und einem Horn, das sich aber nur ab und zu zaghaft mit einigen Schmettertönen vernehmen ließ, weil der Bläser, der Forstgehilfe, sich nicht recht im klaren darüber war, ob er die Sache ernst oder spaßhaft nehmen sollte. Die Töne hatten jedenfalls immer etwas fragendes an sich. Für die Unbeteiligten war eigentlich nur die Pauke zu hören.

Plötzlich schwenkt der Herr Hauptmann rechts ab, nimmt im Straßengraben Aufstellung — „Augen rrrechts!" und die ganze Gesellschaft paukt an ihm vorüber. Die schief gebückte Haltung des Herrn

Hauptmanns wirkte wie eine wohlwollende Gebärde den Mannschaften gegenüber, von denen viele gar nicht gedient hatten. Weiter geht's, der im Unterdorfe gelegenen zweiten Kneipe zu. Überhaupt spielten sich alle Umzüge in dem Zwischenraume zwischen den zwei Krügen ab, denn man darf in solch kleinem Orte keinen Gastwirt zu kurz kommen lassen, sonst gibt es leicht Skandal. Auch Illumination hatte der Hauptmann angeordnet, und da war es rührend zu sehen, wie

Klein-Berlin.

hier eine trübe Küchenlampe, dort ein Lichtstümpfchen auf einer leeren Zigarrenkiste im Fenster standen.

Vor dem Gasthofe angelangt höre ich folgendes Kommando: „Bataillon! — nicht die Pauke in'n Dreck schmeißen — halt!" Ja, die Pauke, das war das richtige Sorgenkind für den Herrn Hauptmann. Ganz gebrochen hatte er mir vorher einmal sein Leid geklagt, wie jedes Fest ein neues Trommelfell koste. Die Leute schlügen zum Schluß jeder Feier, wenn die Wogen der Begeisterung hochgehen, blindwütend auf die arme Pauke los, und das verträge sie nicht. Nun schien diesmal bis jetzt alles gut zu gehen — da muß der vorwitzige Bäcker nach der Kaiserrede einen Feuerwerksfrosch loslassen, und der fährt ausgerechnet in die Pauke! Wieder ein Fell dahin! zur unnötigen Belastung der Kasse, die doch wirklich für andere, genußbringendere Zwecke da ist!

Nach der vor dem Kruge gehaltenen Kaiserrede, die sich von ferne wie ein schneidiges Gebell anhörte, drängt nunmehr die ganze Festversammlung zur internen Feier in die kleine Krugstube hinein, die im Nu mit Menschen vollgepfropft ist. Kein Wunder! denn jetzt tritt die Germania als lebendes Bild auf! Die Germania mit aufgelösten Haaren auf einem aus leeren Bierachteln zurechtgemachten Podium in einer abgeschlagenen Ecke der Krugstube, und davor der Gastwirt als Vorstandsmitglied mit einer Kohlenschaufel voll bengalischem Leuchtpulver! Ein Ereignis für Rossitten! Da soll man sich nicht dazu drängen!?

Wenn sonst in kleinen Orten lebende Bilder oder Liebhaber-Theaterstücke aufgeführt werden, so kann das leicht zu allerhand Zerwürfnissen zwischen der jungen Welt führen, denn jeder oder jede will die Hauptrolle spielen, von dem Jagen nach Uniformtragen gar nicht zu reden. Hier in Rossitten konnte von solch einem Wettstreit keine Rede sein. Da lag die Germania-Rolle seit Jahren in festen Händen. Wozu ist man Hauptmannstochter — deren sechs waren vorhanden — und wozu hat man so schöne lange blonde Haare. Da kam also eine andere Wahl gar nicht in Frage, solange die Haare vorhielten. Aber in einer anderen wichtigen Sache tauchten ernste Meinungsverschiedenheiten auf. In den Jahren vorher war beim Erscheinen der Germania nach Zurückschlagen der Gardine immer das Lied „Es braust ein Ruf wie Donnerhall" gespielt und gesungen worden, denn der ganzen Veranlagung des Herrn Hauptmanns entsprachen solche markigen Trutzlieder. Jetzt war ein neuer Forstgehilfe in Rossitten aufgetaucht; der mochte anderwärts auf dem Festlande draußen in der großen Welt solche Feiern mitgemacht haben, kurz, er behauptete, da müßte unbedingt „Deutschland, Deutschland über alles" gesungen werden. Der Herr Hauptmann war zunächst starr! Ihm ein Widerspruch!? Schließlich gab er aber in Anbetracht seiner sechs Töchter einem jungen

Manne gegenüber insofern nach, als er gestattete, daß beide Lieder zur Verwendung kommen sollten, aber sein's zuerst. Nach Verabredung sollte das Gardinenzurückschlagen das Signal sein zum Beginn von „Es braust ein Ruf", und das Erscheinen der Kohlenschaufel sollte „Deutschland, Deutschland über alles" auslösen. So wäre alles in schönster Ordnung verlaufen, wenn nicht der Gastwirt mit seiner bengalischen Kohlenschaufel beinahe Unheil angerichtet hätte. Er hatte nämlich zuviel Pulver aufgeschüttet, und als er die Schaufel im entscheidenden Augenblick der Germania vor die Fußspitzen hinschob, da wäre das arme Mädchen in einem erschütternden Hustenanfall beinahe das Opfer ihres Berufes geworden.

Dann setzte das Tanzen und Trinken ein, und über den Schluß des Festes berichtet mein Tagebuch folgendes: Bis 12 Uhr geht alles soweit ganz gut. Dann gelinde Rauferei. Der Bäcker am anderen Tage ganz zerkratzt. Der Herr Hauptmann wird früh um 4 Uhr vom Amtsdiener stocksteif nach Hause geschleift, und was noch munter ist, keilt sich. Ein Idyll! Leider schweigt sich das Tagebuch über die Wirkung solcher Feiern auf die Volksseele aus, aber sicher ist bei so enger Berührung der Mitglieder untereinander ein reicher Schatz von Vaterlands- und Bruderliebe in den Herzen aufgehäuft worden.

Auch bei den zu haltenden Reden ging es zuweilen spaßig zu. Da war einst ein Vereinsmitglied irgendwie geehrt worden und fühlte den Drang, sich zu bedanken. Der Mann stand auf und hub an: „Geehrte Damen und Herren, ich habe ein Bedürfnis ...." Da blieb er leider bereits stecken. Es wollte absolut nichts mehr kommen. Der arme Mensch läuft heute noch mit seinem Bedürfnis umher.

Ein andermal verwirrten sich die Begriffe in der Verlegenheit. Da sollte bei einer Einweihung jeder ein passendes Kernsprüchlein aufsagen, und siehe da, bei feierlicher Stille klangen die Worte des einen Redners durch den Saal: „Wer Gott vertraut und feste auf sich haut, der hat auf keinen Sand gebaut!" Wie ein Märtyrer aus der Zeit der Geißler-Brüder, so stand der Mann aufrecht da.

Später wurden die Feiern immer feiner, und da war es interessant, zu beobachten, wie die Leute fast nie Theaterstücke zur Aufführung wählten, die etwa in ihren Kreisen spielten, — nein, immer solche, in denen hochgestellte Persönlichkeiten auftraten, auch solche mit französischen Redensarten. So ein Fischer will eben in seinem Leben auch einmal Graf sein. Wer wird ihm das verdenken! Wenn dann der junge Herr Graf zu seiner spröden Angebeteten einmal sagt: „Gnädiges Fräulein, Sie stehen ja da wie eine marmorne Statute!", so muß man sich daran nicht stoßen. Hauptsache ist, daß sich die Menschen

Besitzerhof.

im Leben verstehen, und das war hier der Fall, denn sie ließ dann ihre dammliche Sprödigkeit. Heutzutage stehen die Festfeiern hier auf der Nehrung auf der Höhe.

Zuweilen hatte ich Gelegenheit Familienfeste mitzufeiern, die manches Originelle boten. Ich denke an eine Kindtaufe auf der Pfarre in Nidden. Da hatte ich als Tischdame die Hebamme. Ich darf wohl sagen, daß wir in unserer Jugend mehr zur Ritterlichkeit gegen die Frauen erzogen wurden, als es heutzutage geschieht, und so war ich

Gehöft in Rossitten.

Stall mit Ziehbrunnen.

von ausgesuchter Höflichkeit gegen meine Hebamme, und als nach dem Kaffee ein Spaziergang unternommen wurde, da bot ich ihr galant den Arm und bin mit ihr in den Dünen herumgeklettert. Ich wollte die Situation ausnutzen, denn wer weiß, wann mir das Geschick wieder einmal eine Hebamme als Tischdame beschert.

Dann ging's zum Essen. Da bemerkte ich, daß meine Dame einen Kasten unter ihren Stuhl schob.

„Was ist los?"

„Ich werde wahrscheinlich nach Preil gerufen, und da habe ich gleich alles mitgebracht, daß ich in Ruhe essen kann." Und wirklich, so geschah es. Als wir beim Braten saßen, erschien plötzlich ein reitender Bote. Die Abschiedsstunde schlug, aber es war mir noch Gelegenheit geboten, eine interessante Beobachtung über menschlichen Nahrungsverbrauch anzustellen.

Ich hatte es nämlich bis dahin nicht für möglich gehalten, daß ein Mensch, und noch dazu eine schwache Frau, in so kurzer Zeit und mit solcher Hast eine so gewaltige Menge Braten mit Kompott zu sich nehmen kann. Dann kurzer Abschied! Lebt wohl, Kasten und Hebamme! Ein junger neuer Nehrunger entführte mir grausam meine Dame, so daß ich den Abend einsam und verlassen verbringen mußte. —

Die Menschen, die als Durchreisende nach Rossitten kommen, teile ich in zwei Klassen, und zwar danach, wie sie meinen Beruf auffassen. Da kommen die einen, sehen mich eine Zeitlang scheu von der Seite an, und nun weiß ich schon was folgt: „Aber sagen Sie um alles in der Welt, wie halten Sie das hier jahrzehntelang aus? Ohne Theater? Ohne Kino!" Das sind nicht die richtigen Nehrungsmenschen, und die verschwinden gewöhnlich auch bald wieder. Und dann kommen die anderen, schauen mich mit freundlichen Augen an, und nun weiß ich auch, was folgt: „Ach, was haben Sie für einen schönen Beruf! Wie sind Sie zu beneiden!" Das sind meine Gesinnungsgenossen. Die bleiben auch und überwiegen natürlich hier bei weitem.

Gar oft stelle ich im stillen meine Betrachtungen darüber an, warum man so häufig gerade deshalb bedauert wird, weil man hier kein Theater hat. Ist es denn wirklich so schwer und gefährlich, dieses

Erdenleben ohne Theater und Kino hinzubringen? Und kommt man denn, namentlich aus den modernen Kinovorstellungen, immer innerlich so gehoben und gestärkt nach Hause, daß man solche Besuche zu den notwendigen menschlichen Lebensbedingungen rechnen muß? Nun, wir hier in Rossitten brauchten kein Theater, denn wir hatten den Kentucky-Klub (deutsch ausgesprochen). Was ist der Kentucky-Klub? Der Kentucky-Klub ist ein Ulk, ein Nichts, und der Witz bestand nun darin, dieses Nichts durch Geheimnistuerei und durch übertriebenes Verherrlichen und Aufbauschen zu einem ganz gewaltigen Etwas auszugestalten. Mein lieber Kentucky-Klub, von dem ich jetzt kurz erzählen will, trägt vielleicht ein recht spaßiges Gesicht zur Schau, hat aber dabei einen ernsten Hintergrund. Wer von meinen verehrten Lesern gezwungen ist, ganz einsam in kleinlichsten Verhältnissen zu leben, der wird mich verstehen.

Zweck des Kentucky-Klubs ist körperliche und moralische Ertüchtigung der Mitglieder durch eine harte Lebensführung. Alles Weichliche und Weibische müssen die Boys — so heißen die Mitglieder — ängstlich meiden. Jahrzehnte vorausblickend, scheint der edle Klub schon gewußt zu haben, was einmal kommen wird. Ein weibisch zurechtgemachter Mann, wie er jetzt Mode ist, dünkt dem Kentucky-Boy ein Greuel. Und weiter spielt im Kentucky-Klub die Hauptrolle das Schießen. Schießfertigkeit ist die höchste Zierde des Boys. Klubwaffe ist der Revolver, nicht die raffiniert verfeinerte Mehrladepistole, denn der Boy ist edel und gibt seinem Gegner Chancen. Was andere Leute in umständlicher Form mit allen möglichen feinen Instrumenten vollbringen, das schießt der Boy kurzerhand. Gerät z. B. ein Boy einmal in eine Weinkneipe — was aber nicht oft vorkommen soll, denn Wein ist etwas Verweichlichendes — dann wird er nie den Kellner rufen — ein Boy ruft überhaupt nicht, er schießt —, sondern er wird von der Weinsorte, die er zu trinken wünscht, den Flaschenhals abschießen, und dann bringt der Kellner mit zitternden Knien ganz von selbst die gewünschte Flasche. Sind Glassplitter drin, so ficht das einen Boy nicht an. Der Kentucky-Klub-Präside wird ferner nie ein amtliches Schriftstück mit einem zierlichen Petschaft unterstempeln —, nein, er wird das Klubsiegel darunter schießen, und zwar auf mindestens 30 Meter Entfernung mit dem Revolver. Ein weiteres Beispiel: Will ein Kentucky-Boy einer Dame ein Lautenband verehren, so wird er sich niemals in einem Laden ein buntes Kunstwerk zurechtmachen lassen, sondern er wird ein gewöhnliches Band an einen Baumast hängen und wird es durchschießen. Liegt der Dame etwas an diesem Bande, so wird sie sich die Kugellöcher sauber aussticken; liegt ihr nichts daran, dann hilft auch alle Buntheit nichts. Ich habe ab und zu solche Bänder mit bestem Erfolge vergeben. So sucht der Kentucky-Boy seine Lebensführung durch Schießen zu vereinfachen.

Wer in den edlen Klub aufgenommen werden will, muß ein größeres, möglichst wehrhaftes Säugetier mit gutem Schuß erlegt haben, also etwa einen bösen Bullen, eine wild gewordene Kuh, ein wehrhaftes Schwein, einen bösen Hund und dergleichen. Jagdtiere, etwa Rehe oder Hasen, gelten nicht, weil zu harmlos.

An der Spitze des Klubs steht der Präside mit unbeschränkter Macht. Er beruft die Sitzungen ein, die in möglichst primitiven Lokalen abzuhalten sind, wo ohne Schaden geschossen werden kann. Vor jedem Platze liegen Revolver und Weidmesser. Getrunken wird einfach Bier, geraucht wird Pfeife, nicht die salonmäßige Zigarre oder Zigarette, bezahlt wird nicht mit Geld, denn Geld dünkt einem Boy etwas Schnödes, Verwerfliches, sondern mit Revolverpatronen. Ich sehe noch die Gesichter, die die Gäste zuweilen aufsetzten, wenn wir der Wirtin nach vorheriger Verabredung als Entgelt der Zeche eine Handvoll Patronen überreichten!

Der Präside muß mindestens einmal in seinem Leben angeschossen sein, und diesem Umstande verdankte ich die Ehre, gewählt zu werden, denn ich war im Laufe eines Halbjahrs zweimal angeschossen worden. Einmal beim Hechteschießen. Jagt mir da ein ungeschickter Schütze eine Teschingkugel durch den rechten Unterschenkel. Der Mann sollte gar kein Gewehr führen und stand mit unserem edlen Klub in gar keiner Beziehung, denn nichts wird da strenger geahndet als unvorsichtiges Umgehen mit Waffen. Als ich den Unglücksmenschen anrief, wollte er's gar nicht glauben, daß er mich angeschossen hätte, denn er wartete immer darauf, daß ich roulieren sollte wie ein Hase. So versicherte er mir nachher ganz treuherzig! Die Wunde mußte ohne Arzt geheilt werden, nachdem mir meine Frau die kleine Kugel, die auf der gegenüberliegenden Beinseite unter der Haut saß, mit dem treuen Nickfänger herausgestochert hatte. Das zweite Mal bekam ich auf der Hasentreibjagd vom Nachbarschützen, einem Berufsjäger, ein Schrotkorn leicht in die Backe. Auch da trat das treue Weidmesser in Tätigkeit. So wurde ich Klub-Präside.

Über die Sitzungen wird Protokoll geführt, aber nicht in trockener Form, sondern da muß möglichst etwas dahinter stecken. Auch jeder neuaufgenommene Boy hat bald danach ein Schriftstück einzureichen, worin er seinen Gedanken und Gefühlen über die neue Würde freien Lauf lassen kann, ebenso über den Eindruck, den die Grundsätze des Kentucky-Klubs in seinen Bekanntenkreisen hervorgerufen haben. Damit war jedem Gelegenheit geboten, an Witz vorzubringen, was er besaß. Alle Schriftstücke kommen zu den Akten. Mir liegt zum Beispiel ein Aktenstück vor, das zeigt, wie ein neuaufgenommener Berliner Boy es fertiggebracht hatte, die ganze wissenschaftliche Zoologenwelt der Reichshauptstadt in Aufregung zu setzen. Er hatte nämlich einer Spitzmaus in voller Flucht mit dem Revolver die Spitze abgeschossen, so daß sie von da ab als gewöhnliche Maus umherlief, aber kein Spezialist vermochte die Art zu bestimmen.

Als Klubfeste gelten die Schlachtfeste, denn das Schwein wird dabei nicht durch Schlag, sondern auf humane Weise durch Schuß betäubt. Auch bei anderen Gelegenheiten wird so gehandelt. Ein Hammel wird als Rehbock erklärt und totgeschossen, nicht ohne Betäubung abgestochen, wie es sonst üblich ist. Ebenso werden Hühner geschossen, damit sie dem grausamen, ungeschickten Messer des Dienstmädchens entgehen. So sucht der Klub auch in tierschützlerischer Hinsicht zu wirken.

Einst hatte ich Besuch von einem Studienfreunde aus Thüringen, einem jungen Pastor, der sich natürlich sofort um Aufnahme in den Klub bewarb. Alles paßte sehr gut, denn es war gerade Schlachtfest, und da sollte der Freund als Aufnahmeobjekt das Schwein totschießen.

Natürlich schoß er vorbei, und ein Boy mußte ihm den Revolver aus der Hand reißen, um das Schwein niederzustrecken. Als Kuriosum will ich nebenbei erwähnen, daß den Leuten dies schnelle Betäuben durch Schießen sehr zu imponieren schien. Kam doch einst ein Bäuerlein zu mir, um meinen Revolver für sein Weihnachtsschwein zu borgen. Das tat ich aber nicht, denn wer weiß, was der Mann alles anstatt Schwein getroffen hätte.

Das heutige Rossitten: Vergnügungsdampfer an der Haffmole.

Der Freund hatte also gänzlich vorbeigeschossen, sein Ruhm war dahin. Aber er war in anderer Weise um die Förderung des Klubs sehr bemüht gewesen. Er hatte nämlich ein Schlachtfestlied verfaßt, und als nun das liebe Schwein im Brühtroge lag, von zwei Knechten mit Schabemessern bearbeitet, wir alle im Kreise herumstehend, da verteilte der Freund mit feierlichster Miene die Liedertexte, und wir stimmten an: „O du geborstetes, oftmals geworstetes, glückliches Schwein" usw. nach der Melodie: „Heil Dir im Siegerkranz". Die Knechte horchten und blickten zunächst scheu empor. Als sie aber unsere ernsten Gesichter sahen und die feierliche Melodie hörten, da legten sie ihre Messer hin, richteten sich auf, nahmen die Mützen ab und hörten mit gefalteten Händen zu, bis der letzte Vers verklungen war, dann schabten sie weiter. Sie sollen dann im Dorfe erzählt haben, es wäre ein sehr feierliches Schlachtfest gewesen; so müsse es wohl „hinter'm Berlin" — so bezeichneten sie meine Heimat — Mode sein. Wir aber

Dampfer sind angekommen.

trugen das stolze Bewußtsein in der Brust, ein neues Ruhmesblatt in den unverwelklichen Kranz des Kentucky=Klubs eingeflochten zu haben.

Auch ein andermal trat der Klub zu den Dorfbewohnern in enge Berührung. Ich führte damals eine sehr schneidige, wachsame Hündin, meine „Daisy", auf die ich mich unbedingt verlassen konnte. Einst verbellte sie beim abendlichen Hinauslassen in einer dunklen Stallecke etwas, was dem Laute nach nur ein Mensch sein konnte. Richtig, da stand ein Fischerjüngling tief beschämt, die Hand vor dem Gesicht. Er hatte sich mit userm· drallen litauischen Dienstmädchen ein Stell= dichein geben wollen. Ich spielte den Tugendhelden: man dürfe doch

53

nicht bei Nacht und Nebel in ein fremdes Grundstück eindringen usw. Der Mann verschwand. Ich hatte die Sache längst vergessen; wir hielten eines Abends gerade eine Klubsitzung ab, da klopfte es an die Tür, und herein trat der Jüngling, um Abbitte zu leisten. Ich sehe noch das entgeisterte Gesicht, als er den Tisch von Waffen starren sah. Der Unterkiefer klappte ihm förmlich herunter. Schnell ein paar entschuldigende Worte, und raus war er. Was mag der seinen Kameraden erzählt haben! Ich glaube, ich bin den Leuten hier immer als ein fremdartiges Wesen vorgekommen. Wir aber trugen das stolze Bewußtsein in der Brust, ein neues Ruhmesblatt in den unverwelklichen Kranz des Kentucky-Klubs eingeflochten zu haben.

Dem Freunde schrieb ich dann einen Absagebrief — natürlich mit Schweineblut — mit der Begründung, daß doch unmöglich ein Mensch in den edlen Kentucky-Klub aufgenommen werden könnte, der ein fettes Schwein vorbeischießt, zumal wenn er eine abgeschlossene akademische Bildung hinter sich habe.

Einmal gerieten wir mit unserem Klub aber doch in einige Verlegenheit. Das Schicksal verschlug einen Seeoffizier hierher. Ob dem Herrn unser kolossaler Schneid imponierte — kurz, er wollte durchaus aufgenommen werden und suchte dauernd das Schwein der Wirtin, um es als Aufnahmeobjekt totzuschießen. Er erklärte sich bereit, alles zu bezahlen, aber die Wirtin wollte doch erst zu Weihnachten schlachten und hatte ihr Schwein versteckt. Wir konnten uns nur dadurch helfen, daß wir den Herrn ausnahmsweise vor dem Schuß aufnahmen. Die Schießerei sollte nachgeholt werden. Dabei trugen wir das stolze Bewußtsein in der Brust, ein neues Ruhmesblatt in den unverwelklichen Kranz des Kentucky-Klubs eingeflochten zu haben.

Ritterlichkeit gegen die Frauen steht auch in dem Programm des Klubs, obgleich weibliche Mitglieder nicht aufgenommen werden. Aber ein Mädchen durften wir doch zu den Unseren zählen, und das kam so: Es war auswärtiger Besuch da, Grund genug, eine Sitzung abzuhalten. Der Besuch hatte einen photographischen Apparat mit, und es sollte eine Aufnahme gemacht werden. Die Wirtsleute saßen auch bei uns, ebenso waren Hühner und Schweine wie so oft unsere

Stubengenossen. Das Photographieren sollte losgehen, da sagte die Wirtin zu ihrer Tochter: „Na, Liese, da geh wenigstens und zieh Dich an." Liese trug eine lose Jacke, wie sie hier üblich ist, verschwand, zog die Jacke aus, legte dafür ein braungestreiftes Korsett an und löste sich die Haare auf. So erschien sie wieder, das Bild wurde aufgenommen und liegt bei den Akten. Ich betrachte diesen Vorgang geradezu als ein Kulturdenkmal. Die Leute hielten also damals ein Korsett für ein Prunk=Kleidungsstück, das man öffentlich zeigen muß. Wie wäre so etwas jetzt hier möglich, wo man die modernsten Kleider sieht!

In der nächsten Sitzung wurde Liese natürlich zum Mitglied des Klubs erklärt und erhielt den Namen „Liese mit's Korsett". Später bekam sie den Bandwurm vom rohen Fischessen, wie das hier so üblich ist. Wiederum mußte eine Sitzung anberaumt werden, um dem Mädchen einen neuen Ehrentitel beizulegen: „Liese mit's Korsett oder das Mädchen mit dem Bandwurm", so lautete der volle Name jetzt. Der Bandwurm hat mir viel Arbeit verursacht. Ganze Stöße von Briefen liefen von auswärts ein mit interessierten Anfragen über das Wachstum des Wurmes. Das wurde mir zuviel. Kurzerhand meldete ich durch Rundschreiben den Boys, daß ich den Bandwurm bei günstiger Gelegenheit neulich mit dem Revolver auf 100 Schritt Entfernung abgeschossen hätte, ohne den Darm zu verletzen. Nun hatte ich Ruhe.

Liese verzog dann nach dem Festlande. Sie wird inzwischen eine würdige Frau geworden sein und hat nie erfahren und wird nie erfahren, welche bedeutsame Rolle sie in ihrem Leben einmal gespielt hat.

In jenen alten Zeiten hatten wir hier ein seltsames geistliches Paar: Pfarrer und Kantor. Beide standen sich schlecht miteinander, und das Schulaufsichtsgesetz, das damals noch bestand und dem Pfarrer die Lokalschulinspektion einräumte, trug nicht dazu bei, dieses Verhältnis rosiger zu gestalten. Beide waren von einer geradezu komisch wirkenden Neugierde, belauschten sich an den Fenstern und trachteten danach, sich gegenseitig eine Blöße abzuhorchen, um dann den andern in der Hand zu haben. Das ist überhaupt ein Trick, der in solch kleinem Orte gern zur Anwendung gebracht wird, um seine Mitmenschen gefügig zu machen. In der Stadt können die Menschen gegenseitig voreinander ausweichen, während sie in kleinen Orten aufeinander angewiesen sind, und da müssen dann alle möglichen Mittelchen angewendet werden, um sich dauernd zu behaupten. So erzählte mir ein Einwohner einst hocherfreut, daß er sein Dienstmädchen dabei erwischt habe, wie es einen seiner Briefe öffnete. Nun hätte er sie in der Hand, denn wenn sie kündigen wolle, käme er jedesmal mit dem Gesetzesparagraphen, der die Verletzung des Briefgeheimnisses mit strenger Strafe bedroht, und da müßte sie nachgeben und bleiben.

Auf unseren geheimnisvollen Kentucky-Klub waren Pfarrer und Kantor wild vor Neugierde. Der Pfarrer mochte gehört haben, daß Schießen im Klub eine große Rolle spielt, und da er das wohl nicht konnte, so beherrschte er sich. Aber der Herr Kantor kam eines Tages zu mir und bat, ob er nicht einmal an einer Sitzung teilnehmen dürfe.

„Aber natürlich, Herr Kantor, heute abend ist Sitzung, da sind Sie herzlich willkommen."

Wir tagten — ganze drei Mann hoch! — in einem primitiven Raume mit kahlen Wänden, oben mit rohen Balken — alles zum Schießen wie geschaffen. Als einziger Schmuck hingen an der Decke einige Netzflaschen, wie man sie hier öfter am Seestrande findet.

Der Herr Kantor erschien; — sogar im guten Rocke. Ich eröffnete die Sitzung und begrüßte den Gast. Die Revolver flogen aus den Taschen und lagen auf dem Tische; die Weidmesser folgten: der Herr Kantor guckte. Die einzelnen Boys berichteten nun, was für ein Aufnahmesäugetier sie totgeschossen hätten, wo der Schuß gesessen, wie das Tier verendet sei und dergleichen. Der Herr Kantor horchte.

„Und nun, Boys," so sagte ich am Ende der Tagung, „wollen wir zu Ehren unseres geschätzten Gastes die heutige Sitzung in ganz besonders würdiger Weise damit schließen, daß wir jene Flaschen mit wohlgezielten Schüssen von der Decke herunterholen."

Die Revolver fuhren hoch, die Schüsse krachten, und prasselnd fielen die Scherben herunter.

„Meine Herren! Bei Ihnen ist es ja lebensgefährlich!" — weg war der Herr Kantor zur Tür hinaus und ist nie wieder zu einer Sitzung erschienen. Wir aber trugen das stolze Bewußtsein in der

Brust, ein neues Ruhmesblatt in den unverwelklichen Kranz des Kentucky=Klubs eingeflochten zu haben.

Später hörten wir, daß der Herr Pfarrer den Herrn Kantor am nächsten Tage zur Verwarnung zu sich beordert hatte.

„Sehen Sie, Herr Kantor," so schloß er seine Mahnung, „ich habe Ihnen immer gesagt, daß man sich von allen Vereinen, die so dunkle Statuten haben, fernhalten muß." —

Altes Fischerhaus ohne Schornstein.

O, ich könnte noch viel erzählen! Die Erinnerung will mit mir durchgehen. Es mag aber genug sein! Der Kentucky=Klub ist nie auf= gelöst worden, und so muß ich mich wohl jetzt noch als Präside fühlen, wenn auch seit langer, langer Zeit leider keine Sitzungen mehr statt= finden. Wenn Du mich aber besuchst, freundlicher Leser oder verehrte Leserin, dann will ich Dir das Aktenstück zeigen und auch die Revolver= kugeln, die aus den Schweineköpfen jedesmal wieder herausgeholt wurden, ebenso die Teschingkugel aus meinem Bein, sorgfältig in einem Gläschen verwahrt und den Akten beigelegt — als eine Erinnerung an vergangene, harmlos vergnügte Zeiten. Der liebe Kentucky=Klub hat uns über manche einsame, schwere Stunde hinweggeholfen.

Nun könnte ich am Schluß dieses Abschnittes noch viel aus alten Zeiten, über Volkscharakter, Aberglauben, Volkshygiene und religiöse Verhältnisse berichten, aber ich will mich dabei kurz fassen, weil ich fürchte, daß ich damit nichts Charakteristisches für die Nehrung bringe. In anderen abgelegenen Teilen Ostpreußens wird's damit nicht viel anders und besser stehen und gestanden haben. Ich bin lange Jahre Schiedsmann gewesen und habe als solcher manchen Blick in die Volksseele tun können. Da mußte man doch zuweilen den Kopf schütteln! Wenn irgend möglich, suchte ich die meist ganz kindischen Streitfälle von der humoristischen Seite zu nehmen, um törichte Klagen zu verhindern. Prozessiert wird nämlich im all= gemeinen hier ganz gern. Das ist eine Art Sport oder Hasardspiel, in Litauen noch viel mehr als hier.

Man kann's doch nicht ernst nehmen, wenn einer des andern Schwein schlägt und beleidigt, und wenn daraus eine große Klage mit kostspieligen Reisen nach Königsberg entstehen soll. Da ist es doch nur mit Freuden zu begrüßen, wenn die Parteien, nachdem sie das Protokoll unterschrieben haben, nach dem Kruge ziehen, um Ver= söhnung zu feiern. Oder wenn zwei Frauen, die jahrzehntelang als Nachbarinnen friedlich miteinander verkehrt haben, plötzlich „Aas" zueinander sagen und das übelnehmen und diesen weiten Begriff im Laufe der Verhandlung noch spezialisieren in blaunasiges Aas. Ich konnte mir's nicht versagen, diesen Fall im Protokoll etwas wissenschaftlich zu gestalten:

Gattungsname: Aas;
Spezies: blaunasiges Aas (cyanorhynchus).

Andererseits haben sich hier in der Weltabgeschiedenheit noch alte ehrwürdige Sitten und Gebräuche erhalten. Ich hatte Gelegenheit, mich an manch echt patriarchalischem Bilde zu erfreuen, zum Beispiel am 5. August 1897 in dem Fischerdörfchen Pillkoppen. Ich öffne die Tür der Gaststube: o, wie nett das aussah! Das Dienstmädchen hatte Geburtstag, und da saß die ganze Familie mit dem Mädchen und deren Verwandten im Sonntagsstaate am festlich geschmückten Tische und trank Kaffee. In der Mitte des Tisches die unvermeidliche bekränzte Flasche Schnaps, aus der wir auch trinken mußten.

Wie gern habe ich auch zugeschaut, wenn die Frauen spannen oder webten. In der Begeisterung schafften wir uns auch einen Web-

Beim Spinnen.

stuhl an; meine Frau lernte weben, und bald prangten selbstgewebte Gardinen an unseren Verandafenstern.

Der Aberglaube spielt hier auf der Nehrung noch eine große Rolle, besonders das Spuken, das sehr gern mit menschlichen Skelettteilen in Zusammenhang gebracht wird, namentlich mit Schädeln.

Einst wurden beim Grundgraben für den Neubau eines Hauses Menschenschädel gefunden. Ich hätte sehr gern weiter nachgeforscht, aber es war unmöglich. Loch zugeschaufelt — Schluß. Die Hausbewohner würden sonst nie Ruhe haben. Es würde sicher spuken.

In meinem Arbeitszimmer habe ich einen sehr gut erhaltenen Schädel vom ausgewehten Pestkirchhof in Nidden stehen und auf meinem Schreibtisch eine Eule. Das ist für manche Dorfbewohner eine höchst peinliche Situation, wenn sie zu mir kommen und im Zimmer stehen. Hinten der Totenkopf und vorn die Eule!

„Nehmen Sie das raus, das kann Ihnen kein Glück bringen," so sagte einst eine Frau zu mir.

„Haben Sie schon gehört, Herr Professor, da hat doch ein Lehrer auf der Nehrung einer Matrosenleiche den Kopf abgedreht und abgekocht, um ihn für die Kinder zum Lernen aufzustellen. Nun spukt's im Hause. Sie haben den Totenkopf schon nach Memel gebracht, aber es spukt weiter. Zehn Minuten vor Mitternacht geht's immer los und dauert bis um eins. Es haut auf den Boden wie mit großen Holzklötzen, daß das ganze Haus dröhnt. Sie haben schon ans Konsistorium geschrieben, daß der neue Lehrer nicht dableiben kann, denn er ängstigt sich zu Tode."

So erzählte mir vor gar nicht langer Zeit mein Fuhrmann, als er mich die Nehrung entlang kutschierte. Er ist einer der verständigsten Menschen im Dorfe und verzog keine Miene dabei, als er vom Bocke aus, den Kopf halb nach hinten gewendet, die Schauermär von sich gab. Ich aber faßte mich an den Kopf, denn das war mir des Ungeheuerlichen auf einmal etwas zuviel.

Was hat mir ein anderer eingeborener alter Fuhrmann manchmal für Wunderdinge bei den langen Fahrten nach Cranz erzählt, dabei auf die Stellen hinweisend, wo er Feen über vergrabenen Schätzen hat sitzen und schweben sehen; wo draußen in der Wüste in der Nähe eines freigewehten Kirchhofes oft unsichtbare Geister auftreten und in die Radspeichen greifen, um den Wagen zurückzuhalten. Den Pferden steht dann der Schaum auf dem Rücken, aber sie kommen nur mit größter Anstrengung langsam vorwärts. Einmal muß der Mann sehr schön Elmsfeuer gesehen haben, denn seine Beschreibung paßte genau darauf. Darum beneide ich ihn, da ich's noch nicht gesehen habe.

Auch gehext wird hier noch tüchtig: Vieh verhext und als Gegenmittel Kreuze an die Stalltüren gemalt; auch beim Gluckensetzen ab und zu ein bißchen gehext; aus jedem neugebauten Boote böse Geister herausgetrieben und dergleichen mehr.

Wir hatten einen alten Litauer hier, der meiner Meinung nach ein ganz Schlauer war, denn er verstand es, die Angst der Leute vor Spuk und Hexerei zu seinem Vorteile auszunutzen. Hatte er doch seinen Wirtsleuten angedroht, er würde, wenn er von ihnen keine bessere Stube bekäme, ihren Kindern etwas an die Köpfe dranhexen, „was gar nicht aussieht wie ein Kopf". Nun erstrahlten diese Kinderköpfe schon an und für sich nicht in Schönheit und Intelligenz, und da noch etwas drangehext, was nicht aussieht wie ein Kopf, das wäre ja furchtbar geworden! Ich hatte in der Sache Schiedsmannstermin, und da versprachen die gequälten Eltern dem Hexenmeister Reisegeld und alle möglichen Unterstützungen, wenn er nur von Rossitten wegziehen möchte, damit sie ihre schönen Kinderköpfe behielten.

Die Volkshygiene lag früher hier sehr im argen. Ich habe vor Jahrzehnten einmal folgenden Anblick gehabt als ich die Tür einer Instmannsstube öffnete: In der einen Stubenecke die Leiche eines an einer ansteckenden Krankheit gestorbenen Kindes; daneben im Bett die schwer erkrankte Schwester; am Deckenbalken ein frisch geschlachtetes Schwein hängend mit untergesetzter Schüssel, um das abtropfende Blut aufzufangen, und im glühend heißen Stubenofen frische Brote zum Backen eingeschoben, also eine Gluthitze in der Stube bei dicht geschlossenen Fenstern. Ich war wie erschlagen von dem Anblick und schloß die Tür mit der Überlegung: Welch eine Fülle von Aufklärung gehört dazu, um solche Schäden aus unserem Volke herauszubringen, und welch schwierige Aufgaben erwachsen daraus für Ärzte, Pfarrer und Lehrer!

Ein beliebtes Hausmittel war früher folgendes: Frisch gebackene, recht fette Flinsen bei Magenbeschwerden auf den Bauch legen. Wer weiß, ob das nicht ganz heilsam ist; nur wurden die Flinsen oft zu heiß verwendet, so daß es rot verbrannte Kinderbäuche gab.

Gehext wird beim Kurieren auch noch gern. Die Leute haben ja ganz wunderliche Vorstellungen von den Krankheiten. Einst wollte mir ein biederer Nehrunger das Wüten der Grippe recht anschaulich vor Augen führen und sagte folgendes: „Früher fuhr die Grippe meist in den Kopf, und das war nicht so schlimm, aber diesen Winter haute sie immer in den Unterleib." Wie denkt sich der Mann diesen Vorgang?! Und wie gering er den Kopf einschätzt! Wenn nur der Unterleib in Ordnung ist! Einem Nehrungskopfe darf man allerdings nicht zuviel zumuten, das zeigte uns einst unser Dienstmädchen. Meine Frau war verreist, und ich mußte allein wirtschaften. Ich kann etwas kochen, was hier geradezu notwendig ist, hatte aber nicht Zeit und Lust, alles allein zu besorgen. Da richtete ich unsere Wirtschaft so ein, daß ich das Mittagsgericht bestimmte und dem Mädchen dann nach eingehender Besprechung das Kochbuch zum Nachlesen vorlegte: wie man einen Aufsatz in der Schule vorbereitet! Da saß dann die Minna am Tische mit aufgestützten Ellenbogen und las, bis der Kopf ganz rot war, dann ging sie in die Küche — aber weiß der Kuckuck — sie mochte noch so lange gesessen haben, es wurden zum Schluß immer gekochte Fische mit langer Brühe. Bald darauf wurde Minna krank und mußte den Arzt aufsuchen, worauf eine Rückfrage erfolgte, ob das Mädchen in letzter Zeit geistig sehr angestrengt worden sei. Ich dachte an die Kochbuchlektüre und den roten Kopf und berichtete darüber. Also Vorsicht auch beim Kochbuchlesen!

Die hygienischen Verhältnisse sind in neuerer Zeit viel besser geworden. Ja, wir haben jetzt sogar ständig einen Arzt hier.

Über kirchliche und religiöse Dinge ließe sich sehr viel sagen, aber auch darüber möchte ich aus dem vorhin angeführten Grunde nur wenig bringen. Im allgemeinen liegt hier bei der Bevölkerung ein großes religiöses Bedürfnis und Verlangen vor, aber die Leute kommen leicht auf Abwege und verfallen dann zuweilen einem häß= lichen geistlichen Hochmute, der schwer zu bekämpfen ist. Ein Pfarrer hat es hier oft nicht leicht. Sehr interessant war es für mich, der ich aus Mitteldeutschland kam und andere Verhältnisse gewöhnt war, zu beobachten, wie sich im Laufe der Jahrzehnte hier beim Eindringen von kulturellen Einflüssen ein großer Wandel in der religiösen Auf= fassung vollzog. In alten Zeiten war für die Leute ein Sonntag ohne

Kirchgang überhaupt nicht zu denken. Die Kirche meist ganz gefüllt, und bei besonderen Gelegenheiten, etwa bei Kirchenvisitationen, ein dicht gedrängter Knäuel von Menschen im Gotteshause sitzend und stehend.

Wohl ist dabei viel Mechanisches, aber das haftet dem Kirchengehen auf dem Lande in abgelegenen Dörfern überhaupt an. Man braucht die Leute deshalb nicht zu verurteilen, denn sie suchen nach einer Abwechslung in dem zermürbenden Einerlei des Alltages. Und da saßen sie nun bei der Kirchenvisitation ununterbrochen von morgens neun Uhr bis nachmittags um eins oder zwei, um die Fülle des Gebotenen in sich aufzunehmen: Gemeindegesang, Liturgie, Ansprache des Superintendenten, Predigt des Ortspfarrers, Predigt eines fremden Pfarrers, der zur Feier mitgekommen war, Prüfung der Rossittener Schule durch den Rossittener Lehrer, Prüfung der Pillkoppener Schule durch den Pillkoppener Lehrer, Katechese des Superintendenten mit den Konfirmanden, Katechese des Superintendenten mit der konfirmierten Jugend — und die Leute saßen und hielten geduldig aus, und ich saß mit. Der eine schlief, der zweite schwitzte bei der fürchterlichen, mit allen möglichen Gerüchen und Tannenduft erfüllten Luft, aber das war gut so, denn auch der Leib muß etwas davon merken, wenn der liebe Gott die Seele einmal tüchtig vornimmt. Und der Herr Superintendent, ein prächtiger Mann mit einem Herzen voll Liebe zu seinen Mitmenschen, aber bei seinen Veranstaltungen nie ein Ende findend. Er bot des Guten immer viel zuviel, denn unser innerer Mensch ist ja gar nicht darauf eingestellt, daß er stundenlang ganz einseitig behandelt wird.

Und was für gewagte Themen suchte sich der Herr Superintendent meist für seine Besprechungen aus! Auf zwei besinne ich mich noch: „An der Kirche vorbei und am Schulhaus ist der kürzeste Weg ins Zuchthaus." Oder ein andermal: „Die Tasche ist der wichtigste, aber auch gefährlichste Bestandteil des menschlichen Körpers." Gewiß kann man mit diesen Leitsprüchen der Jugend manche Anregung bieten, aber was gab es da zuweilen für Mißverständnisse und spaßige Antworten, wenn der gute Herr Superintendent in seiner mehr liebevollen als methodisch richtigen Art und Weise mit der geistig wirklich nicht sehr beweglichen Rossittener Jugend die Begriffe entwickelte. Ich kenne die Schulkinder, da ich ab und zu in der hiesigen Schule eine Naturgeschichtsstunde abhalte, um etwas Interesse für den Vogelzug zu erwecken. Das kommt der Vogelwarte dann wieder zugute.

So war's früher, als wir hier noch weltabgeschlossen lebten. O, wie ist das anders geworden, seitdem sich fremde Einflüsse geltend machen. Solches Drängen nach der Kirche und nach den Visitationen gibt es längst nicht mehr!

Nehrungsfuhrwerk.

Nehrungsfahrten.

Über Land.

Dampferverbindung bestand hier schon, so lange ich denken kann. Der alte Dampfer „Cranz" fuhr von Cranzbeek nach Memel und zurück über das Kurische Haff und vermittelte den Verkehr nach den Nehrungs= dörfern. In noch früheren Zeiten wurde die Post nur dreimal in der Woche nach Rossitten gebracht, und zwar einmal durch einen Reiter und zweimal durch Fuhrwerk. Der Dampfer „Cranz" legte aber nicht an, wie jetzt, so daß man nicht auf der Rossittener Mole bequem auf= und absteigen konnte, sondern es wurde ausgebootet. Wenn man wegreisen wollte, dann mußte man bei ungünstigem Winde oft schon stundenlang vor Ankunft des Dampfers ins Boot steigen, wurde weit hinausgefahren aufs Haff und kreuzte hin und her, bis der Dampfer kam und die Bootsinsassen aufnahm. Dieses ungefährliche, aber bei schlechtem Wetter gewiß unbequeme Manöver hielt viele Menschen vom Besuch der Nehrung ab. Auch verkehrte der Dampfer nur während der Sommermonate vom 1. Mai bis 30. September, dann war Schluß; und ich weiß noch, wenn der Dampfer bei seiner letzten Reise von Rossitten wegfuhr, dann pfiff er dreimal, und man stand am Strande und dachte darüber nach, was wohl die drei Pfiffe bedeuten sollten? Sollte es ein freundlicher Abschiedsgruß sein: „Gehabt euch wohl für den Winter auf eurer einsamen Nehrung!". Oder sollte es ein wenig wie Hohn klingen: „Wir fahren jetzt nach der Stadt in die Kultur! Mögt ihr in eurer Wüste versauern!" Oder sollten die Pfiffe zur Einkehr mahnen: „Was wird der bevorstehende einsame Winter alles bringen? Wird er gut oder böse verlaufen? Und werden wir gesund bleiben? Was ja für einsam Lebende die Hauptsache ist!" Jedenfalls waren es immer mannigfache Gedanken, die auf einen einstürmten, wenn man den letzten Dampfer am Horizonte verschwinden sah. Nun waren wir abgeschnitten von der Welt. Verbindung nur über Land die Nehrung entlang bis zur 35 Kilometer entfernt gelegenen Bahnstation Cranz, und dahin führte kein Weg, kein Steg. Man war also auf Fuhrwerk angewiesen. Auch die Post wurde von jetzt ab über Land mit Fuhrwerk befördert, und zwar in der Weise, daß ein Sarkauer Fuhrwerk die Postsachen von Cranz abholte und über Sarkau nach Rossitten beförderte. Ein Rossittener Fuhrmann brachte sie bis Pillkoppen, ein Niddener bis Nidden und ein Schwarzorter dann schließlich bis zum nördlichsten Ende der Nehrung vor Memel. Die Pakete und Briefe mußten sich also manche Umladung gefallen lassen, und den zerbrechlichen Sachen ging's dabei nicht allzu gut. Eine Personenpost stellten diese Postfuhrwerke nicht dar. Es waren einfache Klapperwagen für Pakete und Briefe. Neben dem Kutscher hatten noch zwei Personen Platz zum gelegentlichen Mitfahren. Eine Verpflichtung zum Mitnehmen von Reisenden bestand für den Postfahrer nicht.

Auf die Pferde war man also angewiesen, und ehe ich etwas von meinen vielen Nehrungsfahrten erzähle, möchte ich kurz auf die Pferdewirtschaft hier auf der Nehrung eingehen. Ich muß sagen: Als ich von Mitteldeutschland hierher kam, hat mir der Umgang der Eingeborenen

mit ihren Pferden zunächst mächtig imponiert. Da stak noch Ur=
wüchsigkeit drin. Das reine Wild=West! Wenn man die Pferde nicht
brauchte, wurden sie nicht etwa sorgsam in den Stall gebracht, ge=
füttert, getränkt, abgerieben und geputzt, wie ich das von meiner
Heimat her gewöhnt war, nein, da hieß es, Sielen herunter, einen
Strickzaum umgelegt, hinauf auf den blanken Rücken und nun nach
dem Walde galoppiert! natürlich in Schlorren, das heißt Holz=

Die Nehrungspost.

pantoffeln, die bei schnellster Gangart des Pferdes mit unfehlbarer
Sicherheit auf der großen Zehe balancierten, ohne jemals herunter=
zufallen. Das soll einer den Leuten einmal nachmachen! Im Walde
angekommen: abgesessen, Zaum herunter und den Tieren eins über=
gezogen: „Nun lauft los! Nährt euch redlich und kümmerlich von
dem, was ihr findet und trinkt mit den Elchen aus einer Wasserlache!
Wenn ich euch wieder brauche, suche ich euch, und wenn ich euch nicht
finde, dann muß ich mich beritten machen, um stunden=, ja tagelang
zu suchen." Daher früher öfter die Antwort der Bauern, wenn man

ein Fuhrwerk bestellte: „Ich muß erst die Pferde suchen." Da konnte man zuweilen lange warten!

So ein Pferd hatte ja damals keinen hohen Wert. Der Durchschnittspreis betrug etwa 70 bis 80 Mark. Aber man bekam auch schon für 50 und 40 Mark einen brauchbaren Gaul. Am 31. Dezember 1900 habe ich hier in Rossitten ein Pferd gekauft, das kostete 1,50 Mark. Allerdings wollte ich es als Köder für die Füchse verwenden und hatte versprochen, den Zagel — das ist in Ostpreußen der Schwanz — zurückzugeben, aber man hätte diese Rosinante ganz gut noch anspannen und reiten können. Der damalige hiesige Bäcker besaß einst ein Pferd, ein altes, langbeiniges Tier, das wir immer die Giraffe nannten. Sonst sind die hiesigen Pferde kleine, struppige, aber äußerst zähe und genügsame Tiere. Mit diesem Gaule hat der Bäcker einst folgende Touren gemacht: Am ersten Tage von Rossitten nach Cranz gefahren und in der Nacht gleich wieder zurück, das sind 70 Kilometer, und am nächsten Tage nach Preil und wieder zurück, also 60 Kilometer. Im

Reiten in Schlorren.

Nehrungspferde.

ganzen 130 Kilometer. Das bedeutet für mitteldeutsche Verhältnisse eine Strecke von Berlin bis hinter Bitterfeld. Und dieses Pferd kostete 15 Mark. Ich hatte einmal zufällig Gelegenheit, mit dem Bäcker und seiner Giraffe von Cranz nach Rossitten zu fahren. Das war allerdings schrecklich anzusehen. Der Mann hatte nur immer Angst, daß das Tier in der Wüste umfallen könnte, denn dann hätten wir zwei es nicht wieder auf seine langen Beine hochwuchten können. Also nur nicht umfallen lassen! so lautete unsere Reiseparole, und wenn dann eine besonders schwierige Sandstelle kam, dann sprang der fixe Bäcker vom Wagen herunter und stützte sein Roß seitwärts mit der Schulter oder trat es aufmunternd mit seinen schweren Schifferstiefeln unter den Bauch. Nur nicht umfallen! Sonst bleiben wir in der Wüste liegen! Die 15 Mark müssen aus dem Pferde wieder herausgeholt werden!

Man erzählt sich in lustiger Gesellschaft manchmal allerhand Geschichtchen, was man nach dem Tode bei der Seelenwanderung nicht werden möchte. Nun, ich sträube mich mit allen Fasern dagegen, einst ein Nehrungspferd zu werden. Eine ungetrübte Freude kann das unmöglich sein. Wenig Hafer, tüchtig Peitsche und immer laufen! so heißt es hier oft. Ja, die weiten Entfernungen, die hier mit Fuhrwerken zurückgelegt werden, die muten den Fremden zunächst eigenartig an. Und wie leicht und wie bald ist hier ein Pferd angespannt und zu allen möglichen Dienstleistungen herangezogen, wo in Mitteldeutschland der Mensch zu Fuß geht oder selbst zieht oder trägt. Was tragen in Thüringen die Leute für Lasten vom Felde nach Hause, oder fahren sie schweißtriefend mit dem Schubkarren! Das würde hier so leicht kein Mensch tun. Jeder will ein Pferd haben, um reiten und fahren zu können, und wenn er auch nur ein Fleckchen Land sein eigen nennt. Ostpreußen, das Pferdeland!

In meinem Thüringer Heimatdorfe waren die Leute aber auch ärmer. Da gab es früher wirkliche Armut, und ich entsinne mich noch, daß meine Eltern — ich stamme aus einem Pfarrhause — immer nachhelfen mußten, soweit sie das vermochten. Hier in Rossitten haben wir keine eigentlichen Dorfarmen. Vor langen Jahren war allerdings mal einer da, ein drolliger alter Mann, der stets einen Pelz trug; im Sommer gegen die Hitze und im Winter gegen die Kälte. Er aß im Dorfe der Reihe nach herum in den Häusern, und wenn er bei uns war, und es gab etwa Braten mit Sauce, dann steckte er den Rest des Bratens, den er nicht zwang, uneingewickelt in die Pelztasche, hielt dann mit der einen Hand die geöffnete Tasche unter den Tellerrand und strich mit der anderen Hand die Sauce in die Tasche auf das Fleisch. Wohl bekomm's! Als ich aber einmal einen Fuchs in seiner Gegenwart streifte, da wandte er sich ab, denn ihm wurde vor Ekel übel, und als ich schließlich mit zwei Holzknebeln die Lunte über die Schwanzrübe zog, da brach er ganz verzweifelt in die Worte aus: „Jetzt rett' he dem Voß den Zagel ut."

Reiten spielt hier eine große Rolle. Es ist aber auch die angenehmste Fortbewegungsart auf der Nehrung. Die kleinsten Kinder, Jungen und Mädchen, sieht man schon auf dem Pferderücken, um auf die Weide oder ins Haff zur Tränke zu reiten. In alten Zeiten gaben die Leute bereitwillig Pferde zum Reiten her. Für 1 Mark durfte man ausreiten, so lange man wollte. Die Pferde duldeten auch, daß man vom Sattel aus schoß, und manche wertvolle Beute habe ich auf diese Weise erlangt, denn einen Reiter halten ja scheue Vögel besser aus als einen Fußgänger.

Das Reiten ist jetzt hier sehr eingeschränkt worden, aber die Fremden tragen zum Teil selbst Schuld daran. Hatte da einst ein Königsberger

„Die kleinsten Kinder sieht man schon auf dem Pferderücken."

Jüngling sich ein Pferd für 1 Mark zum Ausreiten geliehen. Das Tier wurde von schwerer Arbeit weggeholt, und der Reiter versprach zu schonen. Kommt der Bauer zufällig hinaus, da sprengt der Jüngling mit hocherhobenem Stocke gerade die Wanderdüne herauf und herunter. Der Bauer natürlich fluchend hinterher. Das macht die Leute mit Recht kopfscheu. Der ganze Pferdebetrieb ist jetzt, wo die Pferde mehr wert sind, anders geworden. Urwüchsigkeit und Ursprünglichkeit schwinden ja überhaupt hier immer mehr. —

Da saß man nun in Rossitten, und eine notwendige Reise nach

Königsberg stand bevor. Ein Ereignis! von dem schon lange vorher gesprochen wurde. Die Gedankenzettel werden durchgesehen und vervollständigt. Wehe, wenn man da etwas vergaß! Fuhrwerk mußte bestellt werden, gewöhnlich ein dreispänniges, wobei die drei Pferde nebeneinander gingen, das eine auf der Windbahn, wie der technische

Junges Mädchen zu Pferde.

Ausdruck lautet. Um gutes Wetter für den Tag wird schon lange vorher gebangt.

Wir wollen den Mittagszug in Cranz erreichen, setzen also die Abfahrtszeit auf früh 4 Uhr fest. Um 3 Uhr aufstehen! Wenn man in jenen Zeiten gefragt wurde, wie lange man von Rossitten nach Cranz fährt, so konnte man keine bestimmte Spanne Zeit nennen. Man sagte sechs, acht Stunden, wir haben aber auch zwölf Stunden gebraucht. Das kam ganz darauf an, ob man unterwegs glatt durchkam oder durch irgendwelche unvorhergesehenen Zwischenfälle aufgehalten wurde.

Der Tag kommt heran. Das erste ist nach dem Aufstehen, daß die Fensterläden zurückgeschlagen werden, um nach dem Wetter auszuschauen. O weh! Schlechtes Wetter: starker Wind halb von vorn, ab und zu Regen, ein richtiger häßlicher Novembertag.

Bei Laternenschein wird auf den Wagen gestiegen. Es ist ein einfacher Klapperwagen ohne Federn. Viel Platz ist da nicht; alles mit Säcken und Heu ausgestopft, denn der Kutscher muß immer für zwei Tage Pferdefutter mitnehmen, was ein großer Übelstand bei Beförderung von Handgepäck ist. Die Pferde ziehen an: Glückliche Reise! — Danke! Danke! Diese Worte klingen hier auf der Nehrung anders, als wenn sie etwa in der Stadt dem Nachbar beim Abschied nur als Phrase nachgerufen werden. Der Nehrunger weiß den Wunsch einer glücklichen Reise sehr wohl zu schätzen. Bei der Fahrt durchs Dorf sehen wir schon mehrere erleuchtete Fensterchen, denn die Leute müssen zeitig zum Fischfang ausziehen. Dann geht's am Mövenbruch vorbei, den Notstandsdamm entlang auf die Rossittener Palwe. Wo jetzt hohe Kieferndickungen stehen, das Gebiet kenne ich noch als weite freie Fläche. Besondere Wege waren da nicht angelegt. Man fuhr wo man wollte querüber, aber es fuhr sich einigermaßen, da die leichte Grasnarbe die Räder nicht tief einsinken ließ.

Jetzt hört die Palwe auf, und das gefürchtete Kupstengebiet beginnt: Wir kommen „mang die Humpels". Wind und Regen schlagen uns ungehindert ins Gesicht, denn nun hat auch der Baumbestand aufgehört, der bis dahin noch einigermaßen Schutz gewährte. Der Kutscher murmelt einige unverständliche Worte vor sich hin, die ich mir aber sehr wohl übersetzen kann. „Heute wird's schlecht gehen", das sollte das Gemurmel bedeuten. Tief schneiden die Räder in den Sand ein, obgleich sie wie an allen Nehrungswagen sehr breit gebaut sind. Die Pferde treten durch — kurz, wir kommen sehr schlecht vorwärts. Unterdessen ist es etwas heller geworden, und wir richten uns nach einigen alten Gleisen, die anzeigen, wo sich früher Fuhrwerke Bahn durch das Gewirr von Kuppendünen gesucht haben. Jetzt geht's eine Böschung hinauf. Die braven Pferdchen, die einen so leicht nicht im Stich lassen, zwingen kaum, und so muß erst eine kurze Pause zum

Verschnaufen eingelegt werden, zumal es gerade eine Weile aufgehört hat zu regnen.

Nun wieder vorwärts! Jetzt biegen wir in eine Senkung ein — da, ein Ruck, ein Schlag! Das eine Pferd ist weg, im Triebsand eingebrochen! Wir alle herunter vom Wagen, der Kutscher strängt das Pferd bereits ab und macht die Halskoppel los. Dann wird der Wagen etwas zurückgeschoben, damit wir das eingebrochene Pferd ganz frei bekommen. Das liegt bis an den Bauch im Triebsand, ist auf die Seite gerutscht und stöhnt. Mit dem Spaten ist nicht viel zu machen, da der Sandbrei immer wieder nachfließt. Das Tier muß sich selbst helfen, und die Peitsche ist das Allheilmittel. Der Gaul wird mit Mühe etwas aufgerichtet, dann an die Vorderbeine eine Pferdedecke gelegt, die als Stütze gegen abermaliges Einsinken dienen soll, und nun mit der Peitsche um die Ohren, daß es nur so pfeift. Jetzt eine furchtbare Anstrengung von seiten des Gauls, die Vorderbeine finden Halt auf der Decke, das Vorderteil kommt hoch, und nun ist's nicht allzu schwer, das Hinterteil nachzuziehen. Gott sei Dank, das ist geschafft! Nun wieder eine kleine Weile verschnauft, dann angespannt, eingestiegen — vorwärts!

Aber wir merken bald: so geht's nicht weiter. Wir müssen aus den Humpels heraus, um am Seestrande zu versuchen. Also nach rechts abgebogen und an die Vordüne heran. Halt! Über den hohen Sandwall zwingen die Pferde nicht; wieder heraus aus dem Wagen, vorwärts über die Vordüne hinweg; wir zu Fuß nach. Als wir oben sind, sehen wir sofort, daß wir hier am Seestrande heute nicht viel besser fahren werden. Die See geht bei dem Sturme sehr hoch und schlägt fast bis an die Vordüne. Nur ein schmaler Streifen ist frei, und auf dem versuchen wir unser Heil. Zunächst geht's einigermaßen, denn der Sand ist ziemlich fest, daß wir sogar ein Stückchen traben können. Aber bald kommen wir an Stellen, wo die Vordüne vorspringt, und da schlägt uns plötzlich eine hohe Welle unter den Wagen, hebt die Hinterräder hoch und setzt sie seitwärts, wobei sie tief in den Sand eingespült werden. Hier lohnt es also auch nicht zu fahren. Aber etwas Interessantes haben wir wenigstens gesehen: ein großer, mehrere Meter langer verendeter Stör wurde in der Schälung hin und her gewälzt. Schade, daß er nicht mehr lebt! In früheren Zeiten waren solche Funde gar nicht selten. Ich entsinne mich, daß ich einmal bei einer Fahrt nach Cranz fünf verendete Störe gefunden habe, deren Rückenplatten ich mir teilweise herauslöste. Heutzutage ist kaum noch etwas von Stören zu merken. Wo sind die vielen Störe geblieben?!

Beim nächsten Düneneinschnitt, den frühere Stürme gerissen haben, wird wieder links herausgebogen in das Kupstengebiet. Nun muß es eben gehen, und wir fahren diesmal mehr nach der hohen Wanderdüne hinüber, hoffend, daß wir da besser vorwärts kommen. So geht's im Schritt stundenlang weiter, ohne daß wir einer Menschenseele begegnen. Endlich hört das Kupstengebiet auf. Der Sarkauer Wald beginnt und bietet uns wieder etwas Schutz vor Wind und Wetter. Noch ein weites Stück ist zu fahren, dann tauchen die Häuser von Sarkau auf. Im Gasthofe wird vorgefahren, aber nicht ausgespannt, da wir unterwegs zuviel Zeit verbraucht haben. Wagen und Pferde finden hinter dem Stalle im Windschatten etwas Schutz und werden notdürftig zugedeckt. Etwas Heu wird vorgeworfen, und da stehen nun die Pferde nach solch großer Anstrengung in Wind und Wetter. Ich sage immer: So ein Nehrungspferd muß Schimpf und Schande vertragen können! Wir gehen ins Haus und werden in die gute Stube geführt.

Wenn doch die ostpreußischen Krugstuben etwas gemütlicher und geschmackvoller eingerichtet wären! Wir sitzen bei sehr mäßiger Zimmertemperatur auf Plüschstühlen! Ja, auf roten Plüschstühlen mit verschnörkelten Lehnen! Gegenüber an den Wänden hängen Schwämme von Birkenstämmen, die als Konsolen hergerichtet sind, und darauf stehen bronzierte Gipsfiguren, wie sie die Hausierer anbieten. Dem Herold mit der plumpen, wulstigen Straußenfeder auf dem Hute fehlte die Nase schon, als wir das letzte Mal hier durchfuhren, und die Schnitterin hält das Ährenbündel immer noch mit ihren verrenkten Armen, und die Erhabenheiten an den Ähren sind vom vielen Staubwischen schon ganz weiß gescheuert. Ringsherum hängt ein Wandspruch am andern. Dagegen ist ja grundsätzlich nichts einzuwenden, aber wenn die Aufmachung dieser Kunstwerke nur ein klein wenig geschmack= voller wäre! Und nun sitzen wir in unseren nassen Sachen auf den roten Plüschstühlen und lesen: „Wo Friede, da Freude", und weiter: „Hier soll nur das Glück erblühen", ausgerechnet über dem Bette aufgehängt; ferner „Liebe ist des Hauses Wärme", das hängt neben dem kalten Ofen. Alles das haben wir bei unserm letzten Hiersein schon gelesen und können es längst auswendig. Dann schauen wir uns wieder die Gipsnase an, die nicht da ist, und haben doch für solche Dinge gerade jetzt so wenig Sinn. O, so kalt und frostig äußerlich wie innerlich! Darum schnell eine Tasse Kaffee getrunken, oder noch lieber ein Glas Warmbier, dazu von unseren mitgebrachten Butterbroten etwas gegessen, und weiter geht's, da die Pferde inzwischen ausgefressen haben und getränkt worden sind.

Die Strecke von Sarkau bis Cranz ist wohl leichter zu fahren als das eben zurückgelegte Stück der Nehrung. Draußen in der Wüste war es die wilde Natur, die unserem Vordringen mehr oder weniger Einhalt gebot, und jetzt ist unser Feind ein fürchterlicher Schmutz. Aufgeweichte Waldwege — die eigentlich gar keine Wege sind —, auf denen von den hin und her pendelnden Sarkauer Flunderfuhrwerken tiefe Gleise und Löcher ausgefahren sind, die wir getreulich einhalten müssen, denn nach der Seite ausbiegen geht nicht. Ob es draußen in der Wüste doch nicht besser war?!

Auf der Hälfte des Weges, an einem Kreuzgestell, das nach der einsamen Försterei Grenz führt, wird wie immer haltgemacht, um die Pferde verschnaufen zu lassen. Dann geht's weiter. Je näher wir an Cranz kommen, um so toller wird der Schmutz, zuweilen fast bis an die Achsen schlagend. Wir erreichen den Kirchhof von Cranz, der seitwärts im Walde versteckt liegt. Da ruht ein lieber Jagdfreund von mir, der in jungen Jahren gestorben ist. Ich kann nicht vorüber= fahren, ohne ihm einen Jägergruß zu senden. Ich lasse halten, das Waldhorn wird hervorgeholt, und der „Jägerruf" und das getragene Signal „Jagd vorbei!" tönen mit dem Winde zusammen durch die trübe Morgenluft. Dann geht's weiter. Cranz kommt in Sicht, und bald darauf traben wir auf gepflasterter Straße durch den jetzt außer der

Badezeit öde daliegenden Ort. Aber wie großstädtisch er uns vorkommt, die wir seit Monaten nicht in der Kultur gewesen sind. Diese schönen, großen Schaufenster mit den blanken Spiegelscheiben, und da eine wirkliche Barbierstube mit einem Jüngling in weißem Mantel vor der Tür, der gewiß nicht nebenbei Heu machen und Schweine abschaben muß. Alles wirklich großartig wie auf der Leipziger Straße

Ausbesserungsarbeiten im Kupstengebiet zum Schutze der Nehrungsstraße.

in Berlin! Unter Schauen und Staunen erreichen wir den Bahnhof und haben noch Zeit bis zur Abfahrt des Zuges.

Nun muß über die Rückfahrt Bestimmung getroffen werden. Wir lassen entweder das Fuhrwerk in Cranz warten, dann wird's in Königsberg allerdings für uns eine furchtbare Hetze, da wir schnell zurückkommen müssen, aber die Fahrt ist dann billiger. Oder wir müssen uns wieder abholen lassen, dann haben wir natürlich den doppelten Fahrpreis zu zahlen.

Der Fuhrlohn für die Strecke Rossitten—Cranz hat im Laufe der Jahrzehnte mancherlei Wandel erfahren. Mit 10 und 12 Mark fingen wir in alten Zeiten an, dann wurden es 15 Mark, dann 20, 30, 40, 50, und es sind auch schon 60 und 90 Mark gezahlt worden und mehr.

Die alten nassen Mäntel bleiben in Cranz. Sie können für solche Nehrungsfahrten gar nicht alt und schäbig genug sein. Aus wasserdichten Säcken und Koffern wird eine bessere Garnitur herausgeholt, und nun geht es als zivilisierter Mensch mit dem Zuge weiter nach Königsberg.

Jetzt ist Cranz mit Sarkau durch eine regelrechte, auch dem Autoverkehr offene Steinchaussee verbunden, während von Sarkau bis vor Memel eine Kiesstraße läuft, die mit Autos nicht befahren werden darf. Diese Nehrungsstraße stand und steht auch jetzt noch an manchen Stellen in der Gefahr des Versandens und verlangt dauernd Ausbesserungsarbeiten von seiten der Forstverwaltung. Die Straße ist ein böses Ding, das den Nehrungern manchen Ärger verursacht, denn im Sommer bei trockenem Wetter ist sie herrlich fest und eben, so daß man wie auf dem Tische fährt, aber kein Mensch benutzt sie, da wir Dampferverbindung haben, und im Herbst und Winter, wenn die Dampfer nicht mehr fahren und die Straße für Aufrechterhaltung des Verkehrs sich als unentbehrlich erweist, dann ist sie aufgeweicht und ausgefahren, daß oft recht schwer vorwärts zu kommen ist. —

Ich denke weiter an eine Fahrt im Frühjahr von Cranz nach Rossitten die Nehrung entlang. Bei Sonnenschein fuhren wir los, und mit uns zogen Raubvögel gen Norden, besonders Rauhfußbussarde und Sperber, daneben auch Kleinvögel. Plötzlich umzog sich gegen Mittag, als wir etwa auf der Mitte zwischen Sarkau und Rossitten, also mitten in der Wüste waren, der Himmel. Wir sahen, wie die Bussarde den Zug einstellten und in den niedrigen Büschen Schutz suchten, und wie die Kleinvögel in das Kupstengebiet flüchteten — und da brach ein furchtbares Gewitter los. Himmel und Dünen waren eins, Blitze fuhren nicht weit von uns herunter, furchtbare Donnerschläge folgten, und es goß in Strömen. Ein grausig schöner Anblick! Im Nu waren wir alle durchweicht, im Wagen schwamm alles. Wir hielten an und ließen alles über uns ergehen — und eine neu angeworbene Erzieherin, die wir mit herausnehmen wollten nach Rossitten, ein Stadtkind, hielt sich das Taschentuch vor die Augen und weinte bitterlich. Wochenlang hatten wir dann Pelze zu trocknen.

Nun ein paar andere Nehrungsfahrten über Land, aber zur Winterszeit mit dem Schlitten. Mir kommen da zwei Rückfahrten von dem 48 Kilometer nördlich von Rossitten gelegenen Schwarzort im Februar 1901 in den Sinn. Wir waren dorthin zur Jagd eingeladen, hatten den Hinweg, eine Tagestour, bei günstigem Wetter gut zurückgelegt und wurden in Schwarzort von guten Freunden und Bekannten auf das herzlichste aufgenommen. O, bei solchen Gelegenheiten lernt man ostpreußische Gastfreundschaft kennen! Solchen hohen Grad aufrichtiger Freude beim Empfang gibt's nur in Gegenden, wo die menschlichen Siedlungen weit auseinanderliegen, wo sich die Menschen freuen, daß Menschen zu ihnen kommen, nach denen sie sich gesehnt haben. Ich habe solche Empfangsfreude auch in Kurland kennengelernt, wo man mit noch größeren Entfernungen rechnet, wo man 30 und 40 Kilometer weit zur Kaffeestunde zu guten Freunden fährt. In Mittel- und Westdeutschland, wo die Menschen sozusagen aufeinander hocken, trifft man so etwas weniger.

Wir blieben einen Tag in Schwarzort, um am nächsten Tage zurückzukehren. Zunächst ging alles bei günstiger Witterung sehr gut. Da plötzlich umzog sich der Himmel, ein furchtbarer Schneesturm brach los, und wir waren mitten im schlechten Wetter drin: Die Nehrung das Land der Gegensätze! Mit Mühe erreichten wir Pillkoppen und waren froh, da übernachten zu können. Dort hörten wir, daß die Rossittener Post vor einigen Tagen auf dem Haff ein Pferd ersäuft hatte, und daß sich die Niddener Post die Nacht auf dem Eise hatte herumtreiben müssen. Als die Kunde davon in die Krugstube gelangte, wurde sofort Alarm geschlagen, und die Pillkoppener Fischer eilten bei Nacht und Nebel zur Rettung aufs Haff hinaus. Auch zwei Rossittener Fischer hatten sich in der Nacht auf dem Haff verirrt, wobei dem einen die Hände total erfroren waren.

Der nächste Tag war ein schöner, heller Wintertag mit Rauhreif und leichtem Ostwind. Es war eine herrliche Fahrt durch den bereiften

Wald von Pillkoppen bis Rossitten, wo wir gegen Mittag wohlbehalten eintrafen.

Bei der zweiten Rückfahrt von Schwarzort wurde uns übler mitgespielt. Mein Schwager hatte sich aus Schneeschuhen einen kleinen Schlitten selbst gebaut, den wir ausprobieren wollten. Vorgespannt hatte er ein Pony. Ich fuhr einen leichten Spazierschlitten mit einem recht guten Pferde. Eine Falbe war's. Wiederum ging die Reise bei gutem Wetter los, allerdings mit Wind von vorn, also Südwind, und wiederum setzte bald darauf ein noch stärkerer Schneesturm wie das erste Mal ein. Man konnte kaum die Augen aufmachen, so peitschte der Schnee ins Gesicht. Von Weg oder von irgendwelchen Gleisen war natürlich nichts zu sehen; man fuhr aufs Geratewohl los, die Pferde oft bis an den Bauch im Schnee versinkend. Plötzlich ein Ruck: ich bin in eine Vertiefung geraten, der Schlitten kippt um, und ich liege vollständig im Schnee vergraben. Das Pferd steht. Man arbeitet sich heraus, und nun müssen unsere Siebensachen in den Schlitten hineingezählt werden: Eisaxt, Futtersack, ein Kistchen mit sechs frisch gefangenen Seidenschwänzen und die Pelzdecke. Weiter geht's Schrittchen für Schrittchen vorwärts. Schon wieder kippt der Schlitten um, und wieder müssen hineingezählt werden: Eisaxt, Futtersack, Seidenschwänze und Pelzdecke. Plötzlich höre ich hinter mir rufen. Der Schlitten von meinem Schwager ist zusammengebrochen. Ich halte. Die Schlittentrümmer werden in mein Gefährt hineingeladen, mein Schwager setzt sich neben mich, und das Pony wird hinten angebunden. Vorwärts geht's. Da kippt der Schlitten schon wieder, und die Eisaxt, der Futtersack, die Seidenschwänze und die Pelzdecke müssen abermals aus dem losen Schnee herausgewühlt und verstaut werden. Das Unwetter hält an, man merkt keine Besserung, aber das brave Pferd versagt nicht. Ich lasse ihm vollständig die Zügel; man sieht ja das Tier vor Schneetreiben gar nicht. Unermüdlich arbeitet es sich durch die Schneewehen hindurch. Ob wir wirklich noch nach Hause kommen? Es geht ja im Schneckenschritt vorwärts, und wenn uns hier in dieser Einsamkeit die Nacht überrascht! Was dann?! Endlich wird der Rossittener Wald erreicht. Nun geht's etwas besser, und kurz vor Rossitten halten wir, der zerbrochene Schlitten wird notdürftig ausgebessert, und im Trabe fahren wir kurz vor Dunkelwerden stolz hintereinander her durch die Rossittener Dorfstraße. Es soll doch niemand merken, daß wir in solcher Not gewesen sind. Unsere Angehörigen hatten uns in großer Sorge schon fast aufgegeben. —

Höchst umständlich, dafür aber zuweilen recht urwüchsig, ja

Vor unserem Häuschen.

dramatisch gestalteten sich zuweilen unsere Übersiedlungen von Rossitten nach Cranz und Königsberg, wovon später noch erzählt werden soll. In den letzten Jahren wohne ich nämlich während der Wintermonate in Königsberg, weil die Wohnungsverhältnisse in Rossitten zu schwierig wurden. Somit besitze ich jetzt vier Schreibtische, an denen ich zu arbeiten habe. Den einen im Vogelwartengebäude im Dorfe Rossitten, den zweiten in der Beobachtungshütte Ulmenhorst draußen in den Dünen, den dritten in unserem Privat-Sommerhäuschen in Rossitten, wo wir wohnen, und den vierten in unserm Königsberger Heim. Und nun, verehrter Leser, der Du vielleicht nur einen Arbeitsplatz hast, um den sich im Laufe der Jahre und Jahrzehnte all Dein Handwerkszeug aufgesammelt hat, so daß es Dir so recht schön griffbereit zur Seite steht: Bücher, Manuskripte, Karten, Briefe, Zettel, nun pack den ganzen Kram im Jahre zweimal auf einen Arbeitswagen und fahre ihn meilenweit über Land, aber vergiß dabei ja kein Buch und kein Zettelchen, das Du nachher unbedingt brauchst.

Schlimm waren die Übersiedlungen in der bösen Kriegs- und Nachkriegszeit, als man auch Lebensmittel mit hin- und herschleppen mußte. Mir fällt da eine drollige Schweinegeschichte ein. Ein Schwein war doch damals der Sehnsuchtstraum der meisten Hausfrauen — und wir hatten kein Schwein, obgleich wir auf dem Lande wohnten. Unbegreiflich! „Aber Sie werden sich doch ein Schwein anschaffen?" „Was! Sie haben kein Schwein?", so hieß es von allen Seiten.

„Nein," sagten wir, „unserer Übersiedlungen wegen ist uns die Sache zu umständlich und unrentabel." „Aber ich begreife nicht" — kein Einwand fand Gnade vor den Augen unserer lieben Mitmenschen, so daß wir uns schon ganz töricht und unpraktisch vorkamen — und so wurde beschlossen, ein Schwein anzuschaffen. Auf dem Festlande wurde es gekauft, mit der Bahn bis Cranz befördert und von Cranz mit Fuhrwerk die schöne Nehrung entlang 35 Kilometer weit nach Rossitten gefahren. Auch das Futter mußte auf dem Festlande gekauft und nach Rossitten geschafft werden.

Den Sommer über gedieh unser Schweinchen prächtig, und am Tage vor der Übersiedlung, im November, fand ein Kentucky-Fest statt; das Schwein wurde geschossen und geschlachtet und am nächsten Tage mit Fuhrwerk wieder 35 Kilometer weit nach Cranz gefahren und von da mit der Bahn bis Königsberg. Den Winter über lebten wir sparsam, das Schwein wurde nicht aufgegessen, also mußte der Rest bei der Übersiedlung im Frühjahr abermals mit der Bahn von Königsberg nach Cranz befördert werden und von da 35 Kilometer weit die schöne Nehrung entlang nach Rossitten. Es mag wohl nicht viele Schweineschinken in Deutschland geben, die so viel hin- und herkutschiert worden sind, ehe sie zur Ruhe kamen. Kein Mensch hat uns aber wieder den Rat gegeben, ein Schwein anzuschaffen.

Ich denke auch an manches kleine Abenteuer, das wir bei den Übersiedelungen mit unserer Kriegskuh erlebten, die uns Freundeshände während der schwersten Jahre für die Sommermonate zur Verfügung stellten. Die gute „Alma" mußte im November von Rossitten nach dem Festlande zurücktransportiert werden, wobei sie meist hinten am Wagen angebunden war. Ich weiß, da rasteten wir einst, Schutz vor dem Winde suchend, hinter der Vordüne und verzehrten unser Butterbrot. Den Pferden und der Kuh war etwas Heu vorgeworfen. Ob's nun der „Alma" zu langweilig wurde auf der Nehrung, oder ob sie Sehnsucht nach ihrem schönen großen Gutsstalle bekam — kurz, plötzlich riß sie sich los, nahm den Zagel hoch und sauste über die Vordüne in den Sarkauer Wald hinein. Wir alle — meine Frau, die Assistentin, der Kutscher, der Hund und ich — hinterher. Wir mußten eine förmliche Kuhtreibjagd veranstalten, ehe wir das scheue Wild wiederbekamen. Aber nun wurde „Alma" vorsichtigerweise an das Sattelpferd angebunden, und so zogen wir dreispännig in Cranz ein, und kein Mensch lachte zu damaliger Zeit. Nein, staunend sahen die Leute zu uns auf: „Die haben eine Kuh!" Das war ja damals der Inbegriff aller Seligkeit. —

Aber warum rede ich immer nur von beschwerlichen Nehrungsfahrten? Warum nicht auch von schönen? Und wie herrlich kann eine Reise die Nehrung entlang sein, wenn Sommer und Herbst alle die Reize, die unserm geliebten Landstreifen eigen sind, zur Entfaltung bringen. Was für schöne Fahrten haben wir da zuweilen mit guten Freunden in früheren Zeiten unternommen. Zur lieblichen Erdbeerzeit nach Schwarzort gefahren mit Pferdewechsel in Nidden. Unterwegs Erdbeeren gesucht, um in Schwarzort vergnügt eine Bowle zu trinken. Oder an einem Tage vierspännig nach Nidden und wieder zurück. Alles gewesen! Jetzt soll man sich nach diesen Orten fürs Ausland Visum und Paß besorgen. Das ist mir zu schmerzlich. Ich komme nur noch wenig nach dem nördlichen Teile der Nehrung, wenn auch die Reiseformalitäten für das Publikum wohl ziemlich erleichtert worden sind.

Über Eis.

Die Weihnachtszeit kommt heran. Das Haff beginnt am Rande zuzufrieren, aber die Fischer können immer noch mit ihren Booten hinausfahren. Nun noch ein paar Tage strenger Frost, da steht das Haff. Es hat sich eine dünne Eisdecke gebildet, die einerseits schon zu fest ist, um den Booten Durchfahrt zu gewähren, die aber andererseits noch nicht Menschen, Pferde und Schlitten trägt. So ist das Haff un=

Ein Eisriß.

passierbar. Als Schaktarp wird diese schlimme Periode bezeichnet. Die Fischerei ruht, die Leute verdienen nichts, und drüben am jenseitigen Haffufer in der Memelniederung sind dann manche Dörfer von jeg= lichem Verkehr nach außen hin abgeschnitten, während für uns Nehrunger noch der Landweg nach Cranz bleibt. Im Frühjahr hält diese böse Zeit zuweilen lange an und kann große Not unter die Be= völkerung bringen, während sie bei Beginn des Winters gewöhnlich bald vorübergeht, da mehrere starke Fröste genügen, um die Eisdecke für Pferdeschlitten passierbar zu machen.

Das Haff trägt! Die Worte gehen wie ein Lauffeuer durch die Bevölkerung und bringen reges Leben in die Nehrungsdörfer. Nun ade, ihr beschwerlichen Wagenfahrten über Land mit euerm Triebsande und euerm Schmutze! Auch mit Schlitten wird jetzt kein Mensch mehr den Landweg wählen, nein, jetzt steht uns freie Bahn offen. Übers blanke Eis können wir dahinflitzen, wohin wir wollen: nach

Die Nehrungspost über Eis. — „Der Schlitten besitzt eine lange Deichsel..."

sämtlichen Nehrungsdörfern oder quer übers Haff hinweg nach drüben. Jetzt heben sich Handel und Wandel. Ist das nicht herrlich! Und jetzt geht's nicht mehr im Schneckenschritt, sondern in schlankem Trabe meilenweit vorwärts, denn die Pferde haben ja nichts zu ziehen, sondern brauchen nur zu laufen. Ja, es ist herrlich! wenn auch, wie wir gleich sehen werden, auf dem Eise wieder andere Hindernisse und Gefahren für uns auftreten als auf dem Lande.

Man muß zwei Arten von Eisfahrten unterscheiden: erstens übers blanke Eis und zweitens über die mit einer Schneedecke überkleidete Eisfläche. Beide Arten haben ihre Vorteile und ihre Gefahren: das blanke Eis bietet vollständige Übersicht, man bemerkt jeden Riß, jede Blänke, jede Unebenheit und kann ausweichen oder sonst Vorsichtsmaßregeln treffen. Aber die Gefahr ist die „Schleuder". Was ist das? Wir fahren einspännig aufs blanke Haff hinaus, das fast aussieht wie eine ganz ruhig stehende Wasserfläche, so daß das Pferd zuweilen scheu zur Seite springt, weil es glaubt, offenes Wasser vor sich zu haben. Plötzlich kommt Wind auf, und zwar von links. Der Schlitten wird seitwärts nach rechts gedrückt, denn die Reibung zwischen Kufen und blanker Eisfläche ist zu gering, um das Gefährt in gerader Linie nach vorwärts zu halten. Wenn wir jetzt nicht aufpassen und sofort den rechten Zügel ziehen, um die Schlittenbewegung nach rechts aufzuheben, dann kann's vorkommen, daß der Schlitten weiter nach rechts im Kreise herumsaust und mit dem Pferd als festem Mittelpunkt solchen Schwung bekommt, daß die Insassen herausgeschleudert werden. Auch kann schließlich das hochbäumende Pferd nach hinten umgerissen werden. Die Schleuder hat schon manches Unheil angerichtet. — Beim verschneiten Haff sind es dagegen die mancherlei Risse, Blänken und Aufschiebungen, die Gefahr bringen können, weil man sie nicht sieht. Allerdings wurde das zugefrorene Haff von der Behörde abgefust, das heißt, es wurden in langer Reihe von einem Nehrungsdorfe zum andern Kiefern- oder Fichtenbäumchen im Abstand von etwa 30 Metern ins Eis gesteckt. Das soll dem Reisenden sagen: hier trägt das Haff, und wenn ihr euch im Schneetreiben oder bei Nebel und in der Dunkelheit verirrt, dann haltet euch an die Fusen und tastet euch vorwärts, dann müßt ihr in eine menschliche Siedelung gelangen. So ganz zuverlässig kann diese Einrichtung allerdings nicht sein, denn heute trägt das Haff an den Fusen, und über Nacht kann an derselben Stelle ein langer Riß platzen. Man wacht zuweilen in der Nacht von dem Krach auf, wenn so ein Riß springt. Diese Risse ziehen sich oft meilenweit übers Haff hin, so daß ein Umfahren unmöglich ist; man muß hinüber. Das geschieht in der Weise, daß man den Riß rechtwinklig schneidet. Dann springen die Nehrungspferde, die an solche Verhältnisse gewöhnt sind, hinüber und reißen den Schlitten mit einem Ruck nach. Man soll aber ja nicht mit edlen, nervösen Pferden Haff-Fahrten unternehmen! Davor möchte ich ausdrücklich warnen.

Nun etwas über die Ausrüstung zu den Eisfahrten. Zunächst die Pferde. Die müssen natürlich unbedingt scharf sein. Das besorgt entweder der Dorfschmied durch Ausschlagen und Anfeilen der Stollen an den Hufeisen, oder man kauft sich abschraubbare scharfe Stollen.

Für gefährliche Eisfahrt angespanntes Pferd. — Schlinge um den Hals; Seil an den Schwanz.

Der Schlitten besitzt eine lange Deichsel, die weit über den Pferdekörper hinausragt. Wenn das Pferd einbricht, dann liegt das vordere Ende der Deichsel auf dem festen Eise. Das Pferd hängt gleichsam an der Deichsel und kann am Schwanze herausgezogen werden. Darum lassen die Fischer ihren Pferden die Schwänze möglichst lang wachsen, so daß man die Haare mehrmals um die Hand wickeln kann. Bei besonders mißlichen Eisverhältnissen bekommen die Pferde eine lange Schlinge um den Hals, deren Ende nach dem Schlitten führt, ebenso auch noch ein Seil an den Schwanz. Auf diese Weise kann dem eingebrochenen Gaul sofort der Hals zugeschnürt werden. Das Pferd wird „abgedämpft", wie der technische Ausdruck lautet, bläht sich dann auf, steigt im Wasser empor, und der „Zagel" ist wieder die willkommene Handhabe zum Herauswerfen.

Nie darf auf dem Schlitten die Eisaxt fehlen. Wie so ein Gerät aussieht, zeigt die Abbildung. Mit der Eisaxt wird die Festigkeit der Eisdecke untersucht. Drei wuchtige Schläge darauf geführt zeigen für gewöhnlich an, daß die Stelle hält; mit der Eisaxt werden die Ränder der Risse geprüft und wenn nötig freigelegt; mit der Eisaxt können Schollen losgeschlagen und in Risse geschoben werden, damit man besser hinüberkommt, und die Eisaxt dient schließlich dazu, das Schleudern zu verhindern, indem sie an eine Schlittenkufe in der Weise festgebunden wird, daß die Schneide ein wenig in das Eis einritzt. Das gibt Halt nach seitwärts. Also ja nicht die Eisaxt vergessen!

Nun unsere eigene Ausrüstung. Da spielt natürlich der Pelz die Hauptrolle. Man hört öfter sagen, daß jedem Menschen eine Schwäche, eine Marotte zu eigen ist, dem einen nach dieser, dem anderen nach jener Richtung hin. Bei mir äußert sich diese Marotte darin, daß ich eine kindliche Freude an gewissen Gebrauchsgegenständen habe, und zwar an Jagdmessern, Spazierstöcken und Tabakspfeifen. Von Jagdmessern besitze ich 10 Stück, von Spazierstöcken, natürlich Naturstöcken, 25 und von Pfeifen etwa 20, obgleich ich gar kein starker Raucher bin. Aber diese Gegenstände dürfen nicht etwa in einem beliebigen Laden gekauft sein, sondern müssen alle eine persönliche Note an sich tragen. Das eine Jagdmesser besitzt Schalen von einer Rossittener Elchschaufel, das zweite hatte ein Wilddieb beim Aufbrechen eines Rehbockes liegen lassen, das dritte, das ich augenblicklich trage, schnallte sich ein Vogelwartenbesucher aus Finnland, der einen großartigen Vogelzugtag hier in Rossitten erlebt hatte, in heller Begeisterung von seinem Leibriemen los und überreichte es mir zum Andenken. Der eine Spazierstock stammt aus den Wäldern Kurlands, wo ihn mir ein Buschwächter nach einer Jagd auf Birkhühner überreichte, und dergleichen mehr. Zu diesen meinen Liebhabereien gehören nun auch Pelze, aber auch sie müssen etwas Persönliches an sich tragen. An einem guten Balge kann ich meine helle Freude haben. So war mein Sehnsuchtstraum ein selbsterbeuteter Iltispelz. Er ist in Erfüllung gegangen, nachdem ich mehrere Jahre gesammelt hatte. Was sind da für prächtige Bälge darunter, und von jedem kenne ich noch die Erbeutungsart. Den schönsten, dunkelsten bekam ich vor langen Jahren an einem Weihnachtstage. Ich führte damals einen

Eisaxt und Eissporen.

Hund, der sehr scharf auf Raubwild war und die Spuren gut hielt. An jenem sonnigen Weihnachtstage — in der Nacht war eine Neue gefallen — unternahm ich einen Gang ins Revier, um abzuspüren. Bald war eine Iltisspur gefunden, die der Hund sofort aufnahm und weiter verfolgte. Lange mußten wir gehen, der Hund bei jedem Schritt seine Nase in die Abdrücke tauchend, bis die Spur unter einer Baumwurzel endete. Der Hund fing sofort an zu scharren, der Iltis sprang und wurde schnell abgewürgt. Kein Mensch draußen in der großen Welt kann sich so über Brillantringe oder Autos gefreut haben, die er zu Weihnachten geschenkt bekommen hatte, wie ich über meinen prächtigen Weihnachtsiltis und die saubere Arbeit des Hundes.

Einen Iltispelz hatte ich also. Dann kam dazu eine Jagdjoppe von selbstgezüchteten Hasenkaninchen, dann ein leichter Hamsterpelz durch meine Beziehungen zur hamsterreichen Thüringer Heimat, und einen großen Reisepelz mußte man sich allerdings fertig kaufen, denn die Pelze von hiesigen Schafen, wie sie die Fischer tragen, sind zu schwer und hart.

Zu den Eisfahrten werden gewöhnlich zwei Pelze angezogen: eine Pelzjoppe darunter und der große Reisepelz darüber. Natürlich darf auch die Pelzmütze nicht fehlen, und die Pelzhandschuhe lieferten die Läufe der selbsterbeuteten Füchse, von denen ich einmal in einem Winter 18 Stück aufs Spannbrett ziehen konnte. Und was für prächtige Fuchsbälge erzeugt Ostpreußen!

An die Füße ziehe ich am liebsten lange Wasserstiefeln, die bis an die Hüften reichen, unbedingt wasserdicht vom Dorfschuhmacher gefertigt. Kostenpunkt 15 bis 20 Mark. Aber wohlgemerkt in früheren Zeiten, jetzt vielleicht das Vierfache kostend.

Bei blankem Eise empfiehlt es sich, Eissporen anzulegen. Wenn man nämlich unterwegs aussteigen muß, dann wirkt der große Pelz als Segel, und man wird vom Winde auf dem glatten Eise hilflos hin- und hergedreht. Es dürfen aber keine Saloneissporen sein für den städtischen Bürgersteig, sondern handfeste Dinger, wie sie der Dorfschmied liefert.

So, nun kann die Reise losgehen, und es mögen hier einige Eisfahrten kurz erzählt werden.

Ich war zu einem Vortrag gerufen, mußte also an einem bestimmten Tage losfahren. Über Nacht hatte es tüchtig geschneit, und wir waren früh das erste Gleis auf dem Haff. Das ist immer mißlich. Alle früheren Schlittenspuren, alle Risse waren verschneit: man fuhr einfach aufs Geratewohl aufs weiße Haff hinaus. Der Kutscher war ein zugereister Mensch, also kein großer Eiskenner. Wenn das nur gut geht! dachte ich bei mir. Es dauerte auch gar nicht lange, da brach das eine Pferd in einen überschneiten Riß ein, und zwar gleich so tief, daß nur der Kopf herausragte, während der Schlitten zur Hälfte in den Riß hineinkippte. Wir sprangen schnell zu und faßten den Zaum, aber das Pferd sank immer tiefer, so daß schließlich nur noch die Nase zu sehen war, während der Pferdekörper im Wasser hin und her pendelte. Das Tier wäre unrettbar ertrunken, wenn nicht zufällig litauische Fischer in der Nähe gewesen wären, die wir heranwinkten. Ich sehe sie noch ankommen: zwei untersetzte Gestalten; auf den breiten Gesichtern nicht die geringste Spur von Aufregung, denn mit solchen Abenteuern haben sie ja täglich zu rechnen.

„Da müssen wir erst einmal den Zagel suchen," das waren die einzigen Worte, die sie sprachen, dann wickelten sie sich den gefundenen Zagel ein paarmal um die Hand — ein kräftiger Ruck — und das kleine leichte Pferd lag zitternd auf dem Eise. Nun wurde es „ein= gespielt", wie der technische Ausdruck lautet, das heißt mit der Peitsche hochgetrieben, schnell angespannt und tüchtig gejagt, damit es warm wurde. Bis Cranz fielen wir noch dreimal in Risse, aber nicht so gründlich wie das erste Mal.

Ich möchte dazu bemerken, daß solche Abenteuer für Nicht= eingeweihte vielleicht schlimmer klingen, als sie tatsächlich sind. Man muß immer bedenken, daß die Ränder der Risse unbedingt halten, da könnte man Häuser darauf bauen. So hat man bei den Rettungs= arbeiten immer festen Stand. Pferde werden allerdings in jedem Winter mehrfach im Haff ersäuft, aber Menschenleben sind nur selten zu beklagen.

Natürlich muß man bei Eisfahrten immer vorsichtig sein, man muß seine fünf Sinne zusammenhalten und darf nicht leichtsinnig sein. Aber einmal waren wir leichtsinnig — wer wäre das nicht mal in seinem Leben —, und das ist uns auch übel bekommen. Wir fuhren nämlich erst am Nachmittage los aufs Haff, so daß wir das nächste Dorf zum Übernachten erst in der Dunkelheit erreichen konnten. O, das war böse. Wir kamen in der Dunkelheit von den Fusen ab und wußten nun nicht aus und ein. Schließlich fanden wir die Bäumchenreihe wieder, und nun ging's langsam daran vorwärts. Plötzlich war das Handpferd weg. Ich springe rechts heraus und liege im nächsten Augenblick mit beiden Füßen im Wasser. Nun das Pferd retten! Zunächst Stränge und Halskoppel losgemacht! Die Vorderbeine liegen noch auf dem Eise, aber das Tier zwingt nicht hoch. Der Kutscher wird etwa eine Meile weit zum nächsten Dorfe nach Hilfe geschickt. Jetzt noch ein letzter Versuch mit dem Pferde: tüchtig mit der Peitsche um die Ohren! — Da endlich kommt es heraus und verschwindet in der Dunkelheit.

Wo sind wir nun eigentlich? Auf einer Blänke, wo ringsum alles bricht? Oder in einem Risse? Abwarten! Wir werfen dem übriggebliebenen Pferde Heu vor und machen es uns im Schlitten so gut es geht bequem, mit der Aussicht, vielleicht die Nacht hier verbringen zu müssen, denn wer weiß, ob der Kutscher das Dorf erreicht hat oder unterwegs vielleicht in einen verschneiten Riß eingebrochen ist? Lange haben wir so gesessen — da kam's plötzlich an mit Hufschlag und Peitschenknallen! Unsere wackeren Helfer waren es, die der atemlos in die Krugstube stürzende Kutscher mit dem Rufe „Sie liegen drin!" alarmiert hatte. Die Fischer kannten diese gefährliche Stelle ganz genau und brachten uns in kurzer Zeit auf die andere Seite des Risses hinüber. Für 8 Mark Grog haben sie als Belohnung im Krug getrunken. Das war damals viel Geld und viel Grog. Dann ging's zu Bett, und da mußten wir in unserer ungeheizten Fremdenstube mit den Unterkleidern erst die Fenster verstopfen, weil sie ganz entzwei waren.

Stolz zweispännig waren wir am Mittwoch ausgefahren, fein demütig einspännig kehrten wir am Sonnabend heim. Das Pferd war weg. Lag es schon irgendwo auf dem Grunde des Haffs? Da fand am Sonntag eine Hochzeit im Nachbardorfe Pillkoppen statt, wobei die Hochzeitsgäste zur Trauung nach unserem Kirchdorfe Rossitten kommen mußten. Feierlich bewegen sich die Hochzeitswagen die Nehrung entlang, und was trabt hinterher? — unser Pferd! Es hatte auf der freien Nehrung bei Schnee und Eis an einem Dornbusche gestanden und beim Einfangen verdrießlich um sich geschlagen. Geschadet hat ihm dieses Abenteuer nichts, im Gegenteil, es wurde von der Zeit an ein erprobtes Eispferd, das die Gefahren kannte.

Aufgeschobene Eisberge auf dem Haff.

„Man glaubt sich in eine Polarlandschaft versetzt."

Bis jetzt haben wir solche Risse kennengelernt, deren Ränder in einer Ebene liegen. Viel unangenehmer sind die Eisspalten, bei denen sich der eine Rand unter den anderen geschoben hat. Wenn dann das Eis eine Stärke von halber Tischhöhe besitzt, dann gibt es einen scharfen, tiefen Absatz, vor dem man bei seinen Fahrten plötzlich hält, und unten steht Wasser oder ein zäher Brei von Eis und Wasser. Wenn da die Pferde angehauen werden, damit sie aufs Geratewohl hinunterspringen, ohne zu wissen, ob der untere Rand auch wirklich hält, so ist das doch immer ein etwas kritischer Augenblick.

Ebenso bedenklich sind die Eisfahrten im Frühjahr, wenn die obere Schicht der Eisdecke durch die schon höher stehende Sonne und durch warme Regen bereits ganz morsch geworden ist. Da treten die Pferde oft bis weit über die Fesselgelenke durch, so daß man meint, sie müßten beim nächsten Schritt ganz durchbrechen, aber nein, die untere Eisschicht ist noch fest genug, um die Last zu tragen. Die Fischer fahren des Verdienstes wegen im Frühjahr bis zur Grenze des Möglichen noch aufs Haff hinaus, und da kann's vorkommen, daß sich große Eisschollen mitsamt den Fischerschlitten loslösen und frei schwimmen. Da müssen dann Boote zum Retten hinaussegeln.

Wieder war ich einst im Winter zu Vorträgen gerufen und mußte zur Bahn nach Cranz. In der ersten Morgendämmerung war der Schlitten vorgefahren, und als ich bei strengem Frost zur Tür heraustrat, saß bereits eine vermummte Frauengestalt auf dem Hintersitze, während der Fuhrmann vorn auf einem hohen verhüllten Throne Platz genommen hatte. Mir gingen bei dem Anblick allerhand Gedanken durch den Kopf von einem jungen, hübschen Fischermädchen, mit dem man sich unterwegs vielleicht nett unterhalten könnte, und so unterließ ich es, den rätselhaften Thron weiter zu untersuchen, sondern nahm nach kurzem Morgengruß neben der kleinen Fischerin Platz, und wir fuhren los! Aber, o weh! Schon nach zehn Minuten wußte ich, wer neben mir saß: die Schwiegermutter des Fuhrmannes, die die günstige Gelegenheit benutzen wollte, um nach dem Festlande heimzukehren. Ich wurde einsilbig, dachte an meinen Vortrag und döfte dann vor mich hin. Klapp, klapp, klapp fagten die Pferdehufe, nicht doch! Klapp, klapp, klapp fagen fie auf den Landwegen; hier auf dem Haffeife fingen fie: Kling! kling! kling! fo fcharf und hart, denn unten ift's ja hohl, und das Eis ift fo feft und fpröde. Kling, kling, kling ... hübfche Fifcherin — Schwiegermutter — unergründlicher Thron — hoher Pelzkragen, der fich fo fanft und weich an die Wangen legt — die Gedanken find auf dem beften Wege, fich zu verwirren und dann fchlafen zu gehen — wenn's doch bis Cranz fo bliebe — da plötz= lich krach! Ein harter, fchriller Schlag, ganz anders, als wenn ein Pferd ins weiche Waffer fällt. Der Schlitten fchwankt hin und her, und ich habe, völlig ausgemuntert, gerade noch Zeit zu flehen, er möchte doch nach der fchwiegermütterlichen Seite kippen, damit ich weich falle, da liegt er auch fchon, aber der Schwung war zu groß, und ich faufe über die Schwiegermutter hinweg; äh! ftöhnte fie gerade, als ich fie paffierte. Dann kurzes Pferdegetrappel, noch ein großer Plumps — und nun ift alles ruhig. Totenftille! Ich rappele mich zuerft auf; der eine Ellenbogen fchmerzt ein wenig, aber man kommt gar nicht dazu, weiter darüber nachzudenken, denn der Anblick, der fich jetzt bietet, ift zu komifch, und man muß lachen, nachdem man gefehen, daß nichts Ernftes paffiert ift. Da liegt die Schwiegermutter! Sie hatte fich feft in ein großes Umfchlagetuch eingewickelt, fo daß die Arme gebrauchs= unfähig waren, und mußte daher der Bewegungsenergie, die fie durch den Stoß erhalten hatte, freien Lauf laffen und lag nun als hilflofes Paket halb auf der Seite, wobei die Nafe mit dem kalten Eife Fühlung genommen hatte. Ich war mir meiner Pflichten, die ich als Präfide des Kentucky=Klubs gegen die Frauen habe, wohl bewußt, fprang hinzu, wickelte das Paket aus und ftellte es auf die Beine.

Und dort lag der Fuhrmann unter einem Berg von Wickenfäcken. Alfo das ift das Geheimnis deines Thrones! Ich beftelle das Fuhr= werk, und du benutzt es, um Schwiegermütter und die neu gedrofchene Wickenernte auf gute Art und Weife fortzufchaffen. Aber ich nehme dir das nicht weiter übel, denn eine Fahrgelegenheit zur Winterszeit nach Cranz, die mußte zu damaliger Zeit nach jeder Richtung hin ausgenutzt werden. Hätteft mir nur ein Wort über deine Abfichten fagen follen!

Und noch ein Stück weiter, da liegt der umgekippte Schlitten mit den herausgefallenen Sitzen und Pelzdecken, und davor stehen die geduldigen Pferde, die bei Eisfahrten alle Abenteuer über sich ergehen lassen, ohne durch eigenes scheues Gebaren das Übel noch zu vergrößern. Und ganz da draußen da liegen, weit hingeschleudert, meine Gummischuhe und mein Regenschirm. Ich kümmerlicher Neuling, der ich damals war. Geschämt habe ich mich. Gummischuhe und Regenschirm! Diese typischen Zeichen einer weichlichen, verfeinerten Kultur früh im Morgengrauen auf dem gewaltigen Kurischen Haff! Wie das aussah! Und was sollen die Sachen da? Nie sind diese blanken, weichen Stadtdinger in Rossitten wieder an meine Füße gekommen, und den Regenschirm habe ich auf dieser Reise irgendwo in der Stadt stehen lassen und habe mir nie wieder einen angeschafft.

Aber was war nun eigentlich geschehen? Die verflixten Klapperfischer! Da hauen sie viereckige Löcher ins Eis, um das Klapperbrett und die Netze einschieben zu können. Dabei legen sie den herausgehobenen großen Eiswürfel neben das Loch, ohne eine sogenannte

Einschieben der Netze zur Klapperfischerei.

Klappern.

Warnungsfuße, das heißt ein Bäumchen oder einen Ast, einzustecken. An solchen festgefrorenen Eisblock, der in der Morgendämmerung mit der Umgebung ganz und gar verschwimmt, waren wir mit voller Wucht in schlankem Trabe angefahren. Die Pferde hätten ebensogut in das gehauene Loch hineintreten und ein Bein brechen können.

Nun schicken wir uns an, unsere Siebensachen zusammenzusuchen und zu verstauen. Aber ich muß erst mal innehalten, um das großartige Naturschauspiel zu genießen, das sich eben vor unseren Augen vollzieht. Die Sonne geht gerade auf, und da scheint eine feurigrote Halbkugel auf der unabsehbaren, glitzernden Eisfläche aufzuliegen und langsam daraus emporzusteigen, die ganze Umgebung in ein magisches Rot tauchend und die an den Riffen aufgeschobenen Eisberge mit goldenen Säumen zierend. Man glaubt sich in eine Polarlandschaft versetzt und steht staunend vor solcher Pracht. Das ist das Wunderbare an einer urwüchsigen, unverfälschten Natur: eben hat sie uns schwache Menschen mit harter Hand ihre Überlegenheit fühlen

Pferde im Windschutz.

laſſen, und kurz darauf gibt ſie uns wieder ſo viel Schönes, daß alles Leid im Nu vergeſſen iſt. Es iſt eben die Mutter Natur.

Zuweilen kommen aber auch Zeiten, wo die Haff=Fahrten ganz gefahrlos und hindernisfrei ſind. Das iſt dann, wenn lange Zeit gleich= mäßiges Winterwetter herrſcht ohne Sturm und ohne neue Schnee= fälle. Dann wird nach und nach auf dem Haff eine richtige Straße eingefahren, wo Pferdedung und Strohhalme verſtreut liegen, und wo Schneeammern und Goldammern herumlaufen wie auf einer Feſt= lands=Chauſſee. Man verliert dann beim Fahren ganz das prickelnde Gefühl, daß man acht Meter Waſſer unter ſich hat.

Schön und intereſſant waren immer unſere Schlittenfahrten meilenweit aufs Haff hinaus, um die Eisfiſcherei anzuſehen und näher kennenzulernen. Die weite, glitzernde Eisfläche bildet in ſolchen Zeiten eine kleine Welt für ſich, wo in harter, rauher Umgebung viel Inter= eſſantes geſchieht, das aber nur wenig Augen zu ſchauen bekommen. Wieviel Hoffnungen auf Glück und Verdienſt werden da im Laufe eines Winters zu Grabe getragen, wie mancher harte Kampf um das bißchen Leben wird von Mensch und Tier da ausgefochten, aber auch wie mancher hübsche klingende Lohn wandert von dort in die Fischerhütten. Man glaube aber nicht, daß etwa große Menschenansammlungen auf dem Haffeise anzutreffen sind, nein, der Nichtkenner sieht nur eine tote, öde Fläche vor sich, aber dort vorn in weiter Ferne ist ein kleiner schwarzer Punkt zu sehen, und auf den halten wir los. Wir nähern uns, da tönt ein eigenartiges Holzgeklapper in unsere Ohren, und beim Herankommen sehen wir, was das bedeutet. Ein Fischer hat ein langes, schmales Brett, das „Bullerbrett", in ein gehauenes Eisloch geschoben und schlägt nun mit Holzklöppeln auf das herausragende Ende los. Durch die ins Wasser geleitete Resonanz werden die Fische, namentlich Kaulbarsche, angelockt und verstricken sich in den rings ums Brett aufgestellten Netzen. Das ist die sogenannte Klapperfischerei, zur Kleinfischerei gehörig, wie sie namentlich in Rossitten betrieben wird.

Einhauen der Wuhnen.

Wir fragen den Mann, ob auch Großfischer in der Nähe sind. „Ja," sagt er, „die Pillkoppener sind draußen", und deutet weit aufs Haff hinaus, wo wir bei scharfem Hinsehen mehrere dunkle Punkte in der großen weißen Einöde wahrnehmen. Dorthin müssen wir fahren, denn da gibt es mancherlei zu sehen. Lange Zeit brauchen wir, um hinzugelangen, und manchen Riß haben wir zu passieren. Endlich sind wir da. Jetzt sehen wir, was der große, geschlossene dunkle Punkt darstellt, den wir schon aus weiter Ferne wahrnehmen konnten: eine große, an mehreren langen Stangen aufgespannte Zeltbahn ist es, die den dahinter aufgestellten Pferden etwas Schutz vor dem eisigen Winde gewährt. Verehrter Leser, wenn Du es noch nicht selbst erlebt hast, so kannst Du Dir schwer einen Begriff davon machen, was ein frei übers weite Kurische Haff dahinfegender Ost- oder Nordwind bedeutet. Ich sage immer, das Gehirn kann einem einfrieren, wenn man die Pelzmütze nicht über die Stirn herunterzieht. Mit gesenkten Köpfen stehen die mageren Pferde da und knabbern an den vorgeworfenen Heuhalmen herum.

Aber wo sind die Menschen, die Fischer? Die stehen in bestimmter Verteilung an den eingehauenen Wuhnen, das heißt Eislöchern. Einige an der zum Einschieben und Herausziehen des Netzes bestimmten Hauptwuhne, andere an den kleinen Löchern, durch die das Garn in weitem Bogen unterm Eise herumgeholt wurde, und alle mehr oder weniger von Eis starrend: die Bärte weiß gefroren, Ärmel und Wasserstiefeln mit harten Krusten versehen, und die geschürzten Röcke der mithelfenden Frauen und Mädchen wie gesteifte Krinolinen abstehend, so daß sich die darunter befindlichen unförmlichen Männerstiefeln noch grotesker zeigen, als sie an und für sich schon sind. Ein hartes, schweres Stück Arbeit wird hier geleistet, und wenn wir im warmen, erleuchteten Festsaale mit geputzten, fröhlichen Menschen zusammen einen schönen Zander verzehren, so wollen wir doch in der Stille auch einmal derer gedenken, die ihn unter schwierigen Verhältnissen gefangen haben.

Aber was ist das? Da kommen ja plötzlich von mehreren Seiten kleine, einspännige Schlitten auf unseren Standort zugetrabt. Wie

Weiterschieben des Netzes unter Eis.

Am Fangloch.

Fliegen, die auf einem weißen Tischtuche nach der Mitte hinkriechen, wo ein Stückchen Zucker liegt, so sieht es aus. Der lockende Zucker, das ist der zu erwartende Fang, und die Fliegen, das sind die Fischhändler, die Kupscheller, deren Trachten nach den Fischen oft nicht geringer ist als das der hungrigen Fliegen nach dem Zucker, zumal wenn die Fische knapp sind.

An der Anordnung der einzeln stehenden Fischer neben ihren

Herauswinden des Netzes. Die Winde ist an der Eisart verankert.

Wuhnen haben die Kupscheller aus großer Entfernung schon erkannt, wie weit das Stellen und Herausziehen des Netzes gediehen ist, und jetzt kommen sie an, um den Augenblick ja nicht zu versäumen, wenn das letzte Ende des großen Netzsackes an der Oberfläche erscheint. Ein flüchtiger Gruß wird gewechselt, dann erhält dieser Gruß eine nachhaltige Bekräftigung durch einen Umtrunk aus der großen Schnapsflasche, die aus einem auf dem Schlitten verstauten kleinen Fäßchen wieder gefüllt werden kann.

Aller Aufmerksamkeit ist jetzt auf das große Netz gerichtet, das mit

Herausziehen des Netzes.

Kupscheller verhandelt über den Preis des Fanges.

Bressenfischerei: Einschieben der Netze.

Bressenfischerei: Die Netze werden herausgenommen.

Bressenfischerei: Einsacken des Fanges.

Bressenfischerei: Die Netze werden zusammengelegt.

Heimkehr.

Fischerfrauen sortieren den Fang.

Holzwinden aus der Wuhne herausgezogen wird, wobei zwei Mann immer dafür sorgen, daß die Netzränder nach innen geschlagen sind, um das Herausgleiten der gefangenen Fische zu verhindern. Da sprang eben schon ein großer Fisch — das verspricht vielleicht einen guten Fang. Weiter geht das Winden und Ziehen, die Spannung steigert sich von Minute zu Minute, und jetzt erscheint der große Endsack — o, wie das

Im Fischereihafen.

von Fischen wimmelt: Zander und Hechte und Bressen und Barsche und Kaulbarsche und Plötze — alles bunt durcheinander. Ein herrlicher Fang! Wie strahlen da die Augen der beteiligten Fischer! Aber ich habe es ebenso erlebt, daß nichts, aber auch nichts von Wert im Netze drin war. Das Leben eines Fischers geht in Wellenlinien bald hinauf auf die Höhe, bald hinunter ins dunkle Tal — man kann's verstehen, daß der Aberglaube in solch schwankenden Herzen noch guten Nährboden findet.

Eisboot auf dem Haff.

Übers Wasser.

Der Verkehr übers Wasser spielt natürlich hier auf der Nehrung, solange das Haff offen ist, eine große Rolle. Die Leute holen sich ihre Frachten von Cranz oder von Labiau; sie fahren auch zum Einkaufen nach den Ortschaften am jenseitigen Haffufer oder bringen ihre Fischfänge in den Booten auf den Markt und dergleichen mehr. Wenn man zu einer bestimmten Zeit in Cranz oder Labiau an der Bahn sein muß, dann lohnt es nicht, das Segelboot zu benutzen, weil man nie weiß, wie sich die Windverhältnisse unterwegs gestalten. Ich habe mich schon einen ganzen Tag auf dem Haff umhertreiben müssen bei einer Reise, zu der man unter günstigen Verhältnissen ein paar Stunden gebraucht hätte.

Die von den Rossittener Einwohnern betriebene Seefischerei mit den verhältnismäßig kleinen Booten bleibt immer ein gewagtes Unternehmen. Meilenweit müssen die Leute hinausfahren, um zu den Dorschplätzen zu gelangen. Sie müssen auch immer eine Nacht unterwegs bleiben, und wenn dann unversehens Sturm losbricht, dann kommen die Boote nicht über die an der Nehrungsküste vorgelagerten Riffe hinweg und kentern. In jedem Jahre kommen auf diese Weise Unglücksfälle vor, und ich kenne Beispiele, wo in Rossitten vier und mehr Familienväter auf einmal ertrunken sind. Das ist Fatum; nicht abschreckend und zur Vorsicht mahnend für die Berufsgenossen. Ist auch zuweilen etwas Leichtsinn und Unachtsamkeit dabei.

Interessant sind in ethnographischer Beziehung die sogenannten Bootsflaggen oder Wimpel, die die Masten krönen. Sie werden von den Fremden viel bewundert und oft als Zimmer- und Verandaschmuck zum Andenken mitgenommen. Die dazu verwendeten Bretter werden aus Kloben von Weichholz herausgehauen und dann mit dem Messer geschnitzt. Es ist erstaunlich, welche hübschen kleinen Kunstwerke auf diese Weise zuweilen entstehen. Jede Flagge enthält eine Blechplatte, die farbig verschieden eingeteilt ist und in Gemeinschaft mit dem Stoffwimpel das Erkennungszeichen des betreffenden Dorfes, wo das Boot heimisch ist, darstellt. Bei der übrigen Schnitzerei

Auf dem Haff.

läßt der betreffende Dorfkünstler seiner Phantasie mehr oder weniger die Zügel schießen. Da gibt es geschnitzte Elche, Rehe, Soldaten, Boote; mancher schnitzt sein halbes Dutzend Kinder darauf; ich habe auch schon geschnitzte Falkner mit dem Beizvogel auf der Faust bemerkt, was man der Vogelwarte abgesehen hat, und dergleichen mehr. Wenn zuweilen bei ungünstigem Fischerwinde die Haffboote in großer Zahl an der Rossittener Mole Schutz suchen und dann reihenweise daliegen, die verschiedenartigsten bunten Wimpel oben auf den Masten im Winde sich drehend und flatternd, so bietet das einen höchst reizvollen Anblick. —

Während der bösen Inflationszeit waren hier in Rossitten die Verkehrsverhältnisse fast schlimmer als in alten Zeiten. Dampfer fuhren nicht, und Fuhrwerke konnten die Leute nicht stellen, weil alles so teuer war: Hufbeschlag, Stränge, Stallgeld, Übernachten. Wir saßen abgeschnitten von der Welt, und nun kam die Zeit unserer Herbstübersiedelung 1923 heran. Wie sollen wir nach Königsberg

Bootswimpel.

gelangen? Das war die bange Frage. Ein Hoffnungsstern strahlte uns noch: Der Regierungsdampfer macht gewöhnlich im November noch eine Fahrt von Labiau nach Rossitten und zurück. Der will uns mitnehmen.

Das Packen begann. Immer ungemütlicher wird es in der Wohnung, und schließlich kann man sich nur noch in Schlangenlinien durch all die Koffer, Kisten und Säcke hindurchwinden.

Der Dampfer kommt und legt an. Vom Himmel strömt der damals übliche Dauerregen hernieder, und der heftige Ostwind läßt die Haffwellen lustig über die Mole hinwegtanzen. Nun heißt es, das Gepäck den langen Rossittener Landungssteg entlang schleppen oder karren. Oben will einem der Hut wegfliegen, und an den Füßen sorgen die Haffspritzer für Kühlung. Man wird vor Eintönigkeit bewahrt.

Wir sind drei Personen und haben siebzehn Gepäckstücke, darunter einen Jagdhund, meine „Heidi", einen lebenden Uhu, die gute „Hanne", einen jung aufgezogenen, reizenden Vogel, ferner meinen zur Beiz= jagd abgetragenen Habicht „Blitz", vier Seidenschwänze für den Königsberger Tiergarten, ein Rotkehlchen und den Laubfrosch, den wir schon jahrelang mit hin= und hernehmen, damit er uns das Wetter machen soll. Alles wird auf dem Dampfer verstaut, und die Reise geht los.

Eigentlich wollte ich mir nach all der voraufgegangenen gesunden Bewegung nun eine Pfeife anbrennen. Für mich bedeutet nämlich das Rauchen nicht einseitigen Nikotingenuß, sondern den Inbegriff behaglicher Gemütlichkeit. Aber dazu will es hier nicht kommen. Der Dampfer schwankt bei dem Ostwinde ganz bedenklich, und der Regen peitscht an die Fensterscheiben. Man sieht um sich herum spitze Nasen und bleiche Gesichter, und mir selbst ist es durchaus nicht wonnig zumute. Jeder sucht sich einen stillen Winkel auf. Erst nach Verlassen des Haffs bei der Einfahrt in die Deime, als das Wasser ganz ruhig wird, kommt wieder Leben in die Gesellschaft, aber nun tauchen zwei bange Fragen für uns auf: Haben wir genug Geld in der Tasche, und wer schafft uns das viele Gepäck bei der Stockfinsternis, die inzwischen eingebrochen ist, von der Dampferanlegestelle nach dem Bahnhof Labiau? Die zweite Frage löst sich bald. Geld zog ja damals nicht mehr, aber meine Frau hat ein Hammelgeschlinge mit, das uns mit Zauberkraft hilfsbereite Hände schafft, die uns unsere Siebensachen befördern wollen.

Aber o weh! Die beiden Raubvogelkartons sind durchnäßt! Hast du, verehrter Leser, schon einmal einen großen durchweichten Karton getragen? Hast Du die Verwandlung gesehen, die sich da vollzieht? Aus einem Würfel wird im Handumdrehen ein an ausgereckter Ver= schnürung hängendes, sackartiges Gebilde, und unten in der äußersten Wölbung sitzt je ein wehrhafter Raubvogel, der mit seinen scharfen Krallen jederzeit durchtreten kann. Und mit diesen Gebilden im Arm sollen wir bei strömendem Regen durch ganz Labiau ziehen! Du wirst meine bleiche Angst verstehen können. Und dann die Geldfrage. Ich habe 110 Milliarden bei mir. 110 Milliarden! Wir hatten bis dahin während der Vogelzugszeit wochenlang weltabgeschieden in

Ulmenhorst gewohnt; Zeitungen gab es da nicht, und so hielten wir diese Summe für etwas ganz Gewaltiges, bis wir bei der Berührung mit der Außenwelt bald merkten, daß wir so gut wie nichts in der Tasche hatten. Aber Freundeshände wollen uns gern aushelfen. Der Hausherr holt seine Brieftasche hervor, die Hausfrau kramt in der Wirtschaftskasse, doch es kommt nicht so viel zusammen, daß unser großer zirkusartiger Apparat nach Königsberg befördert werden kann.

Seefischerei: Das Boot wird in die See geschleppt.

Da kann nur die Bank helfen. Auf freundliche Fürsprache und auf mein ehrliches Gesicht hin bekomme ich anderthalb Billionen.

Aber nun rasch nach dem Bahnhof! Meine Frau ist gerade damit beschäftigt, das Gepäck aufzugeben, und ich sehe sofort, daß da etwas nicht stimmt. Der Herr Beamte streicht und faßt immer an einem von unseren Säcken herum und macht ein sehr ernstes Gesicht dazu.

Wir haben die Gepflogenheit, daß wir beim Einpacken zum Schluß ein Behältnis bereithalten, dem man bei eiliger Abreise noch allerhand Sachen anvertrauen kann. So hatte ich zum Schluß rasch noch folgendes in einen Sack gesteckt: Ein Hammelfell und als Atzung für Uhu und Habicht eine tote Ratte und mehrere Krähen. Das faßte sich alles recht schön weich an, und an diesem Sack tastete der Herr Beamte herum und meinte, das könnten wir nicht aufgeben. Ob's ihm zu weich war? „Gut, so kommt der Sack mit ins Abteil." Aber nun zermartere ich mir in schlaflosen Nächten mein Gehirn, warum man weiche Sachen, die man in einen Sack steckt, nicht aufgeben darf.

Seefischerei: Ausfahrt.

O diese Rätsel des Lebens, die ein armes gequältes Menschenherz nicht zur Ruhe kommen lassen!

Nun rasch die Fahrkarten! Das Geld reichte gerade noch zu einer Fahrt vierter Klasse... Da plötzlich ein kurzer Aufschrei hinter mir. Der Habicht hat den Karton durchbrochen und will wie der Falter aus geborstener Puppenhülle davonfliegen. Ich sehe ihn schon im Geiste in der Bahnhofshalle herumsausen und die verehrten Labiauer mit Stöcken und Regenschirmen hinterher. Da gibt's kein Besinnen. Rasch meinen Lodenmantel herunter und den ganzen Karton drin

eingewickelt! Du wirst, verehrter Leser, schon einmal eine Landkind=
taufe bei schlechtem Wetter mitgemacht haben. Da wird aus dem
Täufling, wenn's zur Kirche geht, aus Tüchern und Decken auch ein
Paket gemacht. Man erkennt keine menschlichen Umrisse, aber aus der
vorsichtigen Behandlung, die dem Paket zuteil wird, kann man
schließen, daß da etwas ganz besonders Wertvolles drin ist. So war's
jetzt mit meinem Habichtspaket, das von nun an für die ganze Reise
meine süße Last bleibt. Aber nun rasch einsteigen. Das Hammel=
geschlinge tut weiter seine Schuldigkeit, und bald sitzen wir inmitten
unserer Siebensachen in der vierten Klasse. „Kommen Sie gut nach
Hause!" „Auf Wiedersehen." „Auf Wiedersehen!"

Der Zug fährt los; der ominöse weiche Sack steht mir gegenüber
an der Tür, das Täuflingspaket griffbereit neben mir auf der Bank.
Wir atmen auf, und man könnte sich eigentlich eine Pfeife anzünden.

Da entsteht plötzlich eine große Bewegung unter den Mitfahrenden.
Man erhebt sich sehr erregt, Gepäckstücke wandern unter die Bänke,
Säcke werden versteckt. Man vernimmt das Gemurmel: „Revision
kommt", und öfter fällt das Wort „Gewerbeschein". Uns berührt
die ganze Sache wenig, aber zum Pfeife=Anbrennen kommt's doch
nicht. Plötzlich erscheint der Herr Revisor, und nun ging's ganz ge=
fährlich zu. Ein Mitreisender mußte sogar den Hut abnehmen und
wurde mit einem Bilde verglichen. Man konnte das Gruseln be=
kommen.

Jetzt steuert der Herr auf den weichen Unglückssack los. „Wem
gehört der Sack?" — „Mir!" — „Was ist da drin?" — Ich überlege,
wenn du sagst: „Tote Ratten und Krähen," so wird das als Beamten=
verulkung aufgefaßt. Ich sage also: „Felle". — „Handeln Sie mit
Fellen? Haben Sie Gewerbeschein?" — „Nein." — „Und was ist da drin?"
(der Finger deutet auf das Täuflingspaket). — Ich überlege wieder,
wenn du sagst: „Ein Uhu," dann muß das Paket als lebensgefährlich
vielleicht entfernt werden, und deinem kostbaren Jagdgefährten kann
womöglich etwas zustoßen. Sagst du aber: „Ein Beizhabicht", dann
versteht das der Herr nicht, und du mußt einen längeren Vortrag
über Falkenjagd halten. Dazu hatte ich keine Lust. Ich log also:

„Ein Huhn". Etwas Lebendiges mußte ich nennen, denn es wackelte ganz verdächtig im Karton. „Und wem gehört das Paket?" — „Mir!" — „Und das?" — „Mir!" usw. — „Ja, um alles in der Welt, haben Sie denn Aufkaufserlaubnis für all diese Sachen?" — „Nein, wir ziehen um." — Da hellt sich die gestrenge Beamtenmiene auf. „Also Umzugsgut." — „Ja, Umzugsgut". — Jetzt war das richtige Deckelchen für das Töpfchen gefunden. Umzugsgut! Wir beide schmachten uns befriedigt an. Umzugsgut! Der Herr verschwindet.

Ob man sich nun eine Pfeife anbrennen kann?! Da sagt meine Frau plötzlich: „Höre Du, unser Aussteigen wird nicht so einfach sein. Wir werden mit dem vielen Gepäck nicht hinauskommen. Der Zug wird abfahren." — Das schien mir doch etwas zuviel Schwarzseherei. — „Wo wird ein Zugführer mitten im Aussteigen abfahren lassen. Ihr steigt zuerst aus, und ich reiche alles hinaus, da ist im Handumdrehen alles erledigt." — Meine Frau schweigt. Sie schweigt immer bei solchen Gelegenheiten, aber bei mir will die rechte Vertrauensseligkeit doch nicht Platz greifen. Zum Pfeifeanstecken kommt's jedenfalls nicht.

Bahnhof Königsberg=Vorderhufen! Wir müssen hinaus. O, wie schnell das geht. Ich reiche hinaus: Nummer eins, Nummer zwei, Nummer drei und so fort. Eben will ich zum Schluß mein Täuflingspaket auf die Arme nehmen, um selbst auszusteigen, da setzt sich der Zug in Bewegung. Meine Frau hält mir noch meine Fahrkarte krampfhaft entgegen, aber ich kann sie durch die Scheiben unmöglich fassen. Ein Vater wird gewaltsam von seiner Familie getrennt und fährt einer dunklen Zukunft entgegen. Wo wird der Zug wieder halten? Hauptbahnhof? Nein, wird mir gesagt: Lizentbahnhof. Rucksack, Gewehr und Habichtpaket sind mir geblieben. Unterwegs denke ich mir eine schöne Rede aus und sehe schon im Geiste, wie man mich mit entschuldigenden Worten durch die Bahnhofssperre geleitet, mich, den Märtyrer vom Bahnhof Vorderhufen.

Der Zug hält; ich steige aus, suche mir die rote Mütze und schildere in glühenden Farben meine unglückliche Lage. Kein Eindruck. „Sind Sie die letzte Strecke mit oder ohne Fahrkarte gereist?" — „Natürlich ohne, aber mein Herz kannte keine größere Sehnsucht als die, auf dem Bahnhof Vorderhufen auszusteigen — aber ich konnte doch nicht." Kein Eindruck. — „Haben Sie bis Lizentbahnhof bezahlt?" — „Nein, aber . . ." — „Dann müssen Sie natürlich nachzahlen." — Ein tiefer Groll bohrt sich in mein Zwerchfell ein. O du schwer geprüfter Odysseus mit deinen vielen Reiseabenteuern, wie verblaßt dein Stern gegen mich Unglücksmenschen hier auf dem Lizentbahnhofe in Königsberg! Ich gehe nach dem Geschäftszimmer und zahle 80 Milliarden unter bitterm Lächeln darüber, daß ich draußen in der Düneneinsamkeit in Ulmenhorst solchen Respekt vor 110 Milliarden gehabt habe. Aber man schlägt hier im Geschäftszimmer zartere Töne an. „Sehen Sie" — so heißt es — „Sie haben wahrscheinlich zuviel Gepäck gehabt, und das soll nicht sein. Und hier" — der strenge Beamtenfinger zeigt auf das Habichtspaket — „haben Sie auch noch . . ." — ich glaube einen Viertelzentner Weizenmehl! wollte er sagen. Wenn der wüßte, was da drin ist!!

Alle Formalitäten sind nun erledigt, und ich schreite erhobenen Hauptes durch die Bahnsperre.

Frei! so tönt es in meiner Brust. Der Weg nach unserer Wohnung — wenn auch noch so weit — liegt ohne Hindernis vor mir. Frei! Da haben wir früher als Studenten die alten schönen Lieder gesungen: „Frei ist der Bursch" oder „Ein freies Leben führen wir", aber ohne jedes Verständnis. Jetzt, nachdem ich die Strecke Labiau—Königsberg hinter mir habe, weiß ich erst, was Freiheit heißt. Kein hindernder weicher Sack mehr, kein Herr Revisor, keine rote Mütze, kein Fahrkarten= schalter — frei! Ich möchte singen und jubilieren.

Man muß mir wohl meine gehobene Stimmung ansehen, denn viele neugierige Augen sind auf mich gerichtet. Oder ob das dem Täuflingspaket zuzuschreiben ist, das auf meinen Armen ruht?

Da werde ich plötzlich aus meinem Wonnerausche jäh heraus= gerissen. Ich fühle scharfe Krallen durch den Mantel hindurch. Der Habicht will wieder ausbrechen, und all meine Mühe kann zunichte werden. Ich bin gerade an der Roßgärter Kirche. Dort im Halbdunkel steht eine einsame Bank. Da muß etwas Durchgreifendes geschehen.

Die Netze trocknen.

Das Paket wird auf die Bank gesetzt, Gewehr und Rucksack werden abgelegt, und nun geht's mit der Hand hinein in das unheimliche Dunkel des durchweichten Kartons, wo sich der wehrhafte Habicht befindet. Autsch! Da hat er mich schon am Finger. Aber was ist das? Der Schnabel fühlt sich so groß und massig an? Nun gibt es aber kein Zurück mehr. Langsam gleitet die Hand an Flügel und Schenkel herunter — alles kommt mir so unnatürlich groß vor für einen Habicht — jetzt ein schneller Griff, und ich halte die wehrhaften Fänge. Nun den Karton schnell auseinandergerissen! und der gewaltige Uhu kommt zum Vorschein!

Wir haben die Kartons verwechselt. So rauhe Behandlung war aber selbst der „guten Hanne" zu bunt, und sie fängt mörderlich an zu klagen.

Du weißt, verehrter Leser, daß der nächtliche Schrei des Uhus die Sage vom wilden Jäger erzeugt hat. Es waren also fürchterliche Töne, die dort im Dunkel der Roßgärter Kirche erschallten. Gerade ging ein biederer Königsberger Bürger vorüber.

„Wen morden Sie denn da?" —
„Kommen Sie selbst sehen." —
„Um Gottes willen, die Augen!" — Weg war er.

Nun hat es keine Not mehr, meinen kostbaren Uhu glücklich heim=
zubringen. Die Linke hält die Fänge; der Vogel wird nach Jägerart
mit dem Gesicht nach vorn unter den Arm geschoben, Gewehr und
Rucksack über die Schulter, Mantel über den Arm, und die traurigen
Überreste des Kartons baumeln als ein unbestimmbares Etwas mir
vor den Füßen herunter. So wird frohen Sinnes der Weitermarsch
angetreten. Ja, der Übermut regt sich sogar. Wenn mir ein Liebes=
pärchen entgegenkommt, eng umschlungen, dann wird es so eingerichtet,
daß ich dicht daran vorübergehe. Der Uhu erhält einen ge= linden Kneifer in den Schenkel, der „Wilde=Jäger=Ruf" erschallt, und die beiden fahren entsetzt auseinander. „Die Augen!" hörte ich nur immer rufen. Wie leicht sind Lie= bende mittels eines Uhus auseinander zu bringen! Es mag das ein Hinweis für Mütter leichtsinniger Töchter sein. Die un= bequemen Liebhaber stieben davon wie Spreu vor dem Winde. Aber einer kam mir doch neu=

Beim Netzeflicken.

gierig nachgelaufen: „Um Himmelswillen, was haben Sie denn da?" — „Einen jungen Löwen!" lautete die Antwort. — Weg war er.

Ich komme auf die Hauptstraße, den Steindamm. Da ist es unangenehm hell, und viele neugierige Augen schauen auf mich. Zwei Arbeiter kommen mir entgegen. „Du," stößt der eine den andern an — „das ist ein Uhu, der wird zur Raubvogel= und Krähenjagd benutzt. Der Herr kommt wahrscheinlich von der Jagd." Das war der einzige Kenner, den ich unterwegs traf; und „Herr" hat er mich genannt. Das klang mir ganz ungewohnt, denn heute war ich eher als Fellschieber, Fahrkartenpreller und dergleichen angesehen worden.

Nun bin ich bald zu Hause angelangt. Meine erste Frage gilt meinem „Blitz". Der sitzt bereits sachgemäß angefesselt wohlbehalten auf seiner hohen Reck. Das Gepäck ist auch schon herangeschafft, und so kann ich mir nun endlich eine Pfeife anzünden. Es ist die erste heute.

Durch die Luft.

Die Luftreederei hatte mir in dankenswerter Weise im Interesse der Vogelzugsforschung eine Freifahrt von Königsberg nach Memel und zurück gewährt, wobei uns unser Luftweg über die Vogelzug= straße Kurische Nehrung hinwegführte.

Der 26. September 1921. Ich stehe auf dem Devauer Platze bei Königsberg und erwarte das Flugzeug, das, von Danzig kommend, mich nach Memel weiterführen soll. Unwillkürlich sind meine Blicke nach oben gerichtet. Da zieht ein Raubvogelpaar seine Kreise. Das Glas sagt mir, daß es Fischadler sind. Wartet! Bald werde ich bei euch oben sein und noch höher als ihr. Unfaßbar!

Da kommt auch schon das Danziger Flugzeug angesaust, um nach elegantem Gleitfluge zu landen. Wie exakt das alles geht! Und da braust die Kownoer Maschine heran. Man fühlt es: Hier stehst du vor etwas Großem, was der Menschengeist geschaffen hat. Die Fahrgäste steigen aus. Wenn sie sich beim Aufstieg eine Zigarre angezündet hätten, so müßte sie jetzt noch brennen, so schnell ist die Fahrt gegangen. Kurzer Aufenthalt, dann wird meine Maschine zum Aufstieg vor=

bereitet. Der Motor muß sich in langsamem Tempo erst warmlaufen, dann erfolgt Einstellung auf höchste Geschwindigkeit, wobei den Umstehenden vor Geknatter Hören und Sehen vergeht. Es soll ausprobiert werden, ob alles in Ordnung ist. Fertig! Einsteigen! „Nec temere, nec timide!" steht vorn am Kopfe der Maschine. Ich bin der einzige Fahrgast. Abschiedswinken, und schon sausen wir über den grünen Rasen dahin. Da, eine scharfe Wendung nach links, um genau wie

Der alte Friedhof von Rossitten.
Die Pappeln gelten für die Fischer als Wahrzeichen von Rossitten.

ein Vogel gegen den Wind aufzufliegen — und in demselben Augenblick springt ein Hase vor uns auf, den wir in seinem Lager beinahe totgefahren hätten. Gott sei Dank, er läuft uns nach rechts über den Weg. Das bedeutet eine glückliche Fahrt. Oder wäre links besser gewesen? Ich habe nicht Zeit, über dieses wichtige Problem nachzudenken, denn jetzt hebt sich die Maschine, um uns in eine fremde, ungewohnte Welt zu entführen. Wie jetzt mit einem Male alles anders aussieht! Da liegt das ganze Samland plötzlich schachbrettartig vor meinen erstaunten Blicken ausgebreitet, die einzelnen Felder in allen Schattierungen:

von Hellgelb über Grün bis zum dunkelsten Schwarz, je nachdem Sand, Lehm, Humus, Gräser vorherrschen. Wie rasch könnte man von hier aus Bodenbestimmungen vornehmen! Dabei sind alle Unebenheiten verschwunden. Felder und Wiesen erscheinen glatt, wie mit dem Pinsel gestrichen. Und dort die unregelmäßigen dunkelgrünen Flecke, das sind Wälder und Wäldchen. Aber erst die Dörfer und die Häuser! Der Bau solcher kleinen Dinger soll jetzt so viel Geld kosten! Die nehme ich doch einfach aus der Spielschachtel heraus und stelle sie hin, wohin ich will, und alle Wohnungsnot ist geschwunden. Und dort auf der grünen Wiese die hellen Fleckchen, das sollen Kühe sein? Sie sehen aus wie Gänse, und die Gänse erscheinen wie weiße Mäuse. Man schaut und schaut und sucht seine Augen richtig einzustellen. Aber da sind wir ja schon am Haff! Ich sehe nach der Uhr. Zwölf Minuten haben wir gebraucht, um das Samland zu durchqueren. O, du liebe Cranzer Bahn dort unten, versteck dich! Wir hier oben können es besser als du. Cranz bleibt links liegen. Da erscheint die Beek als schmales graues Band, und dort ist Schwentlund. Wie hübsch das Dorf da unten aussieht, das wir jetzt gerade überfliegen. Unmittelbar am Haff erscheinen die roten Häuschen auf einer Landzunge aufgeklebt. Stombeck wird es sein. Jetzt sind wir über dem Kurischen Haff, das sich 800 Meter unter uns wie eine grau gewellte Fläche ausbreitet, und die zahlreichen, kleinen dunklen Nußschalen, das sind Fischerboote. In ein paar Minuten ist das Haff überquert, Sarkau lassen wir links liegen, um nördlich von diesem Fischerdorfe, etwa bei Mövenhaken, die geliebte Nehrung zu erreichen.

Was ist aus euch geworden, ihr Wanderdünen! Wie oft haben wir vor euch gestanden, um eure Wucht, eure Höhe zu bewundern. Und jetzt? Wie flache gelbe Teller und Scheiben seht ihr aus, und nur daran, daß die Stellen in der Mitte zuweilen etwas deutlicher erscheinen, merken wir, daß ihr Erhabenheiten darstellt. Sonst alles flächenhaft. All eure imponierende Größe ist dahin! Und das interessante Kupstengebiet wie ein pockennarbiges Gesicht! Die Sandauswehungen wie kleine gelbe Krater! Aber eins wird einem hier oben sehr leicht gemacht: das Dünenstudium. Wie eine natürliche

Landkarte liegt die Nehrung unter uns, und man sieht, daß hier nur ein einziger zäher, gewaltiger Ordner alles zurechtgerückt hat: der Wind, der Westwind. Schau, wie die großen Haffdünen ihre gelben Wanderfüße in Gestalt von langgezogenen Sandstreifen nach dem Haff zu vorschieben. Jenes Gebüsch kenne ich noch als kleines stattliches Wäldchen, und jetzt ragen nur noch einige kümmerliche Äste hilfesuchend aus den gelben verschüttenden Sandmassen empor. Dort sind die

Durch Wind zerzauster Waldstreifen an der Seekante.

seitlichen Enden der Dünen schneller gewandert als der mittlere Kern, wodurch die charakteristischen Dünenhaken und Sicheldünen entstehen. Und wie der nach der See zu gelegene Streifen des Nehrungswaldes verkümmert ist, als graue Einfassung an einem grünen Bande! Das hat der Wind gemacht. Es ist, als ob eine Riesenhand dauernd von West nach Ost über die Nehrung hinwegwischt.

Die gleichmäßige Landschaft unter mir im Verein mit den weiten einförmigen Wasserflächen, die taktmäßigen Bewegungen der Wellen, die wie weiße Schäfchen plötzlich aus der grünen Flut auftauchen, um eilig dem Strande zuzutrippeln und wieder zu verschwinden, dazu das eintönige Knattern des Motors — das alles bringt mich ins Sinnen.

Wie schön ist's doch hier oben! Ohne Erdenschmutz und Erdenstaub. Hier gibt es nur lustige Vögel, schneeweiße Wolken und blauen Himmel. Könnte man hier nicht ein Reich gründen, schöner als das da unten mit all seinem Schmutze? Und wie leicht hier oben alles geht! Da schaue ich dort unten die Nehrungsstraße wie einen schmalen hellen Streifen entlanglaufen. O, wie oft bin ich sie gezogen, bei Sturm und Regen, ebenso wie bei hellem Sonnenschein. Und wenn ich im Frühjahr kuhtreiberweise entlang pilgerte, um die Nahrungsspenderin einzuholen, die uns Freundeshand für die schweren Kriegsjahre zur Verfügung stellte, dann ist's vorgekommen, daß wir morgens um elf Uhr von Sarkau aufbrachen und nachts um drei Rossitten glücklich erreichten. Dort an jener Telegraphenstange, die wie ein Streichhölzchen mit weißer Kuppe erscheint, habe ich stundenlang mit dem störrischen Vieh gesessen. Und jetzt sause ich hier oben mit Blitzesschnelle in aller Bequemlichkeit dahin!

Und dort unsere winterliche Haffstraße übers Eis, die sich jetzt in leichten Wellen kräuselt. Was habe ich da alles bei meinen vielen Eisfahrten erlebt! Schönes und Schlimmes; aber ich denke gern an alles zurück. Und jetzt gleite ich hier oben ohne Hindernis durch die Luft dahin. O, wie schön ist's doch hier oben! Leute, kommt doch herauf!

Hoppla! sagt die Maschine. Das war ein kleiner Sturz nach unten, der mich jäh aus meinem Sinnen aufschreckt. Der Magen bleibt an den Wolken kleben, und ich gebe die Reichsgründung hier oben endgültig auf. Vollkommenheit scheint man nirgends auf der Welt anzutreffen, und wer weiß, ob es da unten trotz störrischer Kuh und klaffender Eisrisse nicht doch poesievoller ist als hier oben. — Aber schon fährt die Maschine wieder mit bewundernswerter Gleichmäßigkeit dahin.

Inzwischen sind wir über Rossitten angelangt. Die Uhr sagt mir, daß wir eine halbe Stunde bis hierher gebraucht haben. Unfaßbar! besonders wenn man an die Kuhreisen denkt. Wie sich die Rossittener Oase mit ihrer fruchtbaren Feldflur aus der Wüste scharf heraushebt!

Und dort sind alle die bekannten Orte: die winzig erscheinenden Bruch=
berge, das Möwenbruch wie ein kleines blaues Auge in grüner Flur.
Die Vogelwarte mit ihrem schwarzen Dach erscheint mir wie ein dunkler
Fleck, und dort ist unser Häuschen. Ich lasse zum Gruß weiße Zettel
zum Fenster hinausfliegen. Kaum habe ich mich wieder zurechtgesetzt,
da sind wir auch schon über Pillkoppen.

Aber wo bleiben denn die Vögel, um derentwillen ich eigentlich
fahre? Nun, am heutigen Tage findet leider kein Vogelzug auf der
Kurischen Nehrung statt. Ein Starschwarm ist das einzige, was ich
unterwegs gesehen habe. Da aber all die mancherlei Vorbereitungen
getroffen waren, wollte und mußte ich auch ohne Vogelzug fliegen.
Jedenfalls ist mir in entgegenkommendster Weise willkommene Ge=
legenheit geboten worden, mir ein eigenes Urteil in der jetzt brennend
gewordenen Frage „Flugzeug und Vogelzugsforschung" zu bilden,
wenn auch dieses Urteil nach einem einmaligen Fluge natürlich kein
endgültiges sein kann. Mit eigenen Augen habe ich jetzt gesehen, daß
sich der Vogelzugsforschung vom rasend schnellen Motorflugzeug aus
mancherlei Schwierigkeiten entgegenstellen, aber ebenso habe ich die
Überzeugung gewonnen, daß unsere Flieger, wenn sie ornithologisch
etwas geschult sind, manche jetzt noch schwebenden Fragen ihrer Lösung
näherbringen können. Für erfolgreiche Forschung ist ein l a n g s a m e s
Flugzeug nötig.

Pillkoppen liegt bald hinter uns. Jetzt erscheint das liebliche
Nidden. Wie sich dort drüben die Windenburger Ecke scharf ins
Wasser vorstreckt. Aber was ist mit einem Male aus dem Haff ge=
worden? Wie hübsch das aussieht! Auf der gekräuselten Flut überall
baumartig verzweigte dunkle Flecke, ohne Zweifel durch Wolken=
schatten hervorgebracht. Ich hatte so etwas noch nicht gesehen.

Bei Preil erblickte ich den ersten Menschen. Er steht am Haff=
strande neben einem Fischerboote und bewegt sich. Ja, auf solche
winzigen Kreaturen war mein Auge nicht eingestellt. Von der Sorte
werde ich wohl schon mehrere unterwegs übersehen haben. Hier oben
kann ich mir erst einen rechten Begriff von der Schärfe des Vogel=
auges machen. Aus solcher Entfernung sind oft Raubvögel bei Aus=

übung der Hüttenjagd auf meinen ausgesetzten Uhu losgestürmt. Sie hatten ihn als ihren Feind erkannt. Und ich sollte jetzt einen Uhu unten auf der Erde als solchen ansprechen!

Wie wird Schwarzort aus der Vogelschau aussehen? Da erscheint es schon. O, warm eingebettet zwischen schützende Wälder und Dünentäler. Wenn man so das ganze Panorama übersieht, da kann man sich sehr wohl vorstellen, daß da die kalten Winde nicht herankönnen.

Bald hinter Schwarzort verlassen wir die Nehrung, um auf das andere Ufer hinüberzufliegen. Das Haff ist ja hier schon sehr schmal. In ein paar Minuten sind wir drüben. Deutlich können wir den Verlauf des König=Wilhelm=Kanals verfolgen. Nun erscheint Schmelz, die Vorstadt von Memel.

Plötzlich tönt der Motor anders. Das bedeutet ohne Zweifel Vorbereitung zum Landen. Mit einem Male Totenstille, der Motor ist abgestellt. O, wie herrlich das ist, jetzt im Gleitfluge etwas vorn übergeneigt niederzugehen! Eben sausen wir über eine Baumreihe hinweg, wo winkende Menschen stehen, da trifft auch schon die treue Maschine elastisch wie eine Ballett=Tänzerin auf der Erde auf, um nach kurzem Laufen stehen zu bleiben. Auf einem großen Wiesengelände bei Althof sind wir niedergegangen. Diese Exaktheit beim Landen ist wirklich bewundernswert. Es mag komisch klingen, aber das erste, was ich mir genau anschaute, waren die Wiesengräser, ob sie wirklich noch da sind. Von oben hatte ich nur immer glatte grüne Flächen gesehen.

Im Auto werde ich nach Memel befördert; das geht sehr langsam, und doch will es einem schneller erscheinen, als eben im Flugzeug, weil jetzt die Straßenbäume in gewohnter Weise vorbeihuschen, während oben das Auge in der Nähe keine Anhaltspunkte fand. Dort sagten einem nur die Uhr und der rasche Wechsel der Landschaft, wie unglaub= lich schnell man dahinsauste. Hier unten findet man sich wieder zurecht. Wir sind eben Erdgeborene und werden es bleiben. Aber gerade darum ist so eine herrliche Fahrt oben in der freien Luft wirklich ein Erlebnis. Man wird mit einem Schlage in ganz ungewohnte Verhältnisse ver= setzt, denen unser Organismus nicht angepaßt ist. Noch lange wird man unter dem Zauber solchen Erlebens stehen.

Eine Elchfamilie.

Vom Wilde der Kurischen Nehrung.

Der Nichteingeweihte wird sich vielleicht zunächst darüber wundern, daß in einem Buche über die Kurische Nehrung ein besonderes Kapitel dem Wilde gewidmet ist. Gibt es denn auf diesem wüsten, kahlen Landstreifen überhaupt Wild? Nun, wir haben vorhin gesehen, daß die Nehrung gar nicht durchweg wüst und kahl ist, sondern daß wir hier Wald, Buschwerk, Palwen, Wasser und bei Rossitten auch frucht= bare Felder und Wiesen haben. Alles das bietet Deckung und Äsung, und so ist sogar ein guter Wildstand hier anzutreffen, und — was die Hauptsache ist — unserem Wilde geht's ganz besonders gut, und zwar aus zwei Gründen. Erstens wird von der frei gelegenen Nehrung der Schnee meist vom Winde fortgeweht, so daß der Erdboden zu sehen ist, oder doch wenigstens die Spitzen der vielen ausgedehnten Weidengebüsche aus dem Schnee herausragen. So hat das Wild im strengen Winter Zutritt zur Äsung, und wir leiden hier auf der Nehrung weniger unter dem schrecklichen Rehsterben wie anderwärts.

Zweitens aber genießt unser Wild hier die größte Ruhe und Schonung, weil keine Grenznachbarn da sind, die ihm nachstellen. Auf der Nehrung gibt es nur zweierlei Jagdberechtigung: alles gehört dem Forstfiskus, und nur die Rossittener Dorfjagd habe ich für meine Person in der Hand, um dieses interessante einzige Feldgebiet, das seiner Fruchtbarkeit wegen eine große Anziehungskraft auf die überhinziehenden Vögel ausübt, wissenschaftlich ausnutzen zu können, um Bewegungsfreiheit für die Falknerei zu haben und dergleichen. Auf fiskalischem Gebiete stehen mir als Leiter der Vogelwarte bestimmte jagdliche Befugnisse zu. Wenn man also hier etwas fürs Wild tut, wenn man Fasanen aussetzt, oder Fütterungen anlegt, oder sonst hegerische Maßnahmen trifft, so stört einen niemand dabei. Etwas unangenehm macht sich allerdings eine böse Hundeplage bemerkbar, weil jeder Mensch seinen Fixköter mit aufs Feld nehmen möchte.

Wenn man vom Wilde der Kurischen Nehrung spricht, so denkt jeder wohl mit Recht zuerst an unsern Stolz, an unsere Elche, die seit den siebziger Jahren des vorigen Jahrhunderts auf der Kurischen Nehrung zum Standwild geworden sind. Die Hauptelchreviere Ostpreußens sind die am jenseitigen Haffufer gelegenen Oberförstereien Ibenhorst, Tawellningken und Nemonien, aber auch sonst kommt im nördlichen Teile Ostpreußens diese seltene Wildart allenthalben vor und hat sich nach der bösen Kriegs- und Revolutionszeit zu aller Freude in ihrem Bestande wieder gehoben. Zudem sind in neuester Zeit auf Veranlassung des Allgemeinen Deutschen Jagdschutzvereins umfassende Schonmaßnahmen getroffen worden, so daß man hoffen darf, den stolzen Elch der Nachwelt dauernd zu erhalten. Auch die Schaufelbildung hat sich gebessert. In meinem Nehrungs- und Vogelwartenfilm erscheint ein Achtzehn-Ender, der sich sehen lassen kann! Auf der Nehrung mögen jetzt 30 bis 40 Elche stehen. Der ganze Bestand in Ostpreußen beläuft sich in die Hunderte.

Wer für längere Zeit nach Rossitten kommt, will natürlich auch Elche sehen, und da fährt man dann an einem schönen Sommerabend hinaus ins urwüchsige Revier. Langsam schiebt sich der Wagen vorwärts durch Wasserlachen hindurch, über Büsche und Böschungen hinweg, manchmal droht er zu kippen, und jetzt schlagen uns die Baumäste um die Ohren — ja wo Elche stehen, da kann man nicht wie auf einer glatten Chaussee fahren. Da plötzlich bewegt sich etwas hinter jenen Erlenbüschen. Wir halten. „Pferde!" flüstern unsere Begleiter. Nein, das sind Elche! Und nun tauchen die massigen Körper hinter den Büschen auf, äugen uns neugierig an und ziehen langsam den sanften Abhang der Vordüne hinauf, um sich als dunkle Silhouetten gegen den roten Abendhimmel abzuheben.

Ein Stück urwüchsiger Wald, wo gern Elche stehen.

Wer das zum ersten Male sieht, dem schlägt das Jägerherz höher. Dieser wuchtige Kopf mit der unförmlichen Ramsnase und den seitwärts weit ausliegenden Schaufeln, der hohe Widerrist, die langen hellen Läufe, die verhältnismäßig schwach entwickelte Hinterpartie und schließlich der am Halse herabhängende eigenartige Bart — alles nicht ebenmäßig schön, aber urwüchsig wie ein Gruß aus grauer Vorzeit.

Mit dem Elchezeigen habe ich manchmal meine liebe Not. Die Tiere sind doch nicht angebunden, aber durchaus soll man den Fremden Elche vorführen. Da drängt mich meine innere Stimme, hier eine Beichte abzulegen. Ich hatte einst eine hübsche, nette, aber etwas hysterische Dame auf dem Wagen, die durchaus Elche sehen wollte, aber wir fanden keine. Die Ungeduld meiner Partnerin wuchs von

phot. R. Steinert.
Ein starker Elch zieht über die Palwe.

Minute zu Minute, und der Glaube an meine Jägerehre schien bei ihr ins Wanken zu geraten. Das durfte nicht sein. Jetzt bogen wir um ein Gebüsch herum, da stand drüben auf etwa 60 Meter Entfernung ein dunkles Weidepferd, etwas von Zweigen verdeckt, aber doch deutlich sichtbar. Ich habe nichts gesagt; nur halten ließ ich und habe mit dem Finger hingezeigt. Aber was meinst Du, verehrter Leser, was ich in jenen Augenblicken für Angst ausgestanden habe, als der lange Pferdeschwanz fliegen abwehrend im Kreise herumschlug. Zum Glück war die Dame etwas kurzsichtig und ist mit dem Bewußtsein nach ihrer fernen Heimat abgefahren, auf der Kurischen Nehrung einen Elch gesehen zu haben. Meine Ehre war gerettet, und mein Gewissen ist durch diese Beichte etwas erleichtert.

Im allgemeinen sind die Elche auf der Kurischen Nehrung ziemlich vertraut und lassen den Menschen zu Wagen oder zu Pferde zuweilen recht nahe ankommen. Darum vermögen sie auch den Jäger nicht so

Elchhirsch.   phot. R. Steinert.

in Atem zu halten wie etwa ein heimlicher Rehbock. Auch fehlt dem Elch das gewaltige Schreien des Rothirsches zur Brunftzeit im September. Wenn Elche bei einer Hasentreibjagd allerdings eingekesselt sind und dann beim Aufrücken der Treiberwehr plötzlich durch die Schützenkette brechen, daß die Kiefernäste in die Luft wirbeln, dann machen sie etwas aus sich. Alle Achtung!

Dieses Vertrautsein und nahe Heranwechseln der Elche erweckt zuweilen den Anschein, als ob dieses urkräftige Wild den Menschen

phot. Forstaffessor Richter.

Frisch gesetzte Elchkälber.

annehmen will, und so haben die Leute oft einen heillosen Respekt vor unsern Elchen. Damit kommen wir auf die Frage, die mir so oft von den Fremden vorgelegt wird: Nehmen die Elche den Menschen an? Bis vor kurzem antwortete ich immer: Nein! Auf der Kurischen Nehrung nicht. Aber in neuerer Zeit bin ich doch etwas anders belehrt worden, und zwar damals, als wir den schon erwähnten Nehrungs= und Vogelwartenfilm drehten. Da sollten natürlich auch Elche auf der Leinwand gezeigt werden, und das Filmen mußte im September zur Brunftzeit geschehen. In dieser Zeit steht der Hirsch mit seinen Tieren im Bestande, und wenn sich etwas von weitem nähert, dann kommt er, besonders wenn er ein recht eifersüchtiger Bursche ist, dem betreffenden Etwas am liebsten ein paar Schritte entgegen, um einen etwa auftauchenden schwächeren Hirsch abzuschlagen. Nun kam der Wagen mit dem Apparat angefahren und erregte die Neugierde der Elche. Bäume und Büsche versperrten die Aussicht zum Filmen: der Wagen mußte im Bogen herumfahren, gleichzeitig näher aufrückend. Dasselbe Manöver mußte noch mehrmals wiederholt werden. Das wurde dem Hirsch zuviel. Plötzlich nahm er den Kopf herunter und stürzte auf den Wagen los. Durch Schreien und Tücherschwenken ließ er sich kurz vor dem Anprall zum Stehen bringen und zog ab. Aber wie! Mit einer so verächtlichen Geste, als ob er sagen wollte: „Ihr Menschlein, was wäre aus euch geworden, wenn ich Ernst gemacht hätte!" Auf diese Weise wurde der Wagen im Laufe des Filmens dreimal angenommen, so daß der tapfere Kutscher schließlich nur noch mit halbem Körper auf dem Bocke saß, um im entscheidenden Augenblick sofort nach der entgegengesetzten Seite abspringen zu können. So möchte ich also davor warnen, einen aufgeregten Elchhirsch zur Brunftzeit absichtlich zu reizen, oder

phot. Forstassessor Richter.

Frisch gesetzte Elchkälber.

etwa ein eben gesetztes Elchkalb anzufassen, wenn die Mutter in der Nähe ist. Aber sonst nicht zu ängstlich sein!

Ein ganz junges Elchkalb sieht sehr eigenartig aus. Es ist rot gefärbt wie ein rotes Kuhkalb, nicht dunkelgrau wie die Eltern, und hat auch noch keine scharf ausgeprägte Ramsnase. Jedenfalls läßt es noch nicht ahnen, welch grotesker Körperform es entgegengeht. Ich freue mich, daß ich meinen Lesern eben gesetzte Elchkälber im Bilde vorführen darf. Man bekommt sie selten vor die Kamera.

Die Hauptwaffe der Elche sind die Vorderläufe. Ich habe es erlebt, daß einst ein Elch nach meinem kleinen, schneidigen Wachtelhunde schlug. Wenn er getroffen hätte, wäre der Hund sicher zermalmt

phot. R. Steinert.

Starker Elchhirsch mit kurzem Barte

phot. R. Steinert.

und Elchhirsch mit langem Barte in charakteristischen Nehrungslandschaften.

worden, so wuchtig waren die Schläge, und ich kann mir danach sehr
gut ein Bild von einem Kampfe zwischen Elchen und Wölfen vor=
stellen. Solche erbitterten Kämpfe, wie sie die Rothirsche zur Brunft=
zeit untereinander öfters ausfechten, kommen bei Elchen — wenigstens
hier auf der Nehrung — nicht häufig vor, aber doch weiß ich auch
von geforkelten Stücken, die gefunden worden sind. Gar zu gern hätten
wir solchen Elchkampf in den erwähnten Film gebracht, aber das ist
unglaublich schwierig, weil sich diese intimen Vorgänge meist im
dichten Bestande abspielen, wo man mit dem Apparat nicht heran
kann. Schon an und für sich war das Elchfilmen gar nicht leicht, und
es ist vorgekommen, daß der Operateur bei dem urwüchsigen Gelände
mitsamt seinem Apparat kopfüber vom Wagen herunterflog.

Bei den Abbildungen bitte ich auf die Bartform zu achten, die
sehr verschieden ist, so daß man die einzelnen Stücke danach ansprechen
kann. Auch in der Färbung sind die Elche individuell verschieden. Es
gibt ganz dunkle Rappen, ferner mehr dunkelbraune oder solche, bei
denen das Fahlgelb hervorsticht — kurz, dem hegenden Jäger ist Ge=
legenheit geboten, seinen Elchbestand durch dauernde Beobachtung
recht genau kennenzulernen, besser wie beim Rothirsch.

Hier möchte ich noch ein auffallendes Merkmal am Elchkörper
erwähnen. An der Hinterseite der Keulen, ungefähr da, wo die weiße
und graue Farbe zusammenstoßen, befindet sich je eine kleine ab=
geschabte, sehr oft sogar wunde Stelle, die sich von weitem als dunkler
Punkt abhebt. Was bedeutet das? In den Büchern finde ich nichts
darüber, und es ist vielleicht anzunehmen, daß dieses Wundsein von
Insektenstichen herrührt, da die Elche an dieser Stelle die Quälgeister
nicht abwehren oder abschlagen können.

Auch das Äsen der Elche zeigt seine Besonderheiten. Man darf
es sich nicht als ein dauerndes Rupfen vom Erdboden vorstellen, etwa
nach Art des Rindviehes, nein, der Elch äst meist von den Bäumen
und Sträuchern der Weichhölzer, besonders Weiden und Espen. Er
schält und verbeißt. Zweige bis zu Bleistiftstärke und darüber beißt
er ab oder streift die Blätter und kleinen Zweige mit seinen weiten,
beweglichen Lippen ab. Vor allem schält er aber die Rinde ab, so daß

die Stämme dann kahl und weiß dastehen. Leider hat er sich auch das Schälen der Kiefern angewöhnt, was ihm von seiten der Forstverwaltung manchen scheelen Blick einträgt. Die Spuren eines Streifzuges von Elchen durchs Dünengelände kann man an den weiß und kahl dastehenden Bäumen und Büschen unschwer verfolgen. Scheint dem Elch die Krone eines Bäumchens besonders begehrenswert und kann er sie nicht ohne weiteres erreichen, so reitet er das Bäumchen nieder, das heißt er schreitet darüber und drückt das Stämmchen herunter. Ich denke, die Abbildung zeigt diese Verhältnisse genau. Die andere Abbildung stellt ein Birkenbäumchen dar, an dem der Elch gefegt, das heißt den Bast von dem noch unreifen Geweih abgeschlagen hat. Im September sind die Schaufeln blank gefegt und werden dann Ende Dezember oder Anfang Januar abgeworfen.

Von jeher hat mich aus wissenschaftlichen Gründen die Frage sehr interessiert, ob zwischen den Festlands-Elchen auf der gegenüberliegenden Seite des Kurischen Haffs und unseren Nehrungs-Elchen

Fegestelle vom Elch an einer jungen Birke.

Von Elchen niedergerittene Espen.

dauernd eine Verbindung stattfindet durch ein Durchrinnen des Kurischen Haffs. Ich weiß wohl, daß dieses Durchrinnen gern behauptet wird und daß viel darüber geredet und geschrieben worden ist, ja daß sogar die Ansicht vertreten wird, es gehöre zu den Lebensbedürfnissen der Festlands=Elche, ab und zu an die See zu kommen. Auch die fremden Leute, die Rossitten besuchen, nehmen solche Wechselverbindungen meist ohne weiteres an, aber meines Erachtens zu Unrecht, wenn auch zugegeben wird, daß das Elchwild sehr gut schwimmen kann.

Ich möchte ein Durchrinnen der breitesten Stellen des Haffs, wo es sich um 20 und 30 Kilometer handelt, in Abrede stellen, und mit mir wohl alle Jäger, die am Haff einheimisch sind und die Verhältnisse und damit auch die Schwierigkeiten genau kennen, weil sie Elche und Haff stets vor Augen haben.

Man mache sich doch mal folgendes klar: Ein Elch steigt drüben in Litauen ins Wasser. Ja, äugt denn der auf solch weite Entfernung, wo das menschliche Auge nichts von dem jenseitigen Ufer sieht, die

Nehrungsküste? Oder wittert er etwa seine Artgenossen da drüben? Weiß er überhaupt, daß sich da drüben eine Nehrung befindet, die man überqueren kann, um zur See zu gelangen? Und kann er, mit dem Kopf so tief im Wasser bei Aussicht versperrendem Wellenschlag so genau Richtung halten? Denn das muß er, sonst werden aus den 20 und 30 Kilometern leicht 40 Kilometer. Allen diesen Fragen muß

Elchrachenbremsen.

Larve der Elchrachenbremse.

man doch ernstlich nachgehen, wenn man das Durchrinnen behauptet, und wird man sie alle ohne weiteres mit „Ja" beantworten können? Wie schön könnte man solches Durch= rinnen, wenn es wirklich stattfände, für den Orientierungssinn der Tiere ausnutzen! Sicher hat man rinnende Elche zuweilen weit draußen im Haff angetroffen. Solche Stücke sind auch zuweilen gewilddiebt worden, oder die Fischer haben versucht, sie mit Leinen ans Land zurückzubefördern. Aber ich möchte annehmen, daß es sich dabei um verirrte oder halb verunglückte Tiere gehandelt hat, aber nicht um solche, die sich bewußt auf einer Reise nach der Nehrung befanden.

Nie aber werde ich in Abrede stellen, daß im südlichen oder nörd= lichen Teil des Haffs, wo es sich um wenige Kilometer handelt, oder im Süden an der Beek*), wo nur etwa 60 Meter in Betracht kommen, ein solches Herüber und Hinüber stattfindet. Dort an der Beek sieht man ja vom Dampfer aus die Elche gar nicht selten durchs Wasser herüber und hinüber wechseln. Dort wird unseren Nehrungs=Elchen vom Festlande her frisches Blut zugeführt, und von dort wird in alten Zeiten auch die Besiedlung der Nehrung mit Elchen stattgefunden haben. Solche alten Wechsel hält aber das Wild erfahrungsgemäß gern

---

*) Siehe die Karte auf Seite 7.

Ein an der Elchrachenbremse eingegangener Elch.

für immer inne. Ich habe die vorliegenden Fragen in Jagdzeitschriften öfter behandelt und habe mir folgenden Vorschlag erlaubt: Entweder man behauptet das Durchrinnen und bringt dann unumstößliche Beweise dafür bei, an denen es ganz und gar fehlt, oder man läßt die Frage in der Schwebe und sucht nach Klärung.

Seitdem Bär, Wolf und Luchs aus unsern deutschen Wäldern verschwunden sind, hat der Elch keinen Feind mehr in der höheren Tierwelt, aber dafür einen um so ärgeren in der Insektenwelt: die Elchrachenbremse. Dieser Schmarotzer legt seine Eier oder Larven in die Nasenlöcher der Elche, wo sie gleich so festsitzen, daß alles Niesen der befallenen Stücke sie nicht entfernen kann. Von da wandern sie mit ihren Hafthaken und scharfen Borsten in die Rachenhöhle und in den Kehlkopf. Ist nun der Befall sehr stark — und ich habe manchmal ganze Bündel von Larven herausgeschnitten —, so versperren die fingergliedgroß herangewachsenen Schmarotzer dem Elch die Luft, und er muß elend ersticken. Für gewöhnlich werden die reifen Larven schließlich ausgehustet und verpuppen sich unter Moos und Streu. Die Bremse selbst trifft man im Hochsommer an Aussichtstürmen, überhaupt an hohen Punkten umherschwärmend an.

Findet man ein an der Elchrachenbremse eingegangenes Stück Elchwild, so bietet sich meist ein grausiger Anblick dar. Ringsum ist die Erde aufgewühlt und das Strauchwerk geknickt, was auf einen harten Todeskampf schließen läßt.

Die beigegebene Abbildung zeigt einen an der Rachenbremse eingegangenen Elchhirsch. Das Geweih ist noch im Bast.

Nun noch etwas über die Elchjagden, namentlich wie sie früher hier auf der Nehrung gehandhabt wurden. Jetzt bedarf jeder Elchabschuß erst der Genehmigung des Oberpräsidenten der Provinz Ostpreußen, während früher der Elchhirsch den September hindurch Schußzeit hatte, so daß jeder Jagdberechtigte Elche erlegen durfte. Für die fiskalischen Reviere, also auch für die Nehrung, wurden früher die Elchschützen von der obersten Forstbehörde oder vom Kaiser selbst bestimmt, und so kamen dann im Laufe des September alle möglichen hohen Herren, Reichskanzler und Minister hierher nach Rossitten zur Elchjagd, was jedesmal ein Ereignis für unser Nehrungsdörfchen war, wurde doch zuweilen das Wildbret des erlegten Stückes unter die Bevölkerung verteilt. Der zu schießende Hirsch war vorher bestimmt worden und wurde für den Jagdtag genau bestätigt, so daß der betreffende Schütze eigentlich nur heranzufahren oder heranzureiten brauchte, um ihn totzuschießen. Eine große Kunst war das schließlich nicht, aber manche Herren, die zum ersten Male solchen Recken sahen, packte doch zuweilen das Jagdfieber, so daß der eine Schütze, wie ich mich noch entsinne, fünfmal schießen mußte, ehe das Stück zur Strecke kam.

Die verehrten Leserinnen wollen vielleicht wissen, wie Elchwildbret schmeckt. Ich kann mit bestem Gewissen sagen: Gut, wie schönes Rindfleisch. Nach meinem Geschmack am besten als Sauerbraten kalt. Ein fettes Butterbrot gestrichen, darauf eine Scheibe Elchsauerbraten, garniert mit Gurke, Sardellen, hartem Ei und Schweizerkäse — mir läuft das Wasser im Munde zusammen, während ich das niederschreibe. Ich entsinne mich noch, daß ich einmal von einem Elchschützen — er war Leibarzt am Kaiserlichen Hofe — zum Frühstück zu Elchtartar geladen war. Aus freien Stücken hätten wir vielleicht rohes Elchfleisch nicht gegessen, aber unter ärztlicher Aufsicht konnte man's ja tun — auch das schmeckte sehr gut.

Einst schoß ein Graf L. hier einen Elch. Da niemand da war, der Jagdhorn blasen konnte, so wurde ich gebeten, den Hirsch tot zu blasen. Ich folgte der Jagd zu Pferde, und sie verlief ganz programmäßig, denn der Graf war ein ausgezeichneter Jäger. Da standen wir dann in der Abenddämmerung um den gefällten Waldesrecken, und die getragenen Töne des schönen Signals „Hirsch tot!" klangen über Dünen und Wälder. Das war Stimmung, und gern denke ich an dieses Erlebnis zurück.

Kapitales Nehrungsgehörn.
Höhe 26 cm, Rosenumfang 17 cm.

Ich schreibe dieses Kapitel über die Elche beim Schein der Lampe hier in meiner einsamen Beobachtungshütte Ulmenhorst, und unterdessen zieht vielleicht draußen, wie so oft, ein Rudel Elche ganz dicht vorüber, so daß ich morgen früh die gewaltigen Fährten mit den charakteristischen Afterklauen=Abdrücken im Sande verfolgen kann. —

Haben wir eben in den Elchen die urwüchsigste und gewaltigste Wildart des deutschen Waldes kennengelernt, so tritt uns nun im Rehwild die zierlichste und anmutigste Erscheinung entgegen. Der Rehbestand auf der Nehrung kann gut genannt werden. In Friedens= zeiten war er sogar sehr gut. Und was für starke Gehörne kommen und kamen hier vor! Die abgebildete Krone darf wohl zu den stärksten Nehrungsgehörnen gezählt werden, die jemals hier erbeutet sind. Man beachte die gute Perlung und den gewaltigen Rosenumfang.

Wer einen Blick dafür hat, wird bald merken, daß hier auf der Nehrung verhältnismäßig oft recht fahlgelbe Rehe vorkommen, und daß besonders die Ricken zu dieser Eigentümlichkeit neigen. Von Rot kann man dann gar nicht reden.

Die hiesigen Rehe halten sich übrigens nicht nur im Walde, sondern auch gern weit ab von allem Baumbestande in den Dünen auf. Man kann dann geradezu wie von Feldrehen, so auch von Dünenrehen sprechen.

Schließlich muß noch eine Eigentümlichkeit der Nehrungsrehe erwähnt werden, die darin besteht, daß hier verhältnismäßig häufig einzelne weiße Stücke auftreten, und zwar echte Albinos mit roten Lichtern. Meist halten sich diese Tiere aber nicht lange, weil sie mehr als ihre normal gefärbten Artgenossen den Verfolgungen ausgesetzt und auch nicht so widerstandsfähig sind. In der Vogelwelt ist es ja ebenso.

Ein weißes Reh in freier Wildbahn zu beobachten, kann als ein Genuß bezeichnet werden, so wunderbar ist die Erscheinung. Einst beobachtete ich eine normal gefärbte Ricke mit einem roten und einem weißen Kitz über die niedrigen Kiefernkusseln auf den Bruchbergen bei Rossitten flüchtig abgehen. Man wußte zunächst gar nicht, was man sah, und ich glaubte erst, ein weißer Hund hetzte die Rehe. Ein andermal trollten bei einer Treibjagd sieben Elche und hinterher eine weiße Ricke über eine Waldblöße. Wo bekommt man so etwas ander= wärts zu sehen!

Den schönsten Anblick bot aber eine schneeweiße Ricke, die als Kitz mit der Flasche aufgezogen war, sich dann den Tag über in halbwildem Zustande im Walde herumtrieb und abends vorsichtig ins Zimmer kam, ihrer Herrin auf den Schoß kroch und bei Lampenschein ihre Flasche bekam, obgleich sie schon fast ausgewachsen war. Dann verschwand sie durch den geöffneten Türspalt wieder im Walde. Wie ein Märchen!

Hasen gibt es nicht sehr viel, weil diese Wildart ausgedehnte Felder mit ihren Äsung spendenden Früchten bevorzugt. Man mache sich einmal den Unterschied in der Lebensführung eines sächsischen Rübenhasen im Gegensatz zu einem Nehrungshasen klar. Dort als eintönige Äsung immer Rüben und deren Blätter in Hülle und Fülle und im Winter grüne Saat, dagegen

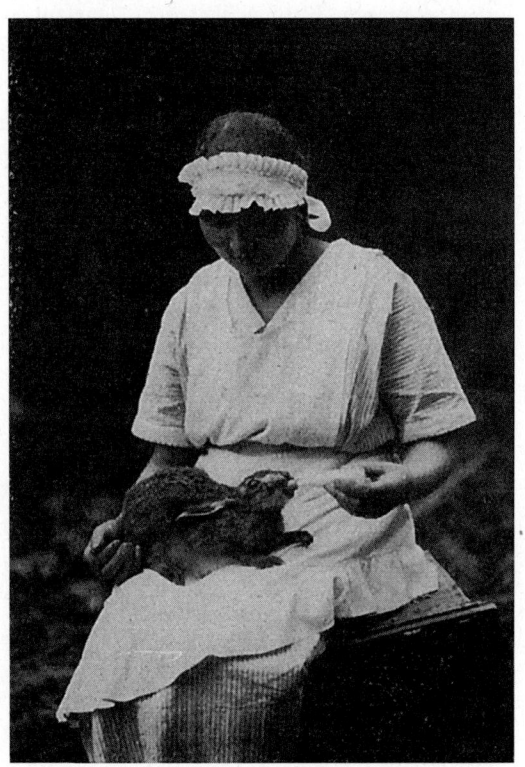

Ein junger Nehrungshase wird mit der Flasche aufgezogen.

hier würzige Wald- und Dünenkräuter; nicht zu reichlich, aber auskömmlich. Sollte solche Verschiedenheit nicht auf den Geschmack des Wildbrets Einfluß haben? O ja! Ein Nehrungshase schmeckt viel besser als ein Rübenhase. Daß die ostpreußischen Hasen weit stärker sind als die mitteldeutschen Artgenossen, dürfte allgemein bekannt sein. Bei uns gibt es Elf- und Zwölfpfünder, und als Durchschnittsgewicht können acht und neun Pfund genannt werden, für dort dagegen nur sechs bis sieben Pfund.

Von Flugwild will ich hier nur Rebhuhn, Fasan, Birkhuhn und Wildente kurz erwähnen. Die übrigen jagdbaren Vögel werden ja später in dem Kapitel über den Vogelzug mehrfach genannt werden.

Rebhühner waren früher hier gar nicht selten, und zwar nicht nur auf der Rossittener Feldflur, sondern auch weit draußen im Kupstengebiet, oder in den niedrigen Bergkiefern auf den festgelegten Wanderdünen weitab von bestellten Feldern, wo sie an Unkrautsämereien und Insekten genug Nahrung fanden. Wo sind unsere Hühner geblieben? So möchte man nicht nur für die Kurische Nehrung, sondern auch für ganz Ostpreußen, ja vielleicht für einen großen Teil Deutschlands fragen. Überall ist der Bestand dieses zierlichen und begehrten Wildes in erschreckender Weise zurückgegangen. Wieviel ist über diese Frage in der jagdlichen Literatur geschrieben worden! Aber es würde viel zu weit führen, wenn wir hier auf diese betrübende, aber gewiß interessante Tatsache näher eingehen wollten. Meiner Ansicht nach ist nicht ein Grund dafür verantwortlich zu machen, sondern es sind mehrere widrige Umstände zusammengetroffen, die dem Fortkommen der Hühner im Wege waren. Ich glaube auch an eine auftretende verheerende Seuche.

Der Fasan wurde hier in einzelnen Stücken ab und zu als Wechselwild angetroffen, aber nicht brütend. In den letzten Jahren habe ich bei Rossitten junge Fasanen ausgesetzt, die ich von Zwerghühnern hatte ausbrüten lassen.

Birkwild kommt nur als Wechselwild, und zwar sehr selten vor, Wildenten dagegen bei dem hiesigen Wasserreichtum natürlich häufig.

Wo Nutzwild heimisch ist, da gibt es auch Raubwild, und so ist der Fuchs auf der Nehrung geradezu häufig. Ich erwähnte vorhin schon, daß ich einmal vor langen Jahren in einem Winter 18 Stück erbeutet habe. Davon ließen wir uns eine Decke fertigen, ein Prachtstück. Wir nannten sie immer die wissenschaftliche Decke, denn ich hatte damals gerade eine Abhandlung über die verschiedenen Färbungsphasen der Fuchsbälge geschrieben, und danach war die Decke angeordnet worden: vom intensiv roten Birk- oder Goldfuchs bis zum aschgrauen Brandfuchs, und dazwischen befand sich noch eine Färbung, die vielleicht für die sandgelbe Nehrung charakteristisch ist: ein unscheinbares Fahlgelb.

Man glaube nun ja nicht, daß die hiesigen Füchse ausschließlich von Rehkitzen, Hasen und Rebhühnern leben, nein, gerade hier finden diese interessanten Räuber auch anderen Fraß genug. Am See- und Haffstrande schnüren sie entlang, um die ausgeworfenen Fische aufzunehmen, und zur Winterszeit finden wir ihre Spuren weit draußen auf dem verschneiten Haff an den Fischerlöchern, wo nach beendetem Fang die wertlosen Fische aus den Netzen geschüttelt worden sind. Zur Vogelzugzeit aber schnürt der Fuchs unter der Telegraphenleitung entlang, um die angeflogenen Vögel aufzulesen. Da ist eine Mahlzeit Waldschnepfen, Drosseln und Rotkehlchen bald zusammengesucht, wie ich an den zerbissenen Federn oftmals feststellen kann.

Den Einsiedler Dachs bekommt man, wie überall, selten zu Gesicht, aber auch er kommt hier vor, früher häufiger als jetzt.

Edelmarder waren in früheren Zeiten hier nicht anzutreffen, ebensowenig Eichhörnchen, die Lieblingsnahrung der Marder, obgleich diese beiden Tierarten auf den Festlandsteilen, die an den Südfuß der Nehrung angrenzen, und auch im Cranzer und Sarkauer Walde heimisch waren. Wie kam das? Einfach daher, weil diesen Baumtieren die Zuleitung zur Rossittener Oase fehlte. Bei unserer Wanderung über die Nehrung haben wir vorhin gesehen, daß sich zwischen dem Sarkauer und Rossittener Walde eine endlose kahle Wüste hinzog ohne Weg und Steg. Solche Wüste sagt weder dem Marder noch dem Eichhörnchen zu; die überschreiten sie nicht. Nun wurde die Nehrungsstraße gebaut, die zur Sandbefestigung an den Rändern langgestreckte Bergkiefernschonungen als Einfassung erhielt. Die Pflänzchen sind im Laufe der Jahre zu Bäumchen herangewachsen, die Zapfen tragen. Die Eichhörnchen sind von Cranz und Sarkau aus Nahrung suchend und auch findend nordwärts gewandert, und der Marder ist ihnen gefolgt. Beide Tierarten kommen jetzt in der Rossittener Oase vor, der Edelmarder natürlich recht selten, aber Eichhörnchen sieht man häufig.

Nicht selten werden am Seestrande Robben angetroffen und von den Fischern erschlagen. Am häufigsten ist die Kegelrobbe, seltener die Ringelrobbe und der Gemeine Seehund. Mir sind im Laufe der Jahre öfter Robben eingeliefert worden, auch lebend, so daß ich Gelegenheit hatte, die Färbungsverschiedenheiten bei der Kegelrobbe aus eigner Anschauung kennenzulernen. Vom düstern Schwarz bis zum hellen Weißgelb habe ich die Tiere in Händen gehabt. Mehrere Bälge habe ich dem Zoologischen Universitäts= museum in Königsberg übergeben. Einst erhielt ich eine sehr starke Kegelrobbe mit deutlichen Ohrmuschelansätzen. Ich komme auf dieses interessante Stück anderwärts noch zurück und werde es abbilden.

Im Anschluß an diese Ausführungen möchte ich noch über eine bemerkenswerte Tiereinschleppung und eine =einbürgerung be= richten. Wir waren früher hier in Rossitten vollständig schlangenfrei, obgleich die Kreuzotter im Cranzer Walde sehr gemein ist. Als Grund ist wiederum wie oben die zwischengelagerte Wüste zu bezeichnen, die von den Schlangen nicht überschritten werden kann. Als nun im Jahre 1909 der Schwarze Berg bei Rossitten festgelegt wurde, da holte man das dazu nötige Besteck, das heißt Reisig, von Litauen übers Haff herüber. Das Reisig wurde dort zusammengerafft und in großen Kahnladungen nach Rossitten geschafft — und siehe da, mit einem Male wurde mir die erste Kreuzotter gebracht, die jetzt noch in der Vogelwartensammlung steht. Auch Ringelnattern und Blind= schleichen waren plötzlich anzutreffen, aber alle drei Reptilien nicht häufig.

Die erwähnte Einbürgerung betrifft die Weinbergschnecke, die ich mit bestem Erfolge bei Rossitten ausgesetzt habe. Ich weiß wohl, daß man über solche „Faunenfälschung" verschiedener Meinung sein kann, aber die Einbürgerung ist nun einmal geschehen, und ich möchte diese Tatsache für spätere Forscher hier erwähnen. Diese Schnecke scheint auch in früheren Zeiten vielfach künstlich angesiedelt zu sein, da man sie in Ostpreußen meist an Ordensniederlassungen findet, wo sie als Fastenspeise galt. Ich hatte sie zunächst ausgesetzt, um unseren Küchenzettel vielleicht zu erweitern, weil es hier zuweilen wenig zu essen gibt, aber zum Schneckenessen sind wir nie gekommen.

Das Vogelwartengebäude (im Dorfe gelegen).

Der Vogelzug und die Vogelwarte Rossitten.

Allgemeines.

Dieser merkwürdige Landstreifen, die Kurische Nehrung, die wir eben etwas genauer kennengelernt haben, ist nun eine Vogelzugstraße ersten Ranges, die in jedem Jahre zweimal, im Frühjahr und Herbst, ungezählte Scharen gefiederter Wanderer über sich hinwegziehen sieht. Warum benutzen die Vögel gerade die Kurische Nehrung? O, wie oft ist mir im Laufe der Jahre diese Frage von den fremden Besuchern vorgelegt worden. Ich möchte folgendermaßen antworten: Die Nehrung hat als Hinterland, woher die Vögel im Herbst kommen, Kurland, Livland, Estland, die südliche Hälfte von Finnland, überhaupt: die südlichen Gebiete des nordwestlichen Rußlands. Von da strebt ein großer Teil der Vögel nach dem Küstenwinkel hin, den die Ostsee an den beiden Nehrungen, der Kurischen und der Frischen, bildet, und findet dann auf diesen beiden Landstreifen, besonders aber auf der Kurischen Nehrung, bequeme Gelegenheit zur Fortsetzung seiner Reise, denn wir müssen immer bedenken, daß für unser Gebiet die Hauptrichtung des Vogelzuges nicht von Norden nach Süden, sondern nach Südwesten verläuft. Wohl ziehen auch über die Ostsee Vögel, was schon daraus mit aller Deutlichkeit hervorgeht, daß im Frühjahr bei ungünstiger Witterung zuweilen Unmassen der gefiederten Wanderer beim Zug über See verunglücken und dann zu Tausenden und aber Tausenden an den Strand gespült werden; ebenso trifft man auch auf den Festlandsteilen am Kurischen Haff, also östlich von der Nehrung, sowie über dem Haff selbst ziehende Vogelscharen an, aber wenn ich mich an guten Zugtagen mit einem Fernglase bewaffnet bei Rossitten an den See= oder Haffstrand stelle und über diese beiden großen Gewässer weit hinausschaue, so sehe ich keinen Vogel in der Luft, während es über und neben mir von ziehenden Vögeln wimmelt. Kurz gesagt: Die Gelände= und Gewässerformationen an der Kurischen Nehrung bringen es mit sich, daß sich die Zugscharen über diesem schmalen Streifen zusammendrängen, vielleicht um der besseren Orientierung wegen Land unter sich zu haben, und weiter spielt dabe sicher die lange, lange Überlieferung eine große Rolle. Es mag nicht viel solcher bevorzugter Stellen geben. Eine befindet sich vielleicht an der Küste des Golfs von Lion am Nordfuße der Pyrenäen. Dort liegt ein Ort Collioure mit einer großen Sardinen= und Sardellensalzerei, und von dort sind mir auffallenderweise in zwei aufeinanderfolgenden Jahren bereits zwei beringte Stare zurückgemeldet worden, von denen der eine aus dem Kreise Oels in Schlesien, der andere aus dem Bezirksamt Königshofen in Unterfranken stammte. Wie müssen sich dort bei Collioure die ziehenden Starschwärme zusammendrängen, wenn sich solche Zufälligkeiten häufen.

In welcher Weise wird nun die Nehrung von den Vögeln überflogen? Nicht so, daß sämtliche Vogelscharen im Herbst auf die Nordspitze bei Memel losstürmen und den Landstreifen in seiner ganzen Länge regelmäßig überfliegen, um ihn am südlichen Ende bei Cranz

wieder zu verlassen, nein, die Wanderer kommen im Herbst von Nord=
osten her angeflogen, viele von ihnen kreuzen das Kurische Haff und
treffen die Nehrung erst zuweilen bei Nidden oder Rossitten. Darum
ist bei Rossitten stärkerer Vogelzug zu beobachten wie z. B. in dem
im nördlichen Teile der Nehrung gelegenen Schwarzort. Zuweilen
verlassen die Vögel die Nehrung auch schon wieder südlich von Rossitten
und halten ihren Kurs auf Brüsterort und dann vielleicht auf Hela

Spitze der Rossittener Bucht bei der Haffleuchte.

zu. Ich habe das manchmal von Krähen gesehen. Die Hauptmassen
fliegen allerdings bis Cranz durch.

Im Frühjahr andererseits verläuft der Zug von den südlichen
schmalen Teilen der Nehrung aus nicht immer am Seestrande entlang
nach Norden zu, also das Dorf Rossitten rechts liegen lassend, sondern
er kreuzt zuweilen die breite Rossittener Oase, führt gerade über das
Dorf hinweg und verläßt die Nehrung an der Spitze der Rossittener
Bucht bei der Haffleuchte. Diese Spitze, die sich auf Spezialkarten
— auch auf der beigegebenen kleinen Karte — deutlich hervorhebt,

ist in ihrer Eigenschaft als An= und Abflugstelle ein vorzüglicher Beobachtungsposten, wo ich manche Stunde gelegen habe und die Vögel in hüpfendem Fluge dicht über die Haffwellen dahineilen sah. Und dort liegt auch ganz in der Nähe unser Privat=Wohnhäuschen.

Wie verläuft nun der Zug im Herbst weiter nach Süden oder Südwesten zu, wenn er die Nehrung verlassen hat? Schon bei Cranz gehen die Züge mehr oder weniger auseinander. In der Mitte des Samlandes ist zum Beispiel auch Krähen= oder Finkenzug zu bemerken, aber die Individuenzahl ist gar nicht zu vergleichen mit den Dauer= ketten auf der Nehrung. Die Vögel haben sich also auseinandergezogen. Am Nordende der Frischen Nehrung kommt ein Teil wieder mehr zusammen, und auf der Frischen Nehrung selbst bilden sich wieder Ketten, wenn auch nicht in dem Maße wie auf der Kurischen Nehrung.

Wir sehen also, daß die über die Kurische Nehrung ziehenden Vogelscharen nur auf einer winzig kleinen Strecke eng zusammen= gehalten werden im Verhältnis zum ganzen Reisewege, der ja, wie der Beringungsversuch einwandfrei zeigt, von Livland und Ostpreußen bis zur Südspitze Afrikas oder bis nach Irland führen kann. Aber diese kurze Strecke ist die Stelle, wo man den Pulsschlag des ganzen gewaltigen Zugorganismus fühlen kann, sie ist der Prüf= und Probier= stein dafür, wie es in diesem ausgedehnten Getriebe zugeht, und darin besteht die große Bedeutung und die Stärke der Kurischen Nehrung als Beobachtungsstation.

Wie man diese Strecke nun nennen will, darüber kann man sich ja unterhalten. Ich habe vorhin gesagt: Zugstraße, andere wollen anders, aber ich meine, es ist gar nicht so wichtig, sich jetzt schon auf bestimmte Bezeichnungen festzulegen. Wichtiger ist es, erst mal genau festzustellen, in welcher Weise und in welcher Form die Vögel die weiten Strecken von ihrer Brutheimat an bis zur Winterherberge zurücklegen, und da gibt es noch viel zu erforschen. Die alte Zug= straßentheorie ist nicht zu halten, nein, es ziehen überall Vögel, sie werden nur nicht beobachtet, und diese letzten Worte: „sie werden nur nicht beobachtet" möchte ich doppelt und dreifach unter= streichen. Verehrter Leser, bitte behalte diese Worte beim Lesen der folgenden Zeilen immer im Gedächtnis, setze sie im stillen als Überschrift über alle folgenden Abschnitte und erkenne daraus, daß unsere ganze Vogel= zugbeobachtung mit den jetzigen Hilfsmitteln noch großes Stückwerk ist.

Wenn nun an gewissen Örtlichkeiten — wie auf der Kurischen Nehrung — kleine Abschnitte und Ausschnitte aus dem Gesamtvogel= zuge für die menschliche Beobachtung ganz besonders in die Erscheinung treten, so sind dafür folgende Gründe zu nennen: Bestimmte Gelände- und Gewässerformationen, günstige Nahrungsquellen, uralte Über- lieferung und schließlich auch künstliche Schöpfungen, wie künstliche Lichtquellen (Leuchttürme und Lichtscheine über großen Städten). —

Da war ich nun — zunächst als Sommergast — nach Rossitten gekommen und sah all die Vogelherrlichkeit. Die erste Anregung zur Gründung einer dauernden ornithologischen Beobachtungsstation auf der Kurischen Nehrung ergab sich aus einem Gespräch, das ich mit Professor Dr. G. Rörig führte, der als Regierungsrat am Kaiser= lichen Gesundheitsamte im Jahre 1899 dienstlich in Rossitten anwesend war und in jeder Weise helfend auftrat. Später deckte die Deutsche Ornithologische Gesellschaft das Unternehmen mit ihrem Namen und ihrer Autorität und war Inhaberin der Anstalt, während die erforderlichen Mittel von den Ministerien, und zwar vom Kultus= und Landwirtschaftsministerium zur Verfügung gestellt wurden. So konnte die Gründung der Station, die den Namen Vogelwarte Rossitten erhielt, am 1. Januar 1901 vor sich gehen, so daß wir im Sommer 1926 unter großer Anteilnahme von Behörden und Privatkreisen das 25jährige Bestehen der Anstalt feiern durften. Es soll nicht unterlassen werden, hier zwei Männer in Dankbarkeit zu nennen, die der jungen Anstalt nach der Gründung bei so manchen Schwierigkeiten hilfsbereit und fördernd zur Seite standen. Zwei frühere Oberpräsidenten der Provinz Ost= preußen sind es, die Herren von Moltke und von Windheim. Der Leiter der Vogelwarte rückte nach einer Reihe von Jahren als Beamter an der Albertus=Universität Königsberg in eine Staatsstellung ein, und schließlich übernahm die „Kaiser=Wilhelm = Gesellschaft zur Förderung der Wissenschaften" in Berlin die Station und schuf damit für das ganze Unternehmen eine feste Grundlage, auf der weiter aufgebaut werden kann. Die Kaiser=Wilhelm=Gesellschaft, deren Aufgabe darin besteht, die Wissenschaft insbesondere durch Gründung und Erhaltung naturwissenschaftlicher Forschungsinstitute zu fördern, hat sich durch diese Tat ein großes Verdienst erworben.

Ein dürftiger Sammlungsraum, ein Schrank mit ein paar ausgestopften Vögeln und ein Herz voll glühender Begeisterung für die Sache — das waren die Dinge, mit denen ich im Jahre 1901 ans Werk zu gehen versuchte.

Nach den damals entworfenen Satzungen wird der Zweck der Vogelwarte, das heißt ihr Arbeitsgebiet, folgendermaßen angegeben:

I. Beobachtung des Vogelzuges, wobei insonderheit zu berücksichtigen sind:
   a) Zugzeit der einzelnen Arten (Jahres= und Tageszeit).
   b) Richtung der Wanderzüge.
   c) Stärke der einzelnen Wanderscharen und Anordnung der Züge.
   d) Sonderung der Vogelarten innerhalb der Wanderscharen nach Geschlecht und Alter.
   e) Wind= und Wetterverhältnisse während, vor und nach der Zugzeit und ihr Einfluß auf das Wandern.
   f) Höhe des Wanderfluges.
   g) Schnelligkeit des Wanderfluges und Geschwindigkeit des Vogelfluges überhaupt.
   h) Rasten der Wanderscharen und Rückflug.
   i) Herkunft der Vögel.

II. Beobachtung der Lebensweise der Vögel und ihrer Abhängigkeit von der Nahrung. Unterschiede in der Lebensweise der Brut=, Strich= und Zugvögel.

III. Untersuchungen über Mauser und Verfärbung. Alters= und Jahreskleider der Vögel, Zeit und Art ihrer Entstehung.

IV. Untersuchungen über den wirtschaftlichen Wert der Vögel, und zwar:
   a) Nahrung der Vögel zu verschiedenen Zeiten und an verschiedenen Orten.

b) Nutzen und Schaden, der sich aus der Nahrungsweise der einzelnen Vogelarten für Land- und Forstwirtschaft, Garten und Fischerei ergibt.

c) Verbreitung von Pflanzen und niederen Tieren durch Vögel.

V. Untersuchungen über zweckmäßigen Vogelschutz, und zwar:

a) Erhaltung und Vermehrung des Vogellebens durch Anpflanzungen und Aufhängen von Nistkästen.

b) Versuche mit Winterfütterung zur Erhaltung des Vogellebens, insonderheit auch zur Erhaltung des Jagdgeflügels.

c) Maßnahmen zur Erzielung gesetzlicher Bestimmungen zum Schutze der Vogelwelt.

VI. Einrichtung einer Sammlung der auf der Nehrung und in nächster Umgebung vorkommenden Vögel auf der Vogelwarte Rossitten.

VII. Beschaffung von Untersuchungsmaterial für die wissenschaftlichen Staatsinstitute.

VIII. Bei den unter II, IV und VII genannten Aufgaben soll die Tätigkeit der Vogelwarte sich nicht auf die Vögel beschränken, sondern auch auf andere Tierklassen erstrecken.

IX. Verbreitung der Kenntnis des heimatlichen Vogellebens im allgemeinen und des wirtschaftlichen Wertes der Vögel im besonderen durch Wort und Schrift.

Es dürfte vielleicht ein wenig interessieren, etwas davon zu hören, wie sich die Aufnahme dieser Neugründung im Dorfe Rossitten selbst gestaltete. Sehr verschiedenartig. Manchen schien die Sache zu imponieren. Fragte mich doch ein biederer Fischer gelegentlich eines Gespräches in allem Ernste, ob er mich von jetzt ab Graf nennen dürfe, was ich natürlich huldvollst gewährte. Andere wiederum — und die waren entschieden in der Mehrzahl — konnten sich kein Bild von meinen Plänen machen, und das nahm ich ihnen nicht übel. Wie sagten einst zwei Fischerfrauen im Bäckerladen: „Ein Vogeldoktor! Was will der in Rossitten? Wer hat hier einen Vogel? Doch höchstens die Frau Pfarrer, und der ist doch auch nicht immer krank." Also Vögel sollte ich kurieren, und siehe da, eines Tages kam ein Wagen aus Pillkoppen vor meinem Hause vorgefahren: ich solle herauskommen, sie brächten kranke junge Gänse. Ein kritischer Augenblick! Sollte ich sagen: „Das kann ich nicht!" Unmöglich für mich, der ich mich gerade jetzt in Rossitten durchzusetzen hatte. Also hinaus und hinauf auf den Wagen! Korb geöffnet! Da lagen vier oder fünf junge Gänse hilflos auf dem Stroh und konnten nicht aufstehen, während der Gesichtsausdruck und das ganze sonstige Gebaren gesund und munter erschienen. „Beine mit Spiritus einreiben, dann Wadenpackungen!", so lautete meine Verordnung, und siehe da, die jungen Gänse sind wirklich gesund geworden. Aber glaubst Du, verehrter Leser, daß mir die glückliche Besitzerin jemals einen solchen geretteten Patienten um Martini herum gebracht hätte? Nein, ich mußte alle meine Wunderkuren umsonst ausführen.

Viel kritischer wurde die Lage, als man mich auch zum Kurieren von Menschen heranziehen wollte. Da lebte ein Mann in Rossitten, der hatte eine kranke Frau, auf deren Genesung er nunmehr hoffte, seitdem ein Doktor im Orte war. Dieser Hoffnung gab er mir gegenüber öfter Ausdruck. Was sollte ich in meiner Not tun! Den Leuten etwa klarmachen, daß es auch Doktoren gibt, die nicht kurieren können, das wäre damals schwierig gewesen. Also nahm ich zur suggestiven Heilmethode meine Zuflucht. Ich habe mir erzählen lassen, daß man heutzutage mit seinen Patienten sehr gute Resultate erzielt, wenn man sie den Tag dreimal, früh, mittags und abends, laut und deutlich vor sich hin sagen läßt: „Mit mir wird es von Tag zu Tag besser!" Der medizinischen Wissenschaft vorauseilend, habe ich mit dieser Methode damals schon vor Jahrzehnten gearbeitet, indem ich dem Mann anempfahl, er möchte doch seiner Frau immer und immer wieder zum Bewußtsein bringen, daß es ganz unmöglich sei, daß ein Mensch in solch kleinem Orte dauernd krank sein könne, wenn ein Doktor anwesend sei. Die Frau ist auch gesund geworden. Jetzt ruht sie allerdings schon längst im Grabe, aber wirklich nicht durch meine Schuld.

Nun der Name Vogelwarte! Was hat der mir für Arbeit verursacht, wieviel Worte der Aufklärung hat er mir abgerungen! Jeder Mensch dachte an einen hohen Turm, von wo aus die herumsausenden

Vögel mit großen und kleinen Fernrohren beobachtet würden, und wenn Fremde nach Rossitten kamen, so war gewöhnlich die erste Frage an mich: „Wie oft kommen Sie denn herunter?" Zunächst wußte ich gar nicht, was gemeint war, bis ich an den sagenhaften Turm dachte und zur Aufklärung überging.

Da war in früheren Zeiten auf einer hohen Wanderdüne dicht bei Rossitten von der Militärverwaltung ein hoher Vermessungsturm errichtet worden: von Balkenwerk durchsichtig zusammengefügt und oben die Spitze mit Brettern verschalt, so daß sie dunkel erschien. Wie oft ist es da vorgekommen, daß die Mitreisenden, wenn ich auf dem Dampfer über das Kurische Haff fuhr, sobald der Turm in Sicht kam, in die Worte ausbrachen: „Dort ist die Vogelwarte Rossitten — und er sitzt auch gerade wieder oben." Der „er" war die schwarze Spitze. Ich habe manchmal versucht, die Leute zu überzeugen, daß er nicht oben sitzt, und daß das überhaupt gar nicht die Vogelwarte ist, aber da kam ich schön an: Ausgelacht und mitleidig angesehen haben sie mich, und ich mußte so oft darüber nachdenken, was für merkwürdige Geschöpfe wir Menschen doch als Masse, als „Publikum" sind.

Der erste Sammlungsraum, der mir nach Gründung der Station zur Verfügung stand, war ein kleines Maleratelier mit Oberlicht und herabhängender Vorhangsschnur, um verdunkeln zu können, und wenn nun die Besucher kamen, dann sahen sie nicht etwa nach den aufgestellten Sammlungsobjekten, sondern mit starren Blicken nach dem Oberlicht und suchten die Fernrohre. Von dort oben aus müssen doch die Vögel beobachtet werden! Einst war ein Frauenverein da. Wieder die starren Blicke nach oben, während die Vorsteherin neben der dünnen Vorhangs= schnur stand. Sie sah mich an, sah die Schnur an, schließlich konnte sie nicht länger aushalten: „Ach, verzeihen Sie, wie kommen Sie denn da hinauf?" „O, das sollten Sie sehen, gnädige Frau! Im Nu bin ich oben, und dann in unbequemster Weise zwischen Himmel und Erde an dünner Vorhangsschnur baumelnd, übersehe ich den ganzen Vogelzug von Cranz bis Memel."

Das war schlecht von mir, und sollten der verehrten Dame etwa diese Zeilen zu Gesicht kommen, so bitte ich noch nach langen Jahren

Vogelleben über dem Möwenbruche.

vielmals um Verzeihung, aber ich konnte damals nicht anders antworten, denn es wurde durch diese Frage eine Saite in meinem Innern angeschlagen, die mußte so ausklingen.

Da lobe ich mir die Herren Presse=Photographen mit ihren findigen Köpfen, die sich in allen Lebenslagen zu helfen wissen. Kam da einst solcher Herr, um für Zeitschriften Bilder von der Vogelwarte anzufertigen, und fand nun das Vogelwartengebäude als ein Haus wie alle Häuser: kein Turm, keine langen Fernrohre auf dem Dache, kein Vogel am Himmel zu sehen! So etwas Einfaches kann man dem Publikum doch unmöglich bieten! Der Herr sagte nichts, aber man sah ihm seine Enttäuschung an. Er fertigte seine Bilder, auch Naturaufnahmen, und reiste ab. Nach einiger Zeit schickte er mir die Zeitschriften zu, in denen die Bilder erschienen waren, und wohl selten habe ich so lange sinnend vor einem Kunstwerk gesessen wie damals. Da stand meine Vogelwarte; aber was ist das? Von Vögeln dicht umschwärmt! Wo man hinschaut Vögel! Und zwar an den unmöglichsten Stellen. In den offenen Balkon, in die geöffneten Fenster fliegen sie hinein, einer Person, die da steht, sausen sie an den Kopf, und unten am Fundamente sind auch Vögel. Was ist los? Ich habe solchen Vogelandrang an einem im Dorfe gelegenen Hause nie beobachtet!

Endlich fand ich des Rätsels Lösung: ein Bild vom Vogelwarten=
gebäude und ein solches von dem reichen Vogelgetriebe über dem
Möwenbruche waren aufeinander kopiert worden! Nun hatte die
Vogelwarte ihre Vögel, und ich möchte nur wissen, was die Beschauer
draußen in der Welt gesagt haben!

Noch jetzt muß ich zuweilen die Besucher aus den oberen Räumen
der Vogelwarte herunterholen, wo sie sinnend vor den Gastbetten
stehen und nach den Fernrohren suchen.

Nein, verehrter Leser, nichts von Türmen, nichts von Fern=
rohren! Diese Dinge braucht man ja gar nicht. Der Name Warte
ist gewählt worden, weil die Station ein in die unverfälschte Natur
vorgeschobener Beobachtungsposten ist, und ich möchte, Du könntest
mit mir an einem guten Zugtage auf der Düne stehen und die vor=
überziehenden Vogelscharen hier, gleichsam am Einfallstor nach
Deutschland, beobachten, dann würde es Dir gewiß sofort klar werden,
daß wir uns auf einer Warte befinden

Zunächst möchte ich nun versuchen, meinen verehrten Lesern
einen Überblick über das jährliche hiesige Vogelgetriebe, besonders
über den Vogelzug, zu geben. Aber das soll nur in großen Zügen
geschehen; denn ich hoffe, das rein Ornithologische später in einem
besonderen Buche bearbeiten zu können. Wir wollen also gemeinsam
ein Jahr auf der Nehrung zubringen und den Vogelzug im Kreislaufe
des Jahres an unserem geistigen Auge vorüberziehen lassen. Zuviel
Schwierigkeiten wird uns das Beobachten nicht bereiten, denn hier
ist ja alles so anders wie anderwärts; hier tritt der ganze Vogelzug
viel offensichtlicher und gewaltiger in die Erscheinung. Was merkt
man an anderen Örtlichkeiten viel vom Vogelzuge! Man sieht viel=
leicht am blauen Himmel die winkelförmigen Züge der Wildgänse,
oder auf den Telegraphendrähten und auf den Dächern mehr Schwalben
wie sonst, und im Garten schnickern mehr Rotkehlchen — das ist oft
alles. Dagegen hier auf der Nehrung wird wohl der gleichgültigste
Mensch, der wenig Sinn für die Natur hat, geradezu gezwungen, auf
die interessanten Vorgänge in der Luft, sowie in Wald und Feld zu
achten.

Wir beginnen im Winter um die Weihnachtszeit. Da sieht man in jedem Jahre noch Krähen, besonders Nebelkrähen, nach Süden ziehen. Ich möchte hier einschalten, daß ich immer der Kürze halber von Süden spreche, wenn die Richtung auf Cranz zu geht, und umgekehrt von Norden, wenn Memel vorn liegt. Genauer müßte man ja, dem Verlauf der Nehrung entsprechend, Südwesten und Nordosten sagen. Auch in der ersten Hälfte Januar wandern noch Krähen nach Süden, und im Jahre 1917 fand sogar noch am 26. Januar lebhafter Krähenzug in der Südrichtung statt. Diese Krähenwanderungen sind als Ausläufer der Herbstzugzeit zu betrachten; sie stellen gleichsam ihren Schlußpunkt dar; und — nun kommt das Merkwürdige — in den ersten Februartagen eilen oft schon wieder die ersten Krähen, denen meist Dohlen beigemischt sind, dem Norden zu, und am 3. Februar ist zuweilen schon die erste Lerche da, und am 15. Februar 1925 zogen schon wieder die ersten Wildgänse nach Norden. Das sind die ersten Frühjahrszugerscheinungen, und da fragen wir uns unwillkürlich: Was bleibt denn unter solchen Umständen als Ruhepause zwischen den beiden Zugperioden übrig? Das ist nach Tagen zu rechnen. Sagen wir im Durchschnitt vielleicht vierzehn Tage bis drei Wochen.

Der Frühjahrszug setzt nun langsam ein. Ich rate immer jedem Fremden, der etwas von der Vogelherrlichkeit auf der Nehrung sehen will, er soll lieber im Herbst kommen. Unser ostpreußischer Frühling ist meist nicht besonders schön, ich denke, das muß wohl der begeistertste Lokalpatriot zugeben. Längere Reihen von herrlichen Frühlingstagen sind im allgemeinen selten. Die rauhe Witterung will und will nicht weichen, die Vegetation schreitet nicht vorwärts, bis dann mit einem Schlage — man könnte sagen über Nacht — die grüne, blühende Pracht da ist. Diese ungünstige, wankelmütige Witterung hat Einfluß auf den Vogelzug, aber wohlgemerkt, ich sage nicht: da ziehen keine Vögel, sondern ich drücke mich vorsichtig aus: da bekommen wir nichts oder wenig vom Vogelzuge zu sehen.

Die ersten besseren Zugtage, wo man von wirklich regem Vogelleben draußen in der Natur reden kann, treten gewöhnlich um den

Blick in die Sammlungsschränke der Vogelwarte.

20. März in die Erscheinung. Meist sind's da allerdings nur Krähen, die ihrer nordischen Brutheimat zuwandern. Es verdienen allerdings auch Finkenvögel Erwähnung, namentlich Bluthänflinge. Diese Hänflingszüge im zeitigen Frühjahr haben mich von jeher interessiert. Nicht in großen Schwärmen oder in langen Ketten kommen die Vögel vorüber, sondern Trupp auf Trupp wandert rufend und lockend dem Norden zu. Am 25. März fand ein mächtiger Krähenzug statt und mit den Krähen zusammen viel Hänflinge. Im darauf folgenden März (1910) war's von Interesse, daß gleichzeitig, während bei Ulmenhorst die Hänflinge zogen, auch von Sangerhausen ein starker Zug dieser Vögel gemeldet wurde. Unterm 28. März 1911: einige Hänflinge singend nach Norden, ebenso Goldammern. Am 19. März 1912: Hänflinge in Flügen.

Dann folgt bei ungünstiger Witterung gewöhnlich eine mehr oder weniger ausgeprägte Zugpause, und nun naht der 17. April heran. Es ist ganz auffallend, wie gerade um diese Tage herum gewöhnlich zahlreiche Raubvögel bei Rossitten zu beobachten sind. Was hat man da zuweilen für herrlichen Anblick! Ich weiß es noch wie heute, wie ich einmal an einem 16. April auf einem niedrigen Dünenhügel gedeckt hinter einem Weidenbusche stand und die Raubvögel schnurstracks auf mich zu hielten, um dann dicht an mir vorüber zu streichen: Sperber, Turmfalken, Weihen, darunter auch die schönen, weißgrauen alten Männchen, die einer hellen Möwe nicht unähnlich sehen, dann die gewaltigen Rauhfußbussarde, die unscheinbaren Mäusebussarde, die schnellen Baumfalken, Milane und andere. Oder wie ich am 18. April 1907 mit einem Krähenfänger früh um 3 Uhr auf eine hohe Wanderdüne gezogen war. Wir hatten uns oben auf der kahlen Sandfläche ein Loch ausgeworfen und zur Deckung Reisig herumgesteckt. Vor uns saß der lebende Stationsuhu, und drum herum hockten mehrere angepflöckte lebende Krähen. Kaum hatten wir Deckung genommen, da zog schon ein mächtiger Seeadler vorüber und blockte auf einem spitzen Dünenvorsprunge auf, sofort von lärmenden Krähen umschwärmt. Dann erschien ein zweiter, ein dritter, dann gleich zwei auf einmal, so daß wir bis früh um 8 Uhr sechs dieser gewaltigen Vögel dicht vor uns hatten. Einen schoß ich für die Sammlung, und die anderen bewunderten wir, wie sie den Uhu neugierig umkreisten. Das waren aufregende Momente für ein Jägerherz.

Ein andermal schoß ich um den 17. April 1904 auf den Bruchbergen bei Rossitten aus den ununterbrochen ziehenden Sperberketten in kurzer Zeit ganze große Serien heraus, um zu sehen, wie es bei dieser Vogelart mit dem Zuge getrennt nach Alter und Geschlecht bestellt ist. Diese Raubvogelzüge bilden zuweilen eine Sehenswürdigkeit auf der Nehrung und wiederholen sich fast jährlich in den Tagen um den 17. April. Sie spielten früher, als noch Schußgeld für eingelieferte Raubvogelfänge gezahlt wurde, auf der Halbinsel Hela für die Dünenbeamten eine große Rolle. Hunderte von Patronen wurden da verschossen.

Nun trifft auch das Kleinvogelzeug bald ein. Um den 20. April erscheinen die ersten Schwalben, aber den Haupt-Kleinvogelzug bringt erst der Mai.

Auch auf dem Möwenbruche wird's jetzt lebendig. Die Lach=
möwen haben ihre alte Brutstelle, die um die Zeit gewöhnlich noch
vereist ist, bereits Ende März durch lautes Darüberherumschwärmen
begrüßt. Dann sind sie wieder verschwunden und kehren im April
zurück, um Anstalten zur Brut zu treffen. Zunächst halten sie sich
nur vormittags am Bruche auf, während sie in den Nachmittagsstunden

Lachmöwe am Nest.

und nachts auf dem Haff oder sonstwo weilen. Immer noch ziehen
Raubvögel durch, die für den Beobachter und Jäger stets ein ganz
besonderes Interesse für sich in Anspruch nehmen. Vor allem erfreuen
uns Wespenbussarde, diese weichlichen Spätzieher, im Mai öfter
durch ihre schönen Flugbilder.

Ein wissenschaftlich wichtiges Erlebnis hatte ich am 9. Mai 1904
mit einem seltenen Raubvogel. Da wurde in meinem Beisein über
dem Uhu ein Falkenbussard erlegt. Ich sah es schon am gewandteren

Fluge, daß es sich um etwas Besonderes handelte. Höchst interessant, daß dieser russische Wanderer in dreißig Jahren nur einmal auf der Nehrung erbeutet worden ist. Die hier durchziehenden Mäuse=

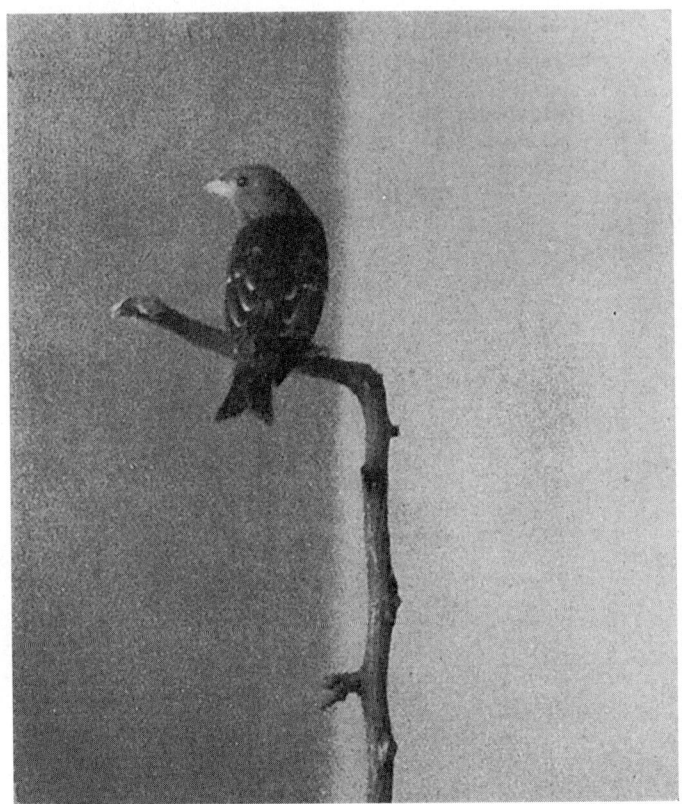

Junger Karmingimpel
(nach dem Leben).

bussarde gehören meist der ganz gewöhnlichen Phase an: graubraun und auf der Brust etwas hell gewellt. Auch weiße Bussarde, wie ich sie in Mitteldeutschland öfter beobachtete, sehe ich hier auf der Nehrung ganz selten, eigentlich nie.

Nun wollen wir uns aber weniger oben in der Luft umschauen,

sondern wollen mehr auf Bäume, Büsche und Triften achten, wo jetzt das Kleinvogelgetriebe im Gange ist. O, was wimmelt und schwirrt und singt das manchmal, wenn man frühmorgens nach einer guten Zugnacht zur Tür heraustritt: Trauerfliegenschnäpper und graue Fliegenschnäpper, Gartenrotschwänze, die verschiedensten Grasmückenarten, unter denen die hier geradezu häufige Sperbergrasmücke eine besondere Stellung einnimmt, ferner Laubsänger, Rotkehlchen, Gartenspötter und Drosseln. Aus den Rohrdickichten am Haff ertönt das schnurrige karre-kiek des Drosselrohrsängers, auf den Triften aber bewegen sich Steinschmätzer, Wiesenschmätzer und Pieper, und horch!, so um den 10. Mai schallt plötzlich der erste Schlag unserer ostpreußischen Nachtigall, des Sprossers, aus den Nachbargärten zu uns herüber.

Unterdessen rückt der 20. Mai heran. Da heißt es für den Nehrungsornithologen wieder ordentlich aufpassen! Denn jetzt ist der Vogel zu erwarten, auf den wir hier alle stolz sind, denn er gehört zu unsern Brutvögeln und ist eine Perle der ostpreußischen Ornis. Schon öfter haben wir uns in den letzten Tagen erschreckt umgewandt, wenn aus der Höhe ein schöner melodischer Pfiff herniederklang, aber dann war's doch nur ein Star auf dem Dachfirst, der Vogelstimmen so schön nachahmen kann. Aber da! Eines Morgens — wir sind gerade beim Kaffeetrinken — ertönt wieder dieser melodische Pfiff, den man nie vergißt, wenn man ihn einmal gehört hat, aber jetzt echter und voller, als ihn ein Star nachahmen kann. Alles fährt erfreut hoch: Der Karmingimpel ist da! Inzwischen sind auch die Löwenzahnblüten auf der Wiese vor unserm Häuschen aufgeblüht und bilden bei Sonnenschein eine große gelbe Fläche, die sich am Abend in Grün verwandelt, wenn die Blumenkelche sich geschlossen haben: in jedem Jahre unser aller Freude! Und dann werden nach und nach aus den gelben Blüten die zarten kugeligen Pustblumen, und jetzt sind die Karmingimpel am Freuen. Aus der ganzen Umgebung sammeln sie sich in unserm Garten, lassen sich auf einem Pustblumenstengel nieder und drücken den Samenkopf herunter ins Gras, so daß die rosenroten Vogelköpfe und Brustlätze wie große Rubine aus dem grünen Meer entgegenleuchten. So sitzen manchmal sechs Stück dieser eltenen Vögel, die man in Mitteldeutschland nie zu sehen bekommt, dicht vor unsern Fenstern und tun sich am Löwenzahnsamen, ihrer Lieblingsnahrung, gütlich. Eine schöne Zeit in jedem Jahre, die Frühlingsstimmung in die Menschenherzen bringt! Ich glaubte früher, daß die Ankunft des Karmingimpels jedesmal das Zeichen sei, daß wir endgültig aufhören könnten zu heizen, aber da habe ich mich getäuscht. Hier prasselt das Feuer zuweilen noch im Juni im Ofen.

Der Frühjahrsvogelzug ist aber immer noch nicht zu Ende. Wohl die letzten hier durchkommenden nordischen Wanderer sind die gelben Bachstelzen, von denen viele der nordischen Form angehören, die ihrer in Finnland und Nordrußland gelegenen Heimat zustreben. Noch am 30. Mai sehe ich in manchen Jahren große Scharen dieser zierlichen gelben Vögel auf den Viehweiden herumspazieren. Nachdem unsere heimischen Bachstelzen längst Anstalten zur Brut getroffen haben, wandern deren nordische Artgenossen noch über sie hinweg. So ist's übrigens mit vielen Vogelarten. Wenn zum Beispiel unsere Nehrungs-Nebelkrähen längst auf Eiern sitzen, dann ist der Krähenzug nach Norden hier noch in vollem Gange.

Diese Bachstelzenzüge bedeuten sozusagen den Schluß des Frühjahrszuges, und nun abermals das Merkwürdige, daß bereits wieder Anfang Juli, womöglich schon Ende Juni, die ersten Anfänge des Herbstzuges in die Erscheinung treten. Also wieder als Ruhepause nur etwa vier Wochen. Zwischen diese beiden Zugperioden schachtelt sich die Brutzeit ein, deren Grenzen natürlich je nach der geographischen Lage des Ortes manchem Wechsel unterworfen sind. Wir sehen also, daß fast das ganze Jahr über Verschiebungen innerhalb der Vogelwelt stattfinden.

Die ersten Sommerdurchzügler zeigen sich Ende Juni und Anfang Juli auf der am Haffstrande gelegenen Vogelwiese: die Strand- und Wasserläufer halten ihren Einzug. Die Vogelwiese ist mir immer ein sprechendes Beispiel dafür, wie vorhandene oder fehlende Nahrungsquellen das Einfallen und Rasten der Zugvögel beeinflussen. Ist die Vogelwiese im Sommer sehr naß, so daß sich in den entstehenden Lachen ein reiches Kleintierleben hat entwickeln können, o, dann kann es von zierlichen Strandläufern geradezu wimmeln, und der Ornithologe schaut auch nicht vergebens nach dem kleinen

Karmingimpel am Nest (altes Männchen).

Sumpfläufer, der seltenen Limicola, oder nach dem ebenso seltenen Wassertreter aus, der wie ein kleines Federbällchen auf der Oberfläche des Wassers herumschwimmt. Bleibt aber die Vogelwiese des fehlenden Regens wegen im nächsten Sommer trocken, dann ist's oft so öde und still auf der großen weiten Fläche, und man läuft sich

165

müde, ohne auch nur einen Vogel zu Gesicht zu bekommen. Sicher sind auch in dem trockenen Jahre dieselben großen Strandvogelscharen über die Nehrung hinweggewandert, aber sie haben das Einfallen unterlassen.

Hier muß ich noch einen Vogel erwähnen, der auch schon Ende Juni oder Anfang Juli auf der Vogelwiese eintrifft und diesem Sommerzuge ein ganz besonderes Gepräge gibt: den großen Brachvogel, auch Kronschnepfe genannt, jenen hochbeinigen Vogel mit dem ungewöhnlich langen, gebogenen Schnabel. O, was sind die scheuen Brachvögel schwer zu schießen! und es ist geradezu aufregend, wenn es uns gelungen ist, schnell hinter einem kleinen Hügel Deckung zu gewinnen, und es kommt nun eine Schar Brachvögel wie ein Zug ausgeschwärmter Soldaten auf uns losmarschiert, oder wenn man platt auf der Erde liegt, und ein Treiber, der am liebsten beritten sein soll, versucht einem die vorsichtigen Vögel zuzudrücken. Beim Drüberhinstreichen heißt es dann schnell aufspringen, um einen Schuß anzubringen. Auch dadurch, daß man den schönen melodischen Kronschnepfenpfiff mit dem Munde nachahmt, gelingt es zuweilen, die Vögel heranzulocken.

Es war mir zunächst immer rätselhaft, was die Brachvögel auf dem öden Sandboden, wo sie sich oft aufhalten, an Nahrung finden, und mir fiel es auf, daß sie immer ganz vorsichtig und langsam vorwärts pürschten, um dann plötzlich mit dem langen Schnabel auf die Erde herunterzufahren. Wenn man aber hinkam, fand man nichts liegen. So suchte ich selbst Brachvogel zu spielen und pürschte ganz vorsichtig, die Augen auf den Boden gerichtet, durch das fragliche Gelände. Da bewegte sich plötzlich die Spitze eines winzig kleinen ausgeworfenen Sandhügels vor mir. Der kleine Hügel wird vorsichtig mit der Hand beiseite geschoben; ein rundes Loch befindet sich darunter; einen Grashalm vorsichtig eingeführt und nachgegraben: da sitzt unten im Kessel mit dem Kopf nach innen ein Riesenohrwurm (Labidura riparia). Nicht weit davon ein zweiter, ein dritter, und so grabe ich in kurzer Zeit sechzehn Stück dieser anderwärts seltenen Tiere aus. Die Gänge verliefen nie senkrecht in den Sand hinein, sondern mehr wage=

recht. Ich habe solche von 31 Zentimeter Länge gefunden und die End=
kessel bis zu 14 Zentimeter tief unter der Sandoberfläche. In solchen aus=
gedehnten Gängen saßen immer die größten Exemplare. So werden
also die Brachvögel vorsichtig an diese kleinen Hügel heranschleichen
und die zunächst flach sitzenden Ohrwürmer schnell ergreifen. Die
geschossenen Kronschnepfen bestätigten dann meine Vermutungen,
denn die Magen waren immer von Riesenohrwürmern förmlich voll=

Die Vogelwiese.

gestopft. Ich habe übrigens diese interessanten Kerbtiere auch in Ge=
fangenschaft gehalten und beobachtet, daß sie gereichte Fliegen mit
den gewaltigen am Hinterleibe sitzenden Zangen ergriffen, dann wie
ein Schlangenmensch den Leib nach vorn bogen, die Fliege vor die
Mundwerkzeuge hielten und auffraßen.

Da wir einmal bei den Insekten sind, so wollen wir noch ein
Weilchen bei ihnen verweilen, denn gerade Insekten sind es, die uns
jetzt im Juli großartige Naturschauspiele vor Augen führen: Ich
meine das Schwärmen der Haffmücken (Chironomiden). Dem

Haff entsteigen diese Mücken, sitzen am Tage unter den Blättern der Büsche oder sogar an Hauswänden und schwärmen dann an lauen Sommerabenden wolkenartig und die Luft mit einem einzigen lang gezogenen summenden Tone erfüllend über den Wipfeln der Sträucher und Bäume, einen förmlichen Waldbrand vortäuschend. Wer das noch nicht gesehen hat, kann sich von diesem Schauspiel kaum einen Begriff machen. Es fällt zuweilen schwer, beim Reiten oder Fahren die Pferde durch diese lebenden Wolken hindurchzutreiben.

In Rossitten steht dann alles vollständig im Zeichen der Haffmücken. Die Sommergäste halten sich grollend Nase, Mund und Ohren zu, aber ich freue mich jedesmal, denn erstens stechen diese Mücken nicht, und wenn man mal eine in den Mund bekommt, so schmeckt sie wirklich nicht allzu schlecht, und dann führen vor allem meine Vögel in diesen Zeiten ein herrliches Leben. Wir brauchen unsere Hühner und Enten nicht zu füttern, denn alles frißt Haffmücken, und als Begleiterscheinung treten nun stets Riesenschwärme von Staren auf, die von weiter nichts leben als von Haffmücken. Das sind nicht unsere auf der Nehrung erbrüteten Stare, sondern nordische Wanderer aus Livland, Kurland, also wieder ein Beispiel dafür, wie die Nahrungsquellen die Vögel bei ihren Zügen leiten.

Die Größe der eintreffenden Starschwärme spottet jeder Beschreibung. Ich habe einmal von meinem Fenster aus die gegen Abend ins Haffrohr einfallenden Vögel zu schätzen versucht und kam in kurzer Zeit auf eine Million. Haffmücken und Stare, beides gehört eng zusammen. Lassen die Mücken nach, dann verschwinden auch die Stare, ihre Reise weiter fortsetzend. Es ist übrigens dem Filmoperateur gelungen, diese wunderbaren Star- und Haffmückenschwärme in den schon erwähnten Nehrungs- und Vogelwartenfilm hineinzubringen.

Noch einige für den Julizug charakteristische Vogelarten muß ich nennen: das sind Buchfinken und Laubsänger, die plötzlich Büsche und Bäume beleben, und ferner die merkwürdigen Turmschwalben oder Mauersegler, die bei uns nur eine kurze Gastrolle zum Brüten geben, um dann gleich wieder dem Süden zuzueilen. Ich habe in manchen Jahren erst am 17. oder 18. Mai die ersten ein=

getroffenen Mauersegler in Rossitten gesehen und konnte im Jahre 1924 bereits am 3. Juli wieder regelrechten Mauerseglerzug nach Süden feststellen, sonst noch am 16. und 17. Juli 1916, am 18. Juli 1915 und am 25. Juli 1914 und 1925. Das sind sicher nordische Vögel. Der Hauptabzug der ostpreußischen Turmschwalbe erfolgt erst später.

Die Mauerseglerzüge spielen sich hier auf der Nehrung in eigenartiger Weise ab. Man könnte denken, daß dieser unser schnellster Flieger in rasender Eile vorwärts streben würde — aber nein: Die ganze Luft ist an solchen Tagen voll von Mauerseglern. Sowohl in Schußhöhe fliegen sie über den Beobachter hinweg, als auch ganz hoch oben, wo sie als kleine Pünktchen erscheinen, und alles bewegt sich umherschwärmend und Insekten fangend gemächlich nach Süden zu vorwärts, so daß einem die Vögel, die man fest ins Auge gefaßt hat, nach und nach aus dem Gesichtskreise entschwinden. Das mag seinen Grund darin haben, daß die Mauersegler als reine Luftvögel nie auf die Erde herunterkommen können, um beim Rasten Nahrung zu sich zu nehmen, wie es andere Vögel tun. Sie müssen während des Zuges in der Luft ihren Hunger stillen.

Aber es gibt noch eine andere Art von Mauerseglerzug, und den lernte ich am 15. Mai 1926 kennen. Da sind vormittags gegen 11 Uhr Unmassen von Turmschwalben auf den Bruchbergen ganz niedrig dicht über die Kiefernkusseln dem herrschenden Nordostwind entgegen gezogen. Immer Trupp auf Trupp. An dem Tage herrschte allerdings kaltes, regnerisches Wetter, wodurch das Herumschwärmen von Insekten behindert wurde. Ebenso wurden am 25. Juli 1927 große Flüge von Mauerseglern dicht über den Wellen des Kurischen Haffes ziehend beobachtet.

Der August rückt heran und bringt nun wieder die Kleinvogelzüge, wie sie schon im Frühjahr geschildert worden sind. Diese Züge finden auch noch im September ihre Fortsetzung. Auch die interessanten Raubvögelzüge nehmen nun wieder ihren Anfang. Imponierend sind oft die Riesenansammlungen von Schwalben, und zwar von allen drei Arten: Rauchschwalben, Mehlschwalben und Uferschwalben.

Nunmehr tritt in der zweiten Hälfte des September eine scharf ausgeprägte Wandlung im Herbstvogelzuge ein, und zwar mit großer Regelmäßigkeit stets um den 24. und 26. dieses Monats. Bisher hatten wir wohl Gelegenheit, zuweilen recht viel Vögel zu sehen, aber doch mehr als Ansammlungen, oder von Busch zu Busch ziehend, oder umherstreichend, so daß dem Beobachter, der auf diese Dinge nicht besonders

Vogelzugkette über dem Kupstengebiet.

eingestellt ist, manches entgehen konnte, aber nun setzen die oft genannten Nehrungs=Vogelzugketten in der Luft ein, und den Reigen eröffnen damit um den 24. September die Wildtauben. O, wie schön sieht es aus, wenn diese Vögel am wolkenlosen Himmel silberglänzend zu Hunderten und Tausenden die Nehrung entlang nach Süden wandern, und zwar in ziemlicher Höhe, so daß für den Jäger noch wenig Beute abfällt. Die kommt erst später. Jetzt stehen wir nach meinem Geschmack in der schönsten Zeit des Jahres. So wenig angenehm der Frühling hier in Ostpreußen sich oft anläßt, so köstlich ist der Herbst. Vogelzug oben am Himmel, Herbststimmung über Dünen und Palwen, Flimmern über Haff und See — das ist meine herrliche Nehrung.

Nun setzen auch die gewaltigen Krähenzüge ein, und mit Anfang Oktober ist dann der aus allen möglichen Vogelarten zusammengesetzte charakteristische Kettenzug, auf den wir noch zu sprechen kommen, in vollem Gange. Diese Züge dauern bis in die ersten Tage des November hinein und verlaufen sich dann nach und nach im Sande, bis gegen Weihnachten abermals Krähenzüge in die Erscheinung treten. Damit sind wir an dem Ausgangspunkte unserer Schilderung angelangt: das Vogeljahr ist zu Ende.

Zu erwähnen bleibt noch, daß in manchen Jahren zu den üblichen Vogelzugserscheinungen etwas ganz Besonderes hinzutritt, gleichsam als Würze, die den Nehrungsornithologen manchmal recht anregen kann. Ich nenne die im August in großer Zahl auftretenden Rotfuß=falken und Steppenweihen, Häufung von ziehenden Seeadlern und Merlinfalken, wochenlangen Durchzug von großen Bunt=spechten, Massendurchzüge von Tannenhähern und Ähnliches. Ferner das Erscheinen der Wintergäste, unter denen sich zuweilen seltene nordische Sachen befinden: Seidenschwänze, Schnee=ammern, Alpenlerchen, große Gimpel oder Dompfaffen, und dann die Krone der uns im Winter besuchenden Vögel: die Haken=gimpel (Pinicola enucleator), die aber nur selten aus ihrer nordischen Heimat in unsere Breiten kommen. Es ist interessant zu beobachten, wie vertraut zuweilen die Wintergäste sind, da sie aus unbewohnten Gegenden kommen, wo ihnen nicht nachgestellt wird. Ich habe zum Beispiel im November 1913 eben angekommene Haken=gimpel auf dem Zurichtetische unter unserm Hausvorbau zu Beob=achtungszwecken gefangen. Die Vögel saßen auf dem Tische, während ich in ein halb Meter Entfernung die Falle zurechtmachte. Sie wußten augenscheinlich gar nicht, was ein Mensch ist. Den eigenartigen Pfiffen der gefangen gehaltenen Hakengimpel habe ich immer gern gelauscht, daran denkend, daß diese Laute gewiß so recht in eine nordische Land=schaft hineinpassen.

Ulmenhorst.

Es würde nicht leicht sein, das im vorigen Abschnitt geschilderte Vogelgetriebe ausschließlich vom Dorfe Rossitten aus eingehend zu beobachten und zu studieren. Die Nehrung ist an der Stelle breit und unübersichtlich, Häuser und Bäume versperren mehr oder weniger die Aussicht, und so mußte ich in früheren Jahren immer erst eine weite Strecke nach Süden zu wandern, um schmales, übersichtliches, unbewaldetes Gelände zu erreichen. Das gab mancherlei Schwierigkeiten. Bei guter Witterung zog man früh los, und wenn man am Ziele war, da schlug das Wetter um, der Vogelzug hörte auf, und der Weg war vergeblich gewesen. Und jeden Tag konnte man unmöglich den weiten Weg zurücklegen, dazu fehlte die Zeit. So war ich denn auch einst im Frühjahr 1908 nach meiner Beobachtungsstelle gewandert und lag nun in Gesellschaft eines Krähenfängers am Rande eines Dünenwäldchens unter einer schief gewachsenen Birke. Ein großartiger Vogelzug war im Gange; Schwarm auf Schwarm strich über mich hinweg, man konnte so recht nach Herzenslust seine Studien treiben, und manches seltene Beutestück lag neben mir im Grase. Der Nachmittag kam heran, der Zug war noch stärker geworden, aber der weite Heimweg stand wie ein Schreckgespenst vor uns. Wir mußten trotz des guten Zuges an die Rückkehr denken.

Wenn ich doch die Nacht hier an dieser Stelle bleiben, wenn ich doch hier in einem Häuschen dauernd wohnen könnte! so ging es mir damals durch den Sinn, und so hatte ich schon öfter gedacht. Bald darauf fand sich Gelegenheit, dem langjährigen begeisterten Nehrungs- und Vogelwartenfreunde Rittergutsbesitzer E. Ulmer aus Quanditten diese Schwierigkeiten, die er übrigens bei seinen Besuchen in Rossitten bereits aus eigener Erfahrung kennengelernt hatte, vorzutragen, und siehe da, nicht lange danach traf eine Depesche aus Quanditten ein etwa folgenden Inhalts: „Mit dem Bau einer Beobachtungshütte beginnen; ich stifte sie. Ulmer." Man darf wohl sagen, daß dieses kurze Telegramm einen Wendepunkt in der Vogelzugsforschung auf der Vogelwarte Rossitten bedeutete. Schnell ging's ans Werk nachdem die Forstverwaltung in dankenswerter Weise das Gelände für den Bau zur Verfügung gestellt hatte, und bald stand an der fraglichen Stelle, in ein Dünenwäldchen eingebettet, ein Holzhäuschen fix und fertig da, das gelegentlich der Jahresversammlung der Deutschen Ornithologischen Gesellschaft im Oktober 1908 eingeweiht wurde und den Namen Ulmenhorst erhielt. Hier habe ich dann in den fol=

Ulmenhorst.

genden Jahren während der Vogelzugszeiten wochen= und monate= lang ganz weltabgeschieden, oft nur in Gesellschaft von meinen Hunden und Falken, mitten in der Vogelzugstraße gelebt, und die Bedeutung dieses schlichten Häuschens besteht darin, daß der Beobachter dauernd zur Stelle sein kann. Steht man auf der dicht hinter der Hütte aufsteigenden Düne, dann überschaut man die ganze Breite der Nehrung vom Haff bis zur See, und keine Zugerscheinung kann unbemerkt vorübergehen. Ich möchte behaupten, daß es wohl kaum eine zweite Stelle in Deutschland gibt, wo man den in der

Luft sich abspielenden Vogelzug so bequem und eingehend beobachten kann.

Es folgten nun für die Vogelzugsforschung fruchtbare Jahre. Dann Revolution und Nachkriegszeit. Aufgeregte Menschen und unsauberes Militär fanden sich auch auf der Kurischen Nehrung ein — kurz, man kam und schlug mir mein Ulmenhorst aus reiner Zerstörungswut entzwei. Das war die Zeit, wo in fast jeder Nummer der Jägerzeitungen Berichte über Zerstörungen von einsam gelegenen Wald- und Jagdhütten standen. Ich erhielt die Meldung über diese Schandtat nach Königsberg geschickt und fuhr sofort — es war am 3. Februar 1919 — über das Eis des Kurischen Haffs nach Rossitten. Auf der Höhe von Ulmenhorst ließ ich den Schlitten am Strande halten, ging quer über die Nehrung hinweg nach der Hütte und stand nun ganz mutterseelenallein in dieser gewaltigen winterlichen Natur auf einer Stätte der Verwüstung. Das war wohl einer der schwersten Tage meines Lebens. Die Hauptwirkungsstätte der Vogelwarte lahmgelegt — ein harter Schlag für die Anstalt. In der Folgezeit mußte ich das Häuschen ganz abbrechen, um das Material nach Rossitten zu bergen. Man stand vor einem Nichts. Wer baut mir mein Ulmenhorst in diesen schweren Zeiten wieder auf? Das war die bange Frage.

Aber ich ließ den Gedanken, an jener klassischen Stelle zur Beobachtung des Vogelzuges eine neue Unterkunftshütte entstehen zu lassen, nie ganz fallen, und siehe da, die Vogelwarte fand so viel freundliche Unterstützung nicht nur bei der Bevölkerung in Ostpreußen, sondern auch im Reich und im Auslande, daß man ernstlich an einen Neubau denken durfte. Aber trotz der reichen Spenden, die im 22. Jahresberichte der Vogelwarte Rossitten eingehend behandelt sind, wäre der Bau bei der Entwertung des deutschen Geldes wohl kaum sobald zustande gekommen, wenn nicht Holland mit seinen Gulden freundlichst eingesprungen wäre. Ich entsinne mich noch, daß einmal gleich hundert Gulden von einem holländischen Jäger, der ungenannt sein wollte, auf der Vogelwarte eintrafen. Was war das damals für eine Riesensumme nach deutschem Gelde, mit der man manche Rechnung bezahlen

konnte! Der Neubau begann, und am 21. August 1922 fand das Richt=
fest statt. Wohl selten mag ein solches Fest mit so wenig Mitteln,
aber mit so viel Poesie gefeiert worden sein. Ich stellte mit zwei natur=
begeisterten Herren, die gerade in Rossitten anwesend waren, die Bau=
herrnpartei dar, und drei oder vier Handwerker bildeten die andere
Partei. Der Zimmermann sagte vom Giebel herunter sein Sprüchlein

„Die Übersiedelung von Rossitten nach Ulmenhorst gestaltet sich zuweilen
recht wildromantisch..."

auf, Gegenrede folgte, ein Salutschuß wurde abgegeben, und dann
versammelte sich alles zu allgemeiner Verbrüderung bei Schnaps und
Zigarren um einen Holzklotz herum. Oben aber zogen die Zugvögel
drüber hin und konnten im Süden verkünden, daß bei Rossitten jetzt
wieder die Stelle aufgebaut wird, von der so mancher Vogel seinen
Fußring zum Vorteil für die Wissenschaft in weite Fernen getragen
hatte. Am 29. Oktober war Schlüsselübergabe, und am 21. Juli 1923
wurde das neue Ulmenhorst im Beisein des Herrn Ministers für Wissen=
schaft, Kunst und Volksbildung und unter Anteilnahme der Spitzen

der Behörden von Königsberg und der Provinz Ostpreußen sowie einer großen illustren Gesellschaft feierlichst eingeweiht.

Die neue Hütte ist massiv gebaut. An dem einen Giebel ein verandenartiger Vorbau, am anderen Giebel ein Stall, der auch den Brunnen enthält. Im Erdgeschoß drei Zimmer, oder sagen wir lieber Zimmerchen, und eine kleine niedliche Küche, die Freude der Damen, die Ulmenhorst besuchen; oben auf dem Boden noch zwei kleine Giebelstuben; alles heizbar. Das Dach von Haffrohr gefertigt, und daran angebracht die hier üblichen geschnitzten Pferdeköpfe. Die äußeren Farben in hellgrau, grün und braun gehalten. Auf dem breiten Querbalken über dem Vorbau die Inschrift: „Zur Ehre Gottes und seiner Natur." Alles schlicht und einfach, wie es sich für eine Waldhütte geziemt. Ich denke, die Abbildung zeigt das Weitere.

Hier wohne ich nun wieder während der Vogelzugzeiten mitten in der Zugstraße und möchte meine verehrten Leser bitten, mit mir zusammen einen Tag in Ulmenhorst zu verleben.

Die Übersiedelung von Rossitten nach der Beobachtungshütte gestaltet sich zuweilen recht wildromantisch, wenigstens mag der hochbepackte Arbeitswagen, auf dem Lebensmittel und Uhu und Betten und Jagdzeug und Hund und Apparate und neuerdings auch Beizvögel in buntem Gemisch friedlich nebeneinander liegen oder sitzen, keinen alltäglichen Anblick gewähren. Nach der Ankunft wird zunächst die Hütte wohnlich eingerichtet, dann fährt der Wagen zurück, und ich bin mit meinem Hunde und meinem Uhu allein. So war's wenigstens früher. Jetzt ist zu Studienzwecken sehr oft Besuch hier. Das erste, was ich dann jedesmal zu tun pflege, ist, daß ich Geldbörse und Schlüsselbund in den Tischkasten lege. Was soll ich hier draußen in der reinen, unverfälschten Natur mit dem Gelde?! und zu schließen gibt es auch nichts. Du glaubst nicht, verehrter Leser, welches befreiende Gefühl über einen Menschen kommt, wenn er die Wahrzeichen der Kultur einmal von sich abstreifen kann, um ganz der Natur zu leben.

Die erste Nacht ist gewöhnlich nicht sehr angenehm, besonders im Frühjahr nicht, wenn die Hütte so lange unbewohnt gestanden hat. Alles faßt sich da so feuchtkalt an. In der Nacht bin ich gewöhnlich schon einmal draußen auf der Düne, um nach dem Wetter zu sehen.

O, es ist etwas Eigenartiges, bei Nacht so ganz allein in dieser urwüchsigen, erhabenen Natur zu stehen, fern von allem menschlichen Getriebe. Nach Norden zu sind's sieben Kilometer bis Rossitten, und nach Süden zu gar sechzehn bis Sarkau. Man ist nur auf sich selbst angewiesen, und das bringt ein prickelndes Gefühl hervor.

Die Hanne (freundlich).

Schwacher Mondschein. Dort blitzt die See auf, hier schimmert der ruhige Spiegel des Kurischen Haffs. Die Wanderdünen wie große unbestimmte Schatten, so daß man nicht recht weiß, was Wolke und was Düne ist, und dort der dunkle Wald wie eine schwarze Mauer.

Es weht ein mäßiger Ostwind, Windstärke 4, klarer Himmel, und vor allem ist nichts von Feuchtigkeit und Dunst in der Luft — alles günstige Vorzeichen für einen guten Vogelzug morgen. Da tönen plötzlich ein paar kurze zirpende Laute vom Nachthimmel herunter: ziehende Drosseln! O, nun hat's keine Not, morgen wird Vogelzug sein, und der Ostwind wird auch Schnepfen bringen! Da schlägt das Jägerherz höher. Schnell zurück nach der Hütte, wo der kleine, kluge Jagdwachtel in dem schwach erleuchteten Rahmen der geöffneten Haustür unterdessen Wache gehalten hat.

Mein Wecker ist der kleine herzförmige Ausschnitt im Fensterladen. Wenn es da grau durchschimmert, dann ist's Zeit aufzustehen. Kaffee wird nur so nebenher getrunken, denn dazu ist nicht viel Zeit, da die ersten Morgenstunden gewöhnlich den besten Zug bringen.

Zunächst muß die gute „Hanne" herausgesetzt werden, das ist der Stationsuhu, der mir schon jahrelang als Hüttenvogel treu gedient und durch seine drolligen Grimassen manchen seltenen Vogel heran-

Die Hanne in Abwehrstellung.

gelockt hat. Er ist bei uns schon fast zum Familienmitglied geworden und zeigt sich mit seinem Dienste bereits so vertraut, daß ich ihn auf seiner Krücke kaum anzufesseln brauche. Er sitzt meist frei mitten in der Zugstraße. Seine Wohnung hat er im Stallraum neben mir Wand an Wand, so daß ich seinen nächtlichen Minnegesang recht bequem hören kann.

Nun geht's zum Zwecke der Beobachtung und zur Ablesung der meteorologischen Instrumente zunächst hinauf auf die Düne. Ein herrlicher Oktobermorgen ist angebrochen, und da kommen auch schon die erften Vögel angezogen: ein paar Kleinvögel und Sperber eröffnen den Reigen. Jetzt steigt die rote Sonnenscheibe über der Wanderdüne empor, und da setzt ein gewaltiger Vogelzug ein. So weit das Auge reicht, eine ununterbrochene Krähenkette von Norden nach Süden die Nehrung entlang wandernd, meift Nebelkrähen, untermifcht mit Saatkrähen und Dohlen; jetzt ein Flug Drofseln,

Die Hanne (neugierig).

meist Singdrofseln, aber auch Weindrofseln und Mifteldrofseln sind darunter. Die Wacholderdrofseln kommen gern für sich allein in geschlossenen Zügen. Eben saust mit klirrendem Geräusch ein großer Schwarm Stare vorüber. Kaum sind sie von unseren Augen erfaßt worden, da entschwinden sie schon wieder hinter den Sandhügeln des Kupftengebietes. Sie fliegen von allen hier beobachteten Vogelarten am schnellsten.

Dort Kleinvögel in wippendem Fluge vorwärtsstrebend: Buch= und Bergfinken, Pieper, Hänflinge und (sollte man's glauben?)

auch einige Sperlinge sind darunter. Also auch sie, die man für so
seßhafte Standvögel zu halten gewohnt ist, kleben nicht an der Scholle.
Viele verlassen im Herbste, wenn die Nahrung knapp wird, die Rossittener
Oase, um im Frühjahr dahin zurückzukehren, denn in jeder Zugperiode,
auch im Frühjahr, werden ziehende Sperlinge bei Ulmenhorst beobachtet.

Dort, das sind Wildtauben. Wir müssen genau hinsehen, denn
ihr Flugbild ist dem der Dohlen sehr ähnlich. — Wie das lustige Volk
der Meisen zierlich durch die Luft tänzelt, aber wir schütteln bei den
Mengen, die vorüberziehen, nachdenklich den Kopf, denn da weist
der Beringungsversuch immer wieder mit unumstößlicher Sicherheit
nach, daß die Meisen seßhaft sind, und hier sehen wir sie so massenhaft
auf der Wanderschaft. In dem verschiedenen Verhalten der einzelnen
Altersstufen wird des Rätsels Schlüssel liegen. „Dideli, dideli" klingt
es aus der Luft herunter. Die machen es uns leicht, sie melden sich
vorschriftsmäßig an: Lerchen sind es; Feldlerchen und Heide=
lerchen. Da kommt wieder eine Anmeldung. Die kennt jedes Kind:
Gänsegeschrei. Aber die herrlichen, gleichmäßigen Winkelformen
der ziehenden Wildgänse sieht man immer wieder gern. Und was
für Riesenwinkel beobachtet man hier zuweilen! — Aber die Vögel
in jener Winkelform dort sehen ganz anders aus. Vorn die langen,
in eine scharfe Spitze auslaufenden Hälse und hinten die weit über=
ragenden dünnen Ständer. Da kommt auch schon die Anmeldung:
Krü, krü! Kraniche! O, ihr werdet immer seltener, ihr stolzen Vögel!
Die unerbittlich vorwärts dringende Kultur schränkt eure Brutgebiete
immer mehr ein, und wenn unser armes darbendes Deutschland jetzt
daran gehen muß, jedes Fleckchen unkultiviertes Land urbar zu machen,
um das tägliche Brot zu haben, wenn vor allem die Moore mehr und
mehr schwinden, dann wird's euch schlecht gehen, ihr armen Kraniche.
Aber ihr wißt ja nichts von solchen Sorgen. Ihr denkt nur an das
Heute — und tanzt. Machen wir Menschen es jetzt nicht auch so?

Aber die Perlen unserer Vogelwelt, die schon mehrfach an uns
vorübergestrichen sind, haben wir noch gar nicht erwähnt: die Raub=
vögel. Die Sperber stellen die Hauptmassen. In manchen Jahren
ziehen wochenlang lose Sperberketten die Nehrung entlang, und man

könnte geneigt sein, daraus zu schließen, daß es in dem zur Kurischen Nehrung gehörigen Hinterlande geradezu von Sperbern „wimmelt". Nein! Man darf sich durch solche Massenbeobachtungen auf dem Zuge nicht irreführen lassen. Man bedenke, über welche Riesengebiete sich die Zugsperber, die hier auf der Nehrung zusammengedrängt sind, später im Frühjahr als Brutsperber paarweise verteilen müssen. Da ist die Sperberbevölkerung dann auch sehr dünn gesät, und was vom Sperber gesagt ist, gilt auch für andere Zugvögel, aber ich gebe ohne weiteres zu, daß man hier auf der vogelreichen Nehrung bei Beurteilung unseres Vogelbestandes leicht zum Optimisten wird. Man freut sich an dem, was man hat, und jammert nicht immer über das, was man nicht hat oder was einem genommen werden könnte.

Zugsperber schießen ist eine eigene Sache, auf die man eingeübt sein muß. Obgleich die Vögel oft in bester Schußhöhe ziehen, sind sie doch nicht mit jedem Schuß zu fassen. Man kommt ganz genau ab, und beim Abdrücken macht der Vogel eine weite Schwenkung nach unten, daß man denkt, er fällt, aber nein, er steigt wieder empor, um vergnügt abzustreichen. Ganz rätselhaft scheint einem oft der Vorgang, aber des Rätsels Lösung liegt in der unregelmäßigen Flugart der ziehenden Sperber: jetzt einige schnelle Flügelschläge, dann in der Luft schwimmend, fast stillstehend, und plötzlich ohne Flügelschlag ein Stück vorwärts schießend, und das alles nicht in einer Ebene sich abspielend, sondern in Wellenlinien. Ich habe diese Verhältnisse erst näher kennengelernt, seitdem ich ziehende Sperber bei Ulmenhorst filmen ließ. Dabei streichen Sperber auf dem Zuge gar nicht schnell: 11,5 Meter pro Sekunde.

Dort schau die Bussarde, die gerade vorüberziehen. Wie oft hört man sagen, daß es fast gar keine Bussarde mehr gebe, und hier ziehen auf einmal gleich zwölf Stück vorüber, und zwar sowohl der nordische Rauhfußbussard als auch der gewöhnliche Mäusebussard. Dort fliegen ein paar Weihen schwankenden Fluges über die Kupstenhügel hinweg, die langen Flügel aus der Körperebene herausgehoben, das untrügliche Zeichen zum Bestimmen der Weihen auf weite Entfernungen. Aber jetzt schauen wir nach unserem Lieblinge in der Raubvogelwelt empor, zum ritterlichen Wanderfalken, der zwar immer einzeln, aber an manchen guten Tagen doch zu mehreren Dutzend bei Ulmenhorst vorüberstreicht. Man kann ihn fast als ein Wahrzeichen der Kurischen Nehrung betrachten, denn Wanderfalken von hier waren zur Ritterzeit als Beizvögel ganz besonders beliebt und wurden fremden Höfen gern zum Geschenk gemacht. Man sieht, daß die Ausnutzung des Vogelzuges auf der Kurischen Nehrung schon Jahrhunderte weit zurückgeht. Damals fing ein besonders angestelltes Personal diese seltenen Jagdvögel, und heute gelangen Wanderfalken ab und zu in die Netze der Krähenfänger und werden dann der Vogelwarte gebracht, um mit Ring versehen wieder aufzusteigen oder zuweilen als Beizvögel hier Verwendung zu finden. Auch noch Vertreter anderer Falkenarten: Turmfalken, Merlinfalken und Baumfalken sehen wir vorübereilen.

Aber das schönste Bild bleibt uns doch noch vorbehalten. Schon längst haben wir nach ihm ausgeschaut, und jetzt soll unsere Hoffnung erfüllt werden. Da erscheint plötzlich mitten unter den Krähen ein großer, dunkler Punkt, der schnell näher kommt. Die Flüge drachenartig ausgebreitet, die ersten Schwungfedern weit gespreizt: ein Adler, ein stolzer Seeadler. Jetzt äugt er unseren Uhu und stürzt pfeilschnell herunter. Auch der Uhu ist im Nu von seiner Krücke heruntergesprungen, und nun sitzen sich diese beiden gewaltigsten Recken der deutschen Wälder mit vorgestreckten Fängen, auf die Stoßfedern gestützt, kampfbereit gegenüber. Wenige Augenblicke genießen wir dieses Kampfbild, dann springe ich besorgt zu und nehme meine „Hanne" unter den Arm, während mich der Adler aus nächster Nähe umkreist. Ja, du liebes Ulmenhorst, was für herrliche Bilder bietest du dem Jäger und Naturfreunde! So geht der Zug ununterbrochen weiter, und der Mensch steht und staunt ob dieses großartigen Naturschauspieles.

Da die Vögel heute recht schön gradlinig und auch nicht hoch fliegen, so bietet sich Gelegenheit, am Vormittage Fluggeschwindigkeitsmessungen vorzunehmen; auch einige Schätzungen über die Anzahl der vorüberstreichenden Vogelscharen kommen zustande, und dann werden über dem Uhu ein paar Serien Krähen geschossen, um immer auf dem laufenden zu bleiben, wie es sich mit dem nach Alter getrennten Zuge verhält.

Unterdessen ist es bald Mittag geworden, und der Magen verlangt sein Recht. Eigentlich sollte es zu Mittag am Spieß geröstete Fische geben, aber wer hat an solchen Tagen Zeit, große Vorbereitungen zu treffen! Da wird's jedesmal Rührei. Die Eier gar nicht viel gequirlt, sondern in heißem Fett oder Speck etwas hin und her gerührt In ein paar Minuten ist die ganze Sache fertig und schmeckt mit einem Stück Brot großartig.

Ach ja, die lieben Wirtschaftssorgen hier draußen, wo man auf sich ganz allein angewiesen ist! Da lernt man Frauenarbeit schätzen! Und was konnte man da zuweilen, wenn lieber Besuch anwesend war, für unbeholfene und unerfahrene Männer kennenlernen: hier in der Wildnis hilflos wie die Kinder!

Ich weiß noch, da stand der eine einst ratlos vor einem Stück rohen Specks, das der Bote versehentlich anstatt geräucherten gebracht hatte. Er wollte es als unverwendbar den Hunden geben und wußte nichts über die Herkunft des schönen Schmalzes, und daß es dann zum Abendbrot Grieben und Pellkartoffeln gibt. Ein anderer wollte dienstbereit Holz hacken und balgte sich schweißtriefend mit einem Holzkloben herum, aber kein Splitterchen flog ab, denn der Mann haute ja mit stocksteifen Armen, ohne die Axt im Handgelenk federn zu lassen. Ein dritter übernahm bereitwilligst die ganze Küchenwirtschaft, aber ich mußte ihn sehr bald wieder seines Amtes entsetzen, denn wenn ich auf dem Herde Töpfe stehen sah und mich auf eine schöne Mahlzeit freute, dann entdeckte ich beim Deckelaufheben stets Wäsche. Der Mann hatte einen ausgesprochenen Trieb für Kochen von Wischtüchern und kochte alle Unsauberkeiten so gründlich in das Gewebe hinein, daß solche Tücher nie wieder weiß zu bekommen waren. Von Wäschebehandlung keine Ahnung! Und erst das Feueranmachen! Das ist ein dunkles Kapitel für sich. Anstatt die Holzsplitter scheiterhaufenartig aufzuschichten, wurden sie fast immer wie ein geschlossenes Bündel Zahnstocher auf den Ofenrost gelegt und vorn Stücke Papier untergeschoben. Das flackert zunächst vielversprechend auf, aber dann wird's immer stiller und dunkler im Ofenloch und immer hoffnungsloser in der Seele des Feuerkünstlers. Schließlich zeigt sich die Besicherung: das Papier ist verbrannt, die Splitter haben nur einen leichten braunen Kopf bekommen, der Feuerwerker einen roten, und da liegt nun das Häufchen Unglück im Ofen! Man könnte ja versuchen, die braunen Köpfe zu heben und neues Papier unterzustopfen, aber das bringt die ganze künstlerische Anlage noch mehr in Unordnung. Also alles ausräumen! Diese Umstände! Diese schwarzen Finger! Es ist zum Verzweifeln.

Aber auch Kochkünstler habe ich hier draußen gehabt, die für ihren Leib ordentlich zu sorgen wußten, sogar einen, der zu allem Muskatnuß gebrauchte. Als ich da gerade mit den Lebensmitteln in Schwierigkeiten geriet und nur noch kalte gekochte Kartoffeln und schwarzen Kaffee besaß, da verließ er fluchtartig die Hütte.

Und schließlich das Stubenreinemachen! Dabei habe ich oft Gelegenheit gehabt, psychologische Studien anzustellen. Da öffnete der eine die Zimmertür und die Haustür, fing in der hintersten Zimmerecke an und versuchte nun den Sand mit energischem Besenschwunge ins Freie hinauszubefördern. Das sind die Hitzköpfe. Ein anderer drückte beim Fegen so kräftig auf, daß sich „Fusseln" und Staub zusammenrollten und auf der andern Seite des Besens wieder zum Vorschein kamen wie die verwehten Nehrungsdörfer hinter den großen Wanderdünen. Das sind die Gründlichen. Ein dritter fegte hier ein bißchen, da ein bißchen, brachte große Verwirrung unter dem Kehricht hervor, der nicht wußte, wohin. Der Besenkünstler wußte es auch nicht, bis eine große gütige Staubwolke das Feld der Tat mitleidig verhüllte. Das sind die Unsteten, Nervösen. Und schließlich läßt ein vierter mit langen leisen Strichen den Kehricht vorwärts marschieren, die Flügel etwas vorgeschoben, wie bei einer ausgeschwärmten Kette Soldaten, Ecken ordentlich mitgenommen, Decken aufgenommen und ausgeschüttelt, Treffpunkt vorn an der Stubentür, wo das Drama auf der Kehrichtschaufel endigt. Das sind die Kenner. Ich glaube wirklich, daß man den Charakter eines Menschen daran erkennen kann, wie er eine Stube ausfegt. Du aber, verehrte Leserin, die Du vielleicht einen nörgelnden Gatten Dein eigen nennst, schick' ihn mir heraus nach Ulmenhorst, da will ich ihm das Aufwaschen übertragen, meines Erachtens die furchtbarste aller Hausarbeiten. Warum? Ich glaube, weil man sie immer mit vollem Magen verrichten muß. Vor jedem weiblichen Wesen, das jahraus, jahrein aufwaschen muß und das ohne Verdruß und mit Sorgfalt und Liebe tut, habe ich von vornherein einen Heidenrespekt.

Nach Tisch müssen wir uns nun aber in den Büschen näher umsehen. Im Laufe des Vormittags habe ich schon öfter Zaun=

„Astur" vor erlegter Waldschnepfe.

könige herumhuschen sehen, auch Drosseln und Rotkehlchen be= völkern das Buschwerk, und außerdem herrscht Ostwind — alles Zeichen dafür, daß in der vorigen Nacht Waldschnepfen angekommen sind, und es liegt mir daran, zwecks Zugstudien die guten Schnepfen= zugtage abzufangen, was hier mitten in der Zugstraße verhältnis= mäßig leicht ist. Ich lasse mir dann mit freundlicher Unterstützung der Regierungen die Berichte von den auswärtigen Staatsrevieren schicken, Privatreviere schließen sich an, und so bekommt man dann ein möglichst getreues Bild von dem Verlaufe des Schnepfenzuges in der

betreffenden Nacht. Auf die Weise ist die beigegebene Schnepfenzug=
karte entstanden.

Die Suche beginnt. Es dauert auch gar nicht lange, da steht der
kleine Wachtelhund vor: eine Schnepfe steht auf. Wie man von dem
eigenartigen Flügelklatschen förmlich elektrisiert wird! Und jetzt steht
wieder eine auf, und im nächsten Gebüsch stehen gleich zwei und ein=
mal sogar fast gleichzeitig fünf Stück auf, ein untrügliches Zeichen
dafür, daß die Waldschnepfe auch in Gesellschaften zieht. Im Verlauf
von mehreren Stunden bekomme ich gegen 50 Stück dieser begehrten
Vögel zu Gesicht, und über mir wandern die Vogelscharen in un=
unterbrochener Kette dem Süden zu. O, das ist Nehrungszauber!
Die Schnepfenjagd ist und bleibt ja doch die poesiereichste Jagd!

Unterdessen ist der Abend herangekommen, und ich kehre nach der
Hütte zurück. Der Zug hat aufgehört. Ein paar Krähenfänger, an
manchen Tagen die einzigen menschlichen Wesen, die ich hier draußen
zu Gesicht bekomme, gehen vorüber und deuten schmunzelnd auf das
dicke Bündel gefangener Krähen hin, das sie über die Schulter gehängt
auf dem Rücken tragen. Da werden sich Mutter und Kinder freuen!
Die Nehrung liegt wieder in ihrer majestätischen Ruhe da, und kein
Mensch kann ahnen, was für ein reges Leben kurz zuvor hier herrschte.
Zum Abendbrot gibt es Bratkartoffeln, zubereitet auf dem kleinen
Herde draußen vor der Hütte. O, das sieht malerisch aus, wenn die
unruhigen Herdflammen die Baumkronen beleuchten und die weißen
Birkenstämme aufblitzen lassen. Die „Hanne" wird hereingetragen
und bekommt eine geschossene Krähe, die sie gierig unter das gesträubte
Gefieder zieht. Ein Eimer Wasser ist vom nahen Brunnen noch herein=
zuholen. Das Tagebuch wird beim Schein einer Kerze geschrieben,
und dann geht's schlafen ...

Da plötzlich ein harter Schlag gegen die Hütte, die mit ihrem
Holzgefüge wie ein großer Resonanzboden wirkt. Der Hund schlägt
wütend an. Was ist los? Es ist Kriegszeit. Sind die Russen auf der
durch Drahtverhau und Maschinengewehre im Süden abgesperrten
Nehrung gelandet? Wenn die mich hier als einsamen Posten in den
Dünen finden mit Gewehren, Hund und Ferngläsern — dann schöne

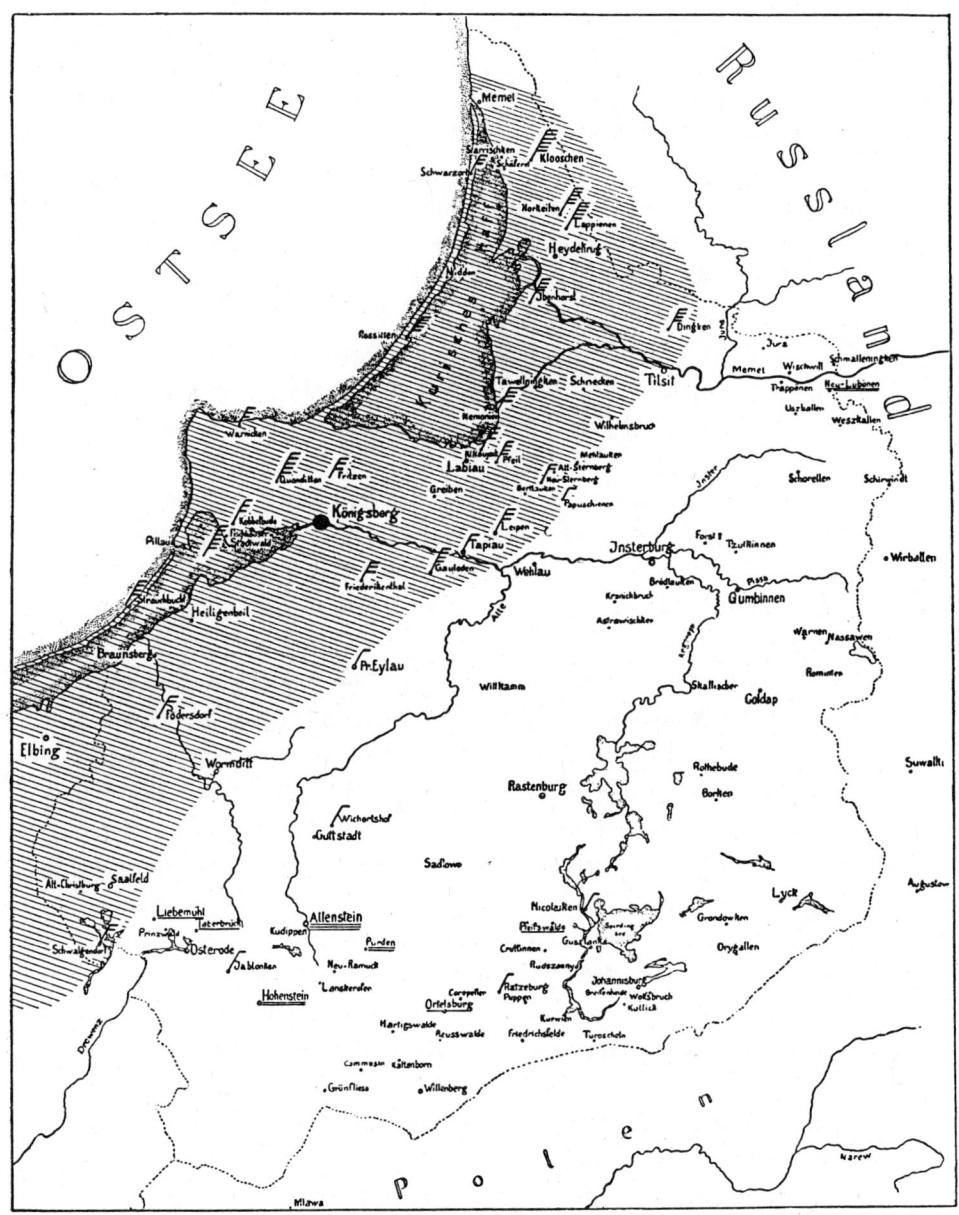

Schnepfenzugkarte über die Zugnacht vom 16. zum 17. Oktober 1908. Der schraffierte stellt das Gebiet dar, wo die Waldschnepfen massenweise eingefallen waren.

╞ = sehr starker Einfall.   ╷ = ganz schwacher Einfall.

Die Karte zeigt, wie in jener Nacht die ganze gewaltige Zugwelle an den Haffen entlang verlaufen ist. In der Oberförsterei Klooschen am Nordzipfel des Kurischen Haffs wurden am 17. Oktober allein 110 Schnepfen geschossen.

Welt, leb' wohl, dann bin ich ein Spion.... Aber wo werden die Russen gerade hier landen, beschwichtigt eine innere Stimme..... Draußen rumort es weiter. Der Hund fährt nach der Tür. Oder Einbrecher? Was sollen die in einer einsamen Waldhütte bei einem Professor für Schätze suchen!? — Ach so, jetzt fällt's mir ein: Die Falle! Da waren mir in den letzten Nächten mehrere geschossene Kleinvögel von einem Balken draußen an der Hütte verschwunden, und um den Täter zu ermitteln, hatte ich eine Falle aufgestellt. Die wird wohl zugeschlagen sein, und es wird etwas in der Falle zappeln. Laterne angezündet, hinaus! Der Hund fährt gleich um die Hausecke herum und verbellt etwas. Was sitzt da? Ein kleines graues Männchen, das mich mit seinen großen schwarzen Augen wütend anfunkelt — ein Waldkauz. Also du bist der Attentäter! Warte, dafür bekommst du eine Nacht Stubenarrest. Aber du hast das nicht übelgenommen, hast sogar auf dem Hausboden, wo für Eulen und Fledermäuse besondere Einfluglöcher eingeschnitten sind, Eier gelegt und Junge ausgebrütet. Nun aber zurück zu Bett! Ob morgen wieder so guter Vogelzug sein wird? —

Es mögen nun einige Ulmenhorsttage fast wörtlich nach meinen Tagebüchern beschrieben werden. Diese Aufzeichnungen, die jedesmal am Abend unter dem Eindruck des eben Erlebten niedergeschrieben worden sind, tragen vielleicht dazu bei, dem Leser ein möglichst getreues Bild von den täglichen Zugerscheinungen zu geben. Im besonderen sollen sie zeigen, welch seltene Vorkommnisse zuweilen hier zu buchen sind, und bis zu welcher Mächtigkeit der Zug anschwellen kann. Es werden dabei auch Schätzungszahlen genannt werden, denen erst einige erläuternde Bemerkungen vorausgeschickt seien.

Wenn man an guten Tagen einen Vogelschwarm nach dem andern an sich vorüberziehen sieht, dann möchte man gern auf bestimmte Zahlen kommen, aber genau zählen lassen sich die Massen natürlich nicht. So habe ich versucht zu schätzen, und zwar in folgender Weise. Ich zählte mir rasch möglichst genau einen Vogelschwarm heraus und suchte dann mit der Uhr in der Hand zu multiplizieren. Auf exakte Genauigkeit können natürlich diese Schätzungs=

zahlen keinen Anspruch erheben, aber man bekommt doch wenigstens Anhaltspunkte. Ich greife einige Tage aus meinen Tagebüchern heraus, die mir besonders geeignet erscheinen.

Zunächst der 14. Oktober 1916.

	7 a*)	2 p*)	7 p
Windrichtung und -stärke ..	NW 5**)	WNW 4	WSW 3
Barometerstand.........	768	768,5	768,5
Temperatur..........	10° C	12,5°	10°
Bewölkung	9^1***)	5° ☉	10^1

Meist bedeckter Himmel, zuweilen Sonnenschein (☉); warm; am Nachmittag mehr bedeckt, Regen droht.

Das war ein Zugtag! Wieder die alte Erfahrung, daß nach einigen ungünstigen, im vorliegenden Falle stürmischen Tagen, an denen kein Vogelzug zu beobachten war, ein günstiger Tag großartigen Zug sehen läßt. Ich sage mit Vorbedacht „sehen läßt" und nicht, daß an dem Tag gerade ausnehmend viel Vögel gezogen sind, denn vielleicht sind an anderen Tagen und Nächten noch viel mehr Vögel gewandert, aber sie traten für den Beobachter nicht in die Erscheinung.

Ganz gewaltiger Krähenzug! Selten stark. Die Luft ist voll Krähen, zuweilen ganz starke Flüge zu Hunderten. Meist Nebelkrähen, auch Saatkrähen und Dohlen.

90 geschossene Nebelkrähen sind lauter Junge; einige zweifelhafte befinden sich darunter, aber ganz alte nicht. Viele von den geschossenen Krähen haben viel Schmutz an den Beinen. (Ich pflege auf diese Erscheinung immer zu achten, um dem Einwand zu begegnen, daß die umgelegten Fußringe durch ihr Gewicht die Zugvögel beschweren. So schoß ich zum Beispiel am 13. März 1911 eine Nebelkrähe aus der Zugkette heraus, die 5,1 Gramm Erde an den Füßen kleben hatte,

---

*) a und p = ante meridiem vormittags und post meridiem nachmittags.
**) Nach der Beaufort'schen Skala 0—12; 5 also = frischer Wind.
***) Die die Himmelsbewölkung ausdrückenden Zahlen laufen von 0—10; 9^1 heißt also: Himmel fast ganz bezogen, und zwar mit einer dünnen Wolkenschicht.

das ist an Gewicht so viel wie 8½ Krähenringe, und mit dieser Last wäre sie ruhig weiter gezogen.) Zughöhe 5 bis 50 m. Auf den Uhu hassen die Krähen wie toll. Der Krähenzug hält bis zur Dämmerung an.

Kleinvögel ziemlich viel ziehend; in den Morgenstunden fast ununterbrochene Flüge: Buchfinken mit Bergfinken gemischt, einige Pieper und Lerchen (Heidelerchen und Feldlerchen).

Krähenzug über dem Ulmenhorstwäldchen.

Heute auch öfter Drosseln: Sing=, Mistel= und Weindrosseln; aber nur in den Morgenstunden. Zuweilen Meisenflüge nach Süden. (Kohl= und Blaumeisen), Stare wenig (bis jetzt überhaupt wenig gezogen). Tauben sehr oft in Flügen (Ringel= und Hohltauben). Jetzt also auch Hohltauben; in den Tagen vorher nur Ringeltauben. Raubvögel recht wenig. Die fehlen in diesem Herbst noch. Einige Sperber, ein Wanderfalke.

Gänse sehr viel in großen Flügen.

Öfter Schwäne zu 50 und 70 Stück.

Einige Eichelhäher nach Norden. Merkwürdig, daß die Eichelhäher in den letzten Tagen immer nach Norden ziehen.

Gegen Mittag fliegt ein Wasserflugzeug in der Vogelzugstraße etwa in 80 m Höhe nach Norden. Es sauft mitten durch die Vögel hindurch, die sich gar nicht beirren lassen. — Der heutige Zug bot oft ein großartiges Naturschauspiel, wenn die Luft voll Vögel war, und das Rufen der Krähen, Schwäne und Gänse durcheinander klang. Gegen Abend sind viel Krähen im benachbarten Walde zum Übernachten eingefallen.

Nacht: bedeckt; schwacher Regen; nicht ganz dunkel, da eben Vollmond vorüber. Diese Nacht, in der einmal Ost- und Südostwind herrschte, brachte viel Waldschnepfen, die am andern Tage um die Hütte herum lagen.

16. Oktober 1917:

	7 a	1 p	5 p
Windrichtung und -stärke ..	SW⁴	NW⁴	W⁴
Barometerstand........	773,5	775,5	776
Temperatur..........	9⁰	12⁰	10⁰
Bewölkung	8²	9¹ ⊙	4¹

Früh 6,30 noch Regen; dann hört der Regen auf, das Barometer steigt; gegen Mittag ein Gewitter: erster Donner etwa 11, letzter etwa 12 Uhr, erschien im NW und ging nach W herum.

Um 6,45 schon etwas Vogelzug: Kleinvögel, Krähen und große Starflüge nach S. Am Müllhaufen nicht weit von der Hütte auf einer kleinen Birke mindestens 15 Waldohreulen, die in der Nacht angekommen. Diese Eulen sitzen den ganzen Tag über in den Bäumen herum, werden ab und zu aufgescheucht, und abends in der Dämmerung sehe ich zwei Stück nach S abziehen. So sind also diese Eulen jetzt schon seit längerer Zeit auf dem Zuge. Die erste fing sich in der Nacht vom 5. zum 6. Oktober in einer Baumfalle. Man sieht diese Eulen auf den Bäumen sehr schwer sitzen.

Dann beginnt um 7,30 ein sehr guter Krähenzug, allerdings etwas hoch, 50 bis 200 m hoch, aber die Krähen hassen trotzdem heute sehr gut auf den Uhu und bäumen sehr viel auf. Unter 18 geschossenen

Nebelkrähen sind 13 alte, 5 junge. Merkwürdig, daß jetzt schon so viel alte darunter sind. Zwei erlegte Saatkrähen sind alte.

Kleinvögel: Finken wenig. Dafür in den ersten Morgenstunden Riesenflüge von Staren.

Öfter Heidelerchen, auch wieder ab und zu Erlenzeisige. Der Kleinvogelzug tritt aber heute mehr zurück.

Mehrfach Drosseln.

Raubvögel: Nur mäß'g viel Sperber. Ein Seeadler läßt sich hinter Ulmenhorst in den Dünen nieder und streicht dann ab; einen Hühnerhabicht gesehen.

Wildtauben: in den ersten Morgenstunden große Schwärme, beide Arten. Die großen Schwärme bestehen aber immer aus Ringeltauben.

Wieder Tannenhäherzug. Drei Stück gefangen und beringt. (Dazu sei nachträglich bemerkt, daß in dieser Zugperiode ein sehr ausgedehnter Zug dieser sibirischen Wanderer stattfand. Täglich zogen die Vögel durch. Ich konnte bei Ulmenhorst 45 Stück einfangen und beringen. Die zurückgemeldeten stammten aus Dammwalde im Samlande, aus Bledau, Samland, aus dem Fischhausener Stadtwalde, Ostpr., aus dem Kreise Ost-Sternberg, Neumark, und aus der Umgegend von Posen.)

In den ersten Morgenstunden fliegen öfter Seetaucher vom Haff zur See und umgekehrt.

In den Büschen Singdrosseln, Rotkehlchen und Zaunkönige; Schnepfen nicht gefunden.

Allgemeines: Heute war ein kritischer Tag. Man merkte gleich frühmorgens reges Leben unter der Vogelwelt, verursacht wohl durch die eigenartige Witterung (Gewitter!). Die Vögel sind heute Nacht im Norden locker geworden. Bis jetzt war immer sehr schönes und vor allem warmes Wetter. Die Schnepfen scheinen im Norden noch festzusitzen.

Nacht: Sternhimmel; sehr windstill. 7,30 Wetterleuchten im SW. Ich höre mehrfach Drosseln in der Luft. Auch in der Dämmerung waren Drosseln und Rotkehlchen zum Wegziehen sehr rege. In dieser Nacht findet Zug statt.

25. Oktober 1917:

	7,30 a	11 a	1,15 p	3,15 p	5 p	8,30 p
Windrichtung und =stärke	SW³	SO⁴	SO⁵	SO⁶	SO⁶	
Barometerstand	762,5	760,5	758,5	757,5	756,5	755
Temperatur	5,5°	8°	7,5°	7°	6,5°	
Bewölkung	1 ☉	3¹ ☉	5⁰ ☉	8¹	10⁰	

Ein guter Zugtag! Heute kann man recht gut die Abhängigkeit des Vogelzuges vom Wetter erkennen: Ganz früh nach Sonnenaufgang hell, klar, wenig Wind. Es setzt ein sehr guter Krähenzug ein in ununterbrochener Kette. Höhe 3 bis 30 m. Die Krähen sind wie toll nach dem Uhu, bäumen auch sehr oft auf. Auch viel Saatkrähen und Dohlen darunter. Viel Kleinvögel, viel Sperber; einzelne Falken, auch Bussarde. Flüge von Hohltauben, einzelne Ringeltauben. Von den Ringeltauben kommen jetzt zu dieser späten Jahreszeit die Nachzügler: solche mit defektem Schwanz oder schadhaften Flügeln, die vielleicht der Wanderfalke einmal in den Fängen gehabt hat, ferner kleine, zurückgebliebene Exemplare und dergleichen. Das beobachte ich gerade an Tauben in jedem Jahre. Auch Tannenhäher sind heute wieder gezogen. Einen gefangen und beringt. Das Barometer fällt gleich von früh an langsam, und der Zug wird immer eiliger. Man merkt, daß schlechtes Wetter kommt. Der Kleinvogelzug hat gegen Mittag schon fast aufgehört, aber die Krähen ziehen, wenn auch in verminderter Zahl und mehr truppweise, immer weiter. Das Aufbäumen am Uhu hört allerdings auf; die Krähen halten sich am Uhu nicht mehr lange auf, sie wollen eilig vorwärts, und noch in der Dämmerung gegen 5 Uhr sausen Krähenflüge nach Süden — — da setzt 5,30 Uhr Regen ein, nachdem der Wind immer stärker geworden ist. Heute wollten die Vögel die Zeit vor Ausbruch des schlechten Wetters benutzen, um vorwärts zu kommen.

In den Büschen nichts los. Eine Waldohreule.
Nacht: Regen, bedeckt, Wind, schlechtes Wetter."

15. Oktober 1918: „... Heute noch folgendes besondere Ereignis. Gegen 4 Uhr nachmittags gehe ich nur ein Stückchen von der Hütte weg. Da beobachte ich einen Rauhfußbussard, einen Kolkraben, zwei Falken (wohl Baumfalken), eine Waldschnepfe und erlege einen Schlangenadler für die Sammlung als neue Art für die Nehrung. Das alles spielte sich innerhalb zehn Minuten ab..."

Nun einige Tage mit Schätzungszahlen.

30. März 1911: „Ein großartiger Zugtag! Ich zähle und schätze einmal die Zahl der vorüberstreichenden Krähen und komme in 10 Minuten auf 1000 Stück; ergibt pro Stunde 6000 Stück. Der Zug währte rund von früh 5 bis abends 5 Uhr = 12 Stunden. Zwei Stunden schwächeren Zug abgerechnet = 10 Stunden; macht 60000 vorüberfliegende Krähen. Zughöhe: 3 bis 50 m."

28. Oktober 1911: „Um 8,45 ziehen in 5 Minuten 500 Krähen vorüber (ziemlich genau gezählt), ergibt pro Stunde 6000 Stück. Etwa drei Stunden hielt der Zug in solcher Stärke an = 18000 Stück für diese Spanne Zeit."

20. April 1912: „Ein herrlicher, warmer Frühlingstag, dauernd Sonnenschein; der heute herrschende Ostwind nicht so kühl wie gestern der Nord. Der wärmste Tag bis jetzt. Die Bienen fliegen und tragen Pollen ein. Ein großartiger Zugtag. Früh um fünf die ersten Krähen. Der Krähenzug ist nicht sehr stark und geht mit Pausen vor sich. Es sind lauter Junge, vertraut und dumm; hassen auf den Uhu, aber nicht so erregt wie die Alten. Schreien seltener. Zughöhe 10 bis 30 m.

Die Hauptmassen stellen heute die Kleinvögel. So starken Kleinvogelzug habe ich bisher wohl kaum schon beobachtet. Folgende Arten in der Luft festgestellt: Buchfinken (bei weitem die meisten) meist Männchen. Auf 50 Männchen vielleicht ein Weibchen. Bergfinken, Pieper, Stare, Drosseln, Feldlerchen, Stieglitze, Rohrammern, Erlenzeisige, Grünfinken, Hänflinge, Feldsperlinge, Tannenmeisen.

Von 5 bis 7 Uhr früh Zug am stärksten. Ich schätze $^1/_26$ Uhr in 5 Minuten 3500 vorüberfliegende Kleinvögel, das macht pro Stunde

42000 Stück; in den zwei Stunden von 5 bis 7 also 84000 Vögel. Man stand zuweilen förmlich in ganzen Vogelschwärmen drin, denn der Zug ging ganz niedrig, in Höhe von etwa 3 bis 15 m vor sich ..."

In hervorragender Weise traten am 21. und 22. Oktober 1913 die ziehenden Vogelscharen bei Ulmenhorst in die Erscheinung. Ich komme schätzungsweise auf 567000 Vögel, die in 34 Arten an diesen beiden Tagen vorübergezogen sind.

Und nun schließlich noch zwei Tage aus neuerer Zeit, die ganz besonders viel Kleinvögel sehen ließen:

Der 9. Oktober 1924: Wind 7 a: S 4, gegen Abend W 5. Barometerstand 7 a: 770. Gegen Abend steigend. Bedeckt; 4 p Regen.

„Ein großartiger Vogelzug, aber nur Kleinvögel (Buchfinken). Bei diesem trüben Wetter! Die Vögel ziehen in der ganzen Breite der Nehrung. Selten so viele Kleinvögel gesehen! Geschätzt in 5 Minuten 4000 Vögel, macht pro Stunde 48000 Stück. Drei Stunden (von 8 bis 11 a) hielt der Zug in solcher Mächtigkeit an = 144000. Im ganzen mögen heute 154000 Vögel vorübergezogen sein. Nacht: hell, Mondschein, Sterne."

11. Oktober 1924: Wind SO und S 3. Gegen Abend fast Windstille; Barometerstand 778, bedeckt, trübe. 8 a ein paar Regentropfen.

„Wieder ein ganz großartiger Kleinvogelzug (Buchfinken). Ich sehe nur Männchen. Bergfinken scheinen sehr wenig darunter zu sein. Zug noch stärker als vorgestern. Ich schätze gegen 9 a folgendermaßen: In fünf Minuten über der Vordüne 3000 Vögel; pro Stunde = 36000 Stück. Drei Stunden (8 bis 11) hielt der Zug in solcher Stärke an = 108000. Nun habe ich nur die über der Vordüne ziehenden Vögel geschätzt, wo der Zug am stärksten war. Er ging aber in der ganzen Nehrungsbreite vor sich. Ich kann also noch die Hälfte von 108000 Vögeln dazurechnen, macht 162000 Stück. Ferner habe ich nur drei Stunden gerechnet. Der Hauptzug war allerdings gegen 11 a vorüber, aber es zogen auch noch am Nachmittag Vögel. So kann ich rund 170000 Kleinvögel rechnen. Dazu die 154000 von vorgestern, so mögen an diesen beiden Tagen 324000

Finken vorübergezogen sein. Zughöhe 10 bis 20 m. Die Zugketten schneiden am Haff- und Seestrande ab. Über dem Wasser sehe ich keine Vögel ziehen..."

An diesen beiden guten Zugtagen war gerade der Filmoperateur in Ulmenhorst anwesend, um Bilder für den Nehrungs- und Vogelwartenfilm zu fertigen. Wir hatten auch die ziehenden Finken gefilmt und hofften auf gute Bilder, erfuhren aber eine Enttäuschung, denn die Vögel waren auf dem Bildstreifen zu klein.

Das Vogelberingungsexperiment.

Wenn wir nun bei Ulmenhorst auf der Düne stehen und bewundernd die riesigen Vogelschwärme vorüberziehen sehen, so werden wir doch ein Gefühl des Unzufriedenseins nicht los, denn unwillkürlich drängt sich die Frage auf unsere Lippen: Woher kommt ihr? Und wohin reist ihr? Sobald die Vögel unseren Blicken entschwunden sind, hört die Forschung auf, weil die lokale Beobachtung nicht ausreicht, die gestellten Fragen zu beantworten. Da springt nun das Beringungsexperiment ein, das darin besteht, daß die Zugvögel abgestempelte Metallfußringe angelegt bekommen. Dadurch wird das Individuum als kenntlich gemachtes Versuchsobjekt aus der Reihe seiner Artgenossen herausgehoben, und man kommt so an die intimsten Vorgänge im Tierleben heran, die der sonstigen Forschung einfach verschlossen bleiben. Der Gedanke, Vögel zu markieren, ist uralt, Hunderte von Jahren alt. Mir liegt zum Beispiel eine Notiz vor, daß man schon vor dem Jahre 1477 versucht hat, Schwalben zu kennzeichnen. Aber die zusammenhängenden Resultate fehlten vollständig. Die Vogelwarte Rossitten versuchte nun vom Jahre 1903 ab, in Deutschland etwas System in diese Sache hineinzubringen und vor allem das Experiment, den Vogelzugversuch, wie ich ihn damals nannte, möglichst zu einem internationalen Unternehmen auszubauen. Die Vögel sind unsere beweglichsten Geschöpfe, für die es keine Landesgrenzen gibt. Wer mit ihnen experimentieren will, der darf nicht an der Scholle kleben.

So mußte es also mein Bestreben sein, in weiten Kreisen der Bevölkerung des In= und Auslandes bekannt zu machen, daß sich die Interessenten Vogelringe von der Vogelwarte kommen lassen sollten, um Vögel zu beringen, und daß man ferner auf beringte Vögel achten und, wenn solche zufällig in Menschenhände gelangt seien, der Vogelwarte Meldung zugehen lassen möchte. O, solche Auf= klärung war gar nicht so leicht zu bewerkstelligen! Ich schrieb und redete, glaubte alles so recht schön gemacht zu haben und sah nun den einlaufenden Bestellungen mit Span= nung ent= gegen. Da kam auch schon eine Postkarte aus Königs= berg: „Hier= durch möchte ich Sie bitten, mir ein 10= Pfund = Paket Krähen gegen Nachnahme zu senden."

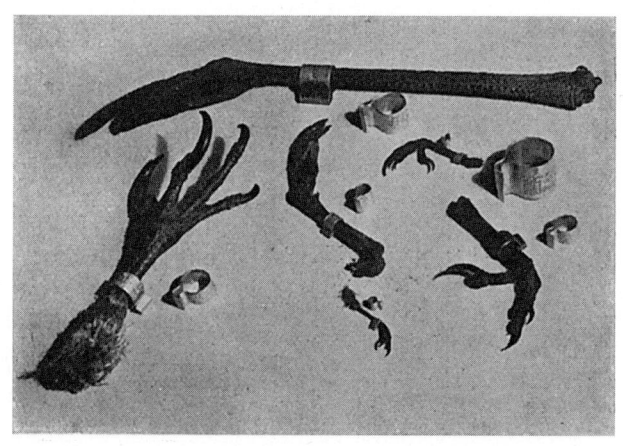

Beringte Vogelbeine: Storch, Hühnerhabicht, Krähe, Lachmöwe, Star, Kleinvogel.

Aber Leute! Ich bin doch kein Krähenhändler. Habe ich mich falsch ausgedrückt? Ringe, Vogelringe sollt ihr euch schicken lassen!

Schon kam eine zweite Karte aus Köln: „Nächstens dürften Sie den ängstlichen Vogelfreunden auch vorhalten, daß selbst wir Menschen eine Masse Metallringe an den Fingern tragen. Ein Ring hat mich nicht geniert, aber das Weib, dementsprechend ich den Ring tragen mußte ...", folgt ein Erguß über eine unglückliche Ehe. Aber ich bin doch auch kein Ehe=Friedensstifter! Ringe will ich loswerden!

Jetzt erschien ein junger Mann persönlich auf der Vogelwarte mit einem beschriebenen Zettel in der Hand. Er brachte das Gespräch auf den Beringungsversuch und bat schließlich um einen lebenden Vogel, dem er den Zettel ans Bein binden wollte, um seiner Tante einen Gruß zu senden. Der Mann hatte von meinen schönen Reden bisher also nur so viel verstanden, daß irgend etwas am Beine angebracht werden sollte. Was? und wie? und warum? das war ihm unklar. Für alle Fälle sollte die Tante einen Gruß bekommen.

Verständnislos sah ich mich nach einem Stuhle um, auf den ich niedersinken könnte. „Du willst etwas in Schwung bringen, und das sind deine Erfolge!" so sagte ich kleinlaut zu mir selber.

Aber ich durfte den Mut nicht sinken lassen. Wo und wie ich konnte, suchte ich meine Aufklärungen fortzusetzen. Da traf wieder eine Postkarte ein, Poststempel Frankfurt am Main. O, also so weit draußen in der Welt, in Frankfurt und in Köln, wissen die Leute, daß es in Rossitten Ringe gibt! Ich lese: „P. P. Senden Sie mir gefälligst gratis und franko Ihre Vogelwarte." Kraftlos sank ich auf den Stuhl. „Packen Sie den ganzen Kram ein und schicken Sie ihn nach Frankfurt, es wird ja doch nichts!" sagte ich zu dem daneben stehenden Gehilfen. Aber nach und nach brach sich die Kenntnis über den Beringungsversuch doch immer mehr Bahn. Was ich nicht vermochte, das bewerkstelligten die inzwischen eingelaufenen interessanten Resultate, die teilweise ganz neue Gesichtspunkte in die Vogelzugsforschung hineintrugen, und siehe da, im Jahre 1903 hatte ich selbst in Rossitten im ganzen 159 Ringe verbraucht, und im Jahre 1912 wurden allein nach auswärts 39894 Stück ausgegeben.

Aber nun tauchten weitere Schwierigkeiten auf: Anfeindungen und Kämpfe. „Die Ringe schaden den Vögeln, es sammeln sich unter den Aluminiumstreifen Giftstoffe an, die Beine erkranken, die Vögel werden um der Ringe willen verfolgt," so lauteten die Einwendungen. Ich konnte es keinem Menschen übelnehmen, wenn er sich zunächst mißtrauisch gegen das Experiment zeigte. Es war etwas Neues, worüber keine Erfahrungen vorlagen, wer konnte da wissen, wie die Sache ablaufen würde. Aber ich hatte ja doch den Versuch nicht leichtsinnig begonnen, denn es waren Untersuchungen an Gefangenschaftsvögeln vorausgegangen. In zoologischen Gärten hatte ich

Vertretern verschiedener Vogelarten Ringe anlegen lassen, und erst als festgestellt war, daß sich die Träger um ihre Marke gar nicht kümmerten und daß diese Anhängsel in keiner Weise schadeten, ging ich zur allgemeinen Abgabe von Ringen über. Außerdem standen mir jahrzehntelange günstige Erfahrungen unbeabsichtigt in den beringten Brieftauben zur Seite. Wo würden die Züchter ihre kostbaren Tiere mit Fußringen versehen, wenn sich dabei Schäden herausgestellt hätten! Aber die Gegner verbissen sich in ihre Ideen, wie das oft geschieht, und so waren nun harte Federkriege zu führen. In der vordersten Reihe der Kämpfer stand damals Hermann Löns. Manchen erbitterten Strauß habe ich mit ihm ausfechten müssen, und er war zunächst nicht leicht als Gegner. Je sachlicher ich blieb und auf Grund von täglichen Erfahrungen alle Einwendungen zu entkräften suchte und auch entkräften konnte, um so wilder und unsachlicher wurde er, und dann folgten ganz tolle Artikel. Der Leiter der Vogelwarte Rossitten wurde mit Wellmann, dem Hauptmann von Köpenick, Cook, einem quacksalbernden Schäfer, Tolstoi, Sarah Bernhard, Caruso u. a. in Parallele gestellt. Die Tätigkeit dieser Personen beruht mehr oder weniger auf leerer Reklame und Marktschreierei. Der schlimmste von ihnen ist und bleibt aber doch der Mann dort in Rossitten. Weiter folgte der grimmige Ruf von Löns in der „Deutschen Jäger-Zeitung", Neudamm, Nr. 27, Bd. 55 vom 3. Juli 1910, daß er „einen einzigen Storch in der Wiese schöner und nützlicher finde als sämtliche Ornithologen und die ganze Ornithologie".

Das war alles zu toll und kam meinem Unternehmen sehr zustatten, denn ich bekam die Lacher auf meine Seite. Die Wissenschaft schritt über Löns hinweg, nahm das Beringungsexperiment unumwunden an und wird und kann es nie wieder herausgeben. Löns schwieg dann. Es ist mir nie klar geworden, warum sich dieser Dichter in solch schroffer Weise gegen das Beringungsexperiment oder gegen mich auflehnte, zumal ich vorher ganz friedlich über manche ornithologischen Fragen mit ihm korrespondiert hatte, ohne ihn persönlich kennengelernt zu haben. Er war eben eine Doppelnatur: einerseits diese herrliche Dichterseele und auf der andern Seite als Mensch so manche Schwächen. Daß er dann in seinem „Mümmelmann" bei einem Krähengespräch meinen Namen nennt, das soll wohl eine kleine Rache sein.

So hatte also das Beringungsexperiment allgemein Eingang in die Wissenschaft gefunden, und nun folgten fruchtbare Forschungsjahre. Dänemark hatte schon vorher durch Mortensen Vögel beringt. 1908 nahm die Ungarische Ornithologische Centrale in Budapest das Beringungsexperiment in ihren Arbeitsplan auf, ein Jahr später folgte die Vogelwarte Helgoland ihrem Beispiele, dann die Universität Aberdeen in Schottland, weiter England, Rußland, Kroatien, die Schweiz, Österreich, Schweden, Frankreich, Böhmen, Holland, später auch Amerika u. a. — kurz, es dauerte nicht lange, da war das Experiment in allen Kulturländern eingeführt, die gewonnenen Resultate wurden gegenseitig ausgetauscht, und so häufte sich in verhältnismäßig kurzer Zeit ein Tatsachenmaterial auf, das Gelegenheit zum Weiteraufbauen bot. Ja, ein Tatsachenmaterial! Das ist ja eben das Bestechende an diesem Experiment, daß es gleichsam Natururkunden liefert, denen kein Mensch widersprechen kann. Da hingen zunächst in den Sammlungsräumen der Vogelwarte leere Kartenumrisse. Traf nun aus dem fernen Auslande die Meldung von der Auffindung eines Ringvogels ein, dann wurde ein Kreuzchen an der betreffenden Kartenstelle eingezeichnet, ein zweites, ein drittes, ein zehntes Kreuzchen folgte, und bald lag der Reiseweg der betreffenden Vogelart von Ostpreußen bis zur Südspitze Afrikas oder bis nach Irland oder bis nach Portugal offensichtlich da. Ist das nicht herrlich? Es fiel einem wie Schuppen von den Augen, und nur der kann den ganzen Reiz solcher Forschungsmethode verstehen, der selbst Jahrzehnte lang an einer Beringungs-Zentralstelle gesessen hat. Ruhe und Beschaulichkeit waren allerdings dahin! Ein ausgedehntes Schreibwerk entwickelte sich; mit aller Welt muß man Verbindung unterhalten, und wo man geht und steht, sammeln sich in kurzer Zeit Briefe aus aller Herren Länder um einen herum an, und jeder Absender, ebenso jeder Markierer, will und muß sehr schnell Antwort bekommen. Wie stark sich die Meldungen zu=

weilen häuften, mögen folgende Beispiele zeigen: In der Zeit vom 17. bis 21. Januar 1910, also in vier Tagen, trafen folgende ausländischen Postsachen in Rossitten ein: 1. ein russischer Brief aus Moskau über die Erbeutung einer beringten Lachmöwe, 2. ein englischer Brief aus Rochford über einen zufällig erlegten Alpenstrandläufer, der von der Vogelwiese bei Rossitten stammte, 3. ein englischer Brief aus Umzimkulu (Südafrika), wo ein Storch aus Westpreußen aufgefunden war. „Die Kaffern," so hieß es in dem Briefe, „neben deren Kraal der Vogel herunterfiel, waren sehr erschreckt und staunten den Vogel des Ringes wegen an, als ob er vom Himmel gekommen wäre." 4. eine französische Karte von Mahon auf den Balearen, wo man eine beringte Lachmöwe angetroffen hatte, 5. die spanische Zeitung „El Bien Publico" mit Lachmöwennotiz, 6. ein Brief von der Ukerewe=Insel im Viktoria Nyanza, Deutsch=Ostafrika, wo sich ein Storch aus Heiligenbeil, Ostpreußen, eingefunden hatte, 7. ein französischer Brief aus Beirut, Syrien mit Meldung über Auffindung eines Storches aus dem Kreise Darkehmen in Ost= preußen, und endlich 8. zwei Nummern der arabischen Zeitung „Liban" mit Storchnotizen.

Oder am 9. Januar 1913 wurden folgende Vögel zurück= gemeldet: Eine Lachmöwe aus Ungarn, ein Kleiber aus Halle a. d. Saale, eine Nebelkrähe aus Pommern und eine Waldschnepfe aus Istrien. Am Tage darauf eine Krähe aus Köln und am 23. Januar je eine Lachmöwe aus Dinard und Lyon in Frank= reich, eine Lachmöwe aus Kroatien und ein Bussard und ein Hühnerhabicht aus Ostpreußen.

Da hieß es nun oft in der ersten Zeit: Seht die armen Vögel, wie sie des Ringes wegen hingeopfert werden! Auch diesen Einwand konnte ich zunächst keinem Menschen übelnehmen. Ich war ja selbst ganz erstaunt über die zahlreichen Rückmeldungen, und mit mir staunten weite ornithologische Kreise. Bis sich dann nach und nach herausstellte, daß niemals ein Vogel etwa um des Ringes willen sein Ende gefunden hatte, sondern daß das alles Zufallsfunde waren. Das Beringungsexperiment wies und weist mit unerbittlicher Deutlich=

keit immer und immer wieder auf die vielen Gefahren und Nach=
stellungen hin, die unsere Zugvögel auf ihren weiten Reisen zu be=
stehen haben, auf Gefahren, deren ganze Größe man früher nicht
ermessen konnte. Ich meine nicht nur die Nachstellungen von seiten
der Menschen in den südlichen Ländern, die wir ja alle kennen und
tief bedauern, ich denke auch an das massenweise Eingehen während
des Überfliegens der See im Frühjahr bei Eisregen und kaltem Nebel,
ich denke an das Hinsterben unserer Störche durch Genuß von ver=
gifteten Heuschrecken in Südafrika, an das Anfliegen an Telegraphen=
und Hochspannungsdrähte sowie an Leuchttürme, ich denke an die
sogenannte Ölpest auf unsern Meeren, der ungezählte Vögel durch
Verschmieren des Gefieders zum Opfer fallen, ich denke an gefähr=
liche Wetterstürze und anderes mehr. Immer paßte die Todesursache
von den zurückgemeldeten Ringvögeln in den Rahmen der genannten
Verderben bringenden Gefahren hinein, und nie hieß es, daß etwa
der betreffende Vogel um seines Ringes willen geschossen sei. Dabei
wurden immer die meisten Vögel in dem auf ihre Geburt folgenden
Herbste oder Winter eingeliefert. Von den im Sommer 1912 auf dem
Möwenbruche bei Rossitten markierten 556 jungen Lachmöwen waren
zum Beispiel nach etwa acht Monaten 27 Stück bereits wieder zurück=
gemeldet, das sind etwa 5 Prozent, und von den im Sommer 1912
auf dem Wörthsee bei München beringten 300 Lachmöwen 25 Stück
= etwa 8 Prozent.

Es scheint ein Gesetz zu bestehen, daß ein großer Prozentsatz von
Jungvögeln schon sehr bald nach dem Flüggewerden wieder zugrunde
geht, wobei vielleicht als Erklärung herangezogen werden darf, daß
die jungen Tiere bei fehlender Lebenserfahrung den drohenden Ge=
fahren weniger gewachsen sind als die alten. Es würde auch sehr
bald Überfüllung eintreten, wenn sämtliche Jungvögel Geschlechts=
reife erlangen und selbst Nachkommenschaft erzeugen würden. So
bekommt man also bejahrte beringte Stücke viel seltener zurück als
junge. Übrigens wurden bei den wissenschaftlichen Fischmarkierungen
ganz dieselben Erfahrungen gemacht.

Man darf überhaupt nicht jeden Verlust, den die Vogelwelt zu erleiden hat, in vermenschlichender Weise als ein „Unglück" ansehen. Das sind oft ganz natürliche Vorgänge, die wir da beobachten, wobei die gerissenen Lücken von der Natur oft recht schnell wieder geschlossen werden.

Also nur mit solchen Vögeln rechnet das Beringungsexperiment, die sowieso zugrunde gegangen und in Menschenhände gelangt sind und die dann noch einem schönen wissenschaftlichen Zwecke zugeführt werden.

Am Krähenfangplatze. Im Vordergrunde die Fangbude.

Man bekommt, wenn man so lange an einer Beringungs=Zentrale sitzt, nach und nach ganz andere Ansichten über unsern deutschen Vogelschutz. Ich glaube, man lernt etwas großzügiger darüber denken. Wohl ist unser deutscher Vogelschutz unbedingt notwendig und nützlich in ethischer und ästhetischer Beziehung als Erziehungsmittel für unsere Jugend, zur Bildung des Gemüts, als Vorbild fürs Ausland und dergleichen, aber durchschlagende praktische Erfolge werden erst zu erzielen sein, wenn sich die südlichen Länder, oder ich will sagen die Länder, die unsere Zugvögel auf ihren weiten Reisen berühren, an der Durchführung eines wirklichen, auf wissenschaftlicher Grundlage beruhenden Vogelschutzes mitbeteiligen. Wenn es aber dann einmal heißt, einen internationalen Vogelschutz zu schaffen, dann Beringungsexperiment vor! Dann führe den maßgebenden Personen die Wechselbeziehungen zwischen Brutheimat und Winterherberge der gefährdeten Vogelarten klar vor Augen und zeige, wo die Hebel angesetzt werden müssen, um Besserung zu schaffen. Das ist ja eben der große Fortschritt in der Vogelzugsforschung sowie in der Frage nach dem wirtschaftlichen Werte der Vögel, daß durch Anwendung des Vogelringes eine Verbindungsbrücke geschlagen ist zwischen der Vogelwelt und ihrem Naturwirken einerseits in der Heimat und andererseits auf den weiten Reisen und in der Winterherberge. O, das Beringungsexperiment wird noch einmal eine große Aufgabe in der Vogelschutzbewegung zu erfüllen haben.

Und noch in anderer Hinsicht kann und muß dieses Experiment zum Vogelschutz in Beziehung gebracht werden. Was für anregende Geschichten sind sehr oft mit der Auffindung von Ringvögeln verbunden! Und diese Geschichten griff die Presse sehr gern auf, weckte Interesse und nützte damit dem Versuche. Der Presse habe ich viel zu danken, überhaupt habe ich fortwährend Dank nach auswärts zu senden, denn alles das, was durch den Ringversuch an wissenschaftlichem Material im Laufe der langen Jahre zusammengebracht werden konnte, das ist nicht etwa das Verdienst eines einzelnen, sondern daran haben die weitesten Kreise des In- und Auslandes mitgeholfen, und dieser Gedanke muß doch den treuen Helfern und Helferinnen große Befriedigung geben. Und man half gern. Es weht ja so viel Poesie, so viel Geheimnisvolles um diesen Versuch! Das spüre ich jetzt noch, obgleich ich schon so lange in dieser Arbeit stehe. Wenn so ein Stückchen Metall, von meinem Schreibtische ausgegangen, über Länder und Meere getragen, in Nilwasser getaucht, in der Kalahariwüste getrocknet, von schwarzen wilden Menschen begafft oder mit heiliger Scheu betrachtet, dann plötzlich wieder vor mir auf meinem Schreibtische liegt, dann strömt mir stets ein eigenartiger Zauber von diesem Ringlein entgegen. Und mit diesem

Zauber kann Interesse für unsere Vogelwelt geweckt werden, namentlich bei der Jugend. Ich mache mich anheischig, eine große Klasse voll der unbändigsten Jungens in einer Geographie- oder Naturgeschichtsstunde, in der das Beringungsexperiment zur Behandlung steht, zum unbedingten Stillsitzen und zu angespanntester Aufmerksamkeit zu zwingen. Gern denke ich daran zurück, als ich einmal vor achthundert Kindern sprach. Zunächst war mir etwas bange um die Disziplin, denn gegen achthundert angesammelte Kinder ist noch kein Zuchtmittel gewachsen, die kann man nur durch den zu behandelnden Gegenstand selbst zwingen, aber siehe da, sie saßen von Anfang bis zu Ende mäuschenstill. Ein andermal hatte ein Lehrer, nachdem ich vor einer Schule in Mitteldeutschland gesprochen hatte, einen Aufsatz fertigen lassen: „Wie ich mir eine Vogelwarte vorstelle", und der ganze Stoß Arbeiten wurde mir dann überreicht. Welch kindliche Begeisterung spricht da aus manchen Zeilen! Und wie freue ich mich, wenn ich mit der Post Zuschriften von jungen Menschenkindern bekomme. Ob es da heißt „Lieber Herr Professor" oder „Lieber Herr Vogelmann", das ist mir ganz gleich. Das letzte ist mir fast noch lieber. Von weither kommen manchmal die Zuschriften. Als neulich ein Junge anfragte, ob es auch lohne, Rotgälchen zu beringen, da brauchte ich nicht erst nach dem Poststempel zu sehen, der konnte nur „Leibzg" lauten. Vater und Mutter wollen die Jungens manchmal verlassen, um dem Beringungsversuche anzuhangen. Schrieb da einst ein Junge vom Eichsfelde an die Vogelwarte, ich solle Ringe schicken, aber nicht nach Hause, sondern in die Pension. Sein Vater sei „leider Postmeister" und hätte kein Verständnis für diese schöne Sache. Lieber hätte es der Sohn gesehen, wenn der Vater Förster oder Waldläufer gewesen wäre. Natürlich konnte ich dem Wunsche dieses kleinen begeisterten Naturfreundes über den Kopf des Herrn Postmeisters hinweg nicht nachkommen. Auch ganze Schulklassen schreiben zuweilen und melden, wie sie sich darauf freuten, wenn der Lehrer mit ihnen Nester aufsuche und junge Vögel beringe, und wie groß dann jedesmal die Aufregung in der Schule sei, wenn durch die Vogelwarte die Rückmeldung eines solchen gefiederten Wanderers erfolge. Da würde dann in der Geographiestunde auf der Karte nachgesehen, durch welche Länder, über welche Meere der Vogel geflogen sei, welche Küsten, welche Flußläufe ihm als Richtschnur gedient hätten und dergleichen.

Auch Zeichnungen sind solchen Schülerschreiben zuweilen beigefügt. Mir liegt jetzt gerade eine Postkarte vor, die das von Kinderhand bunt gefertigte Bild eines großen Baumes vorstellt, an dem ein Starkasten hängt mit singendem Starmatz davor. Und das alles sollte dem Vogelschutzgedanken nicht förderlich sein? Der Vogelring, in die Hand eines geschickten Lehrers gelegt, wirkt Wunder. Nach Zuschriften von Landlehrern ist die Beringung oft das erfolgreichste Mittel gewesen, das Nesterplündern von seiten der Schuljugend zu verhindern. Ich bin selbst als Dorfjunge aufgewachsen und weiß noch, wie es mir immer zuwider war, wenn mit den Vogelnestern eine solche Geheimnistuerei getrieben wurde. Sobald in der Schule das Wort Vogelnest fiel, da sah sich der Herr Kantor schon nach dem Stocke um. Vogelnester und Prügel, das waren zwei Begriffe, die für uns Jungens unbedingt zusammengehörten; das heißt, ich bekam als Pfarrjunge keine Prügel, habe allerdings auch nie mutwillig ein Nest zerstört, dagegen mit größter Passion Nester gesucht und dabei manches gelernt. Warum soll man den Kindern nicht Vogelbruten zeigen und sie auf die Lieblichkeit dieser Heimstätten aufmerksam machen! So meine ich denn, daß der Beringungsversuch sein gut Teil dazu beitragen kann, den Vogelschutzgedanken vorwärts zu bringen, denn die Hauptsache beim ganzen Vogelschutz ist: Interesse erwecken und Aufklärung schaffen, damit die Liebe zur Tierwelt, im besonderen zur Vogelwelt, Gemeingut des Volkes wird. Und hat man die Jugend, dann bekommt man nach und nach das ganze Volk. Daß das Beringungsgeschäft selbst stets und durchaus unter Wahrung der vogelschützlerischen Gesichtspunkte stattfinden muß, ist selbstverständlich, ja ich bin stets dankbar, wenn sich, wie es oft geschieht, gerade die Vogelschutzvereine dieser schönen Sache annehmen.

Wie bin ich nun darauf gekommen, gerade in Rossitten Vögel zu beringen? Sehr einfach durch den hier üblichen Krähenfang, der mir eine unbegrenzte Zahl ganz unverletzt gefangener Vögel in die Hände lieferte. Dieser Krähenfang gehört wohl mit zu den urwüchsigsten Gebräuchen auf der Nehrung, drum soll von ihm etwas ausführlicher berichtet werden.

Eine dunkle Oktobernacht. In einem Rossittener Hause blitzt ein Licht auf, und bald darauf tritt ein Mann zur Tür heraus, um nach dem Wetter zu sehen. Es ist leichter Südostwind, trocken, nicht kalt — das bringt heute Krähenzug, also lohnt der Aufbruch zum Fange. Unterm Dachvorsprunge hängt das große Fangnetz nebst Zugleine, daran ein kleines Handbeil und ein Bund Holzpflöcke, deren jeder eine feste Hanfschlinge trägt. Alles wird nach hinten über die Schulter geworfen. Aus einem Verschlage werden zwei lebende Krähen herausgeholt und in einen Sack gesteckt, der nach vorn über die Schulter hängend befestigt wird. Nun noch etwas Mundvorrat in die Tasche, den langen „Pottstock", der zum Herumwerfen des Netzes dient, in die Hand, und vorwärts geht's in die Nacht hinaus nach Süden zu, die Nehrung entlang. Es ist ein weiter Weg, den der Fänger zurückzulegen hat, oft noch über Ulmenhorst hinaus. Endlich kommt er am Fangplatze an. Da hat er sich vorher bereits aus Reisig eine Bude gebaut, die Deckung für ein bis zwei hockende Menschen bietet. Schnell geht's nun an das Aufstellen des Netzes, das sorgfältig mit Sand bedeckt wird. Dann werden die beiden Lockkrähen an passender Stelle angepflöckt, ein toter Fisch und etwas Weizen finden als Köder ihren Platz mitten vor dem Netze, der ganze Platz wird mit der nachschleppenden Jacke oder mit Zweigen schön geglättet, und nun schnell! in die Bude hinein! Denn unterdessen ist es dämmrig geworden, und bald wird die Sonne über den hohen Wanderdünen emporsteigen. Ein herrlicher Oktobermorgen bricht an, und schon kommen die Krähen in langer Kette angezogen. Gleich die ersten markieren den Fangplatz. Das ist ein gutes Zeichen, heute scheint ein Fangtag zu werden. Da! Die nächsten schwenken ein, beschreiben einen eleganten Bogen und lassen sich am Fangplatze nieder. Zwei sitzen günstig, daß sie vom Netze bedeckt werden könnten, aber die andern gucken auch so lüstern nach dem Köder, vielleicht rücken sie noch näher heran. Lieber noch etwas warten! Da geht plötzlich ein Ruck durch die graue Gesellschaft — vielleicht hat die eine angefesselte Lockkrähe eine verdächtige, unbeholfene Bewegung gemacht — und der ganze Schwarm stiebt ab. Schade! Zwei hätte man haben können, warum ist man so „rachullsch", denkt der Fänger. Aber da schwenken abermals welche ein. Wieder sitzen zwei fanggerecht. Nun aber kein Zaudern mehr. Die beiden

Das Netz wird aufgestellt.

Fäuste des auf dem Boden sitzenden Fängers haben schon den starken Knebel umfaßt, von dem die Leine hinausläuft. Die Beine werden in zwei hergerichtete Sandlöcher gestemmt, und nun wirft sich der Körper mit kräftigem Rucke nach hinten, so daß der Pottstock hochfliegt, die Leine und das daran aufgereihte Netz herumschnellend: sausendes Flügelschlagen der erschreckt abstreichenden Krähen, aber unterm Netze zappelt es. Der Fänger stürzt hinaus, ergreift das Handbeil und einige Pflöcke und wirft beim Hineilen nach dem Netze mit dem einen im Sande nachschleppenden Fuße die neue Rinne aus, in der nachher die Leine wieder ihren Platz finden soll. Beide Krähen sind gefangen. Sie werden hervorgeholt und bekommen je eine Schlinge ans Bein, nachdem ihnen mit den eigenen Schwungfedern die Flügel über dem Rücken zusammengebunden sind. Dann wird der Pflock mit dem Beile in den Sand getrieben, und schon sitzen zwei neue Lockkrähen am Fangplatze. Ich habe mich dabei immer ge=

Die gefangenen Krähen werden unterm Netze hervorgeholt.

wundert, wie schnell sich diese frisch gefangenen Krähen in die neuen, höchst mißlichen Verhältnisse hineinfinden. Eben sind sie noch oben in der Luft ihre Straße gezogen, dann erfolgte der Fang, weiter die Angst in der Hand des Fängers, dann das Anbinden — und kaum ist der Gegenstand des Schreckens, der Mensch, in seiner Bude unsicht= bar geworden, da sitzt die als so schlau und vorsichtig verschriene Krähe ruhig und gelassen auf ihrem Platze und lockt sogar ihre Artgenossen. Der Furchtreflex ist geschwunden, und der Geselligkeitstrieb an seine Stelle getreten, sogar das augenblicklich unbehagliche Gefühl über=

täubend. Ein anpassungsfähiger Vogel, solche Krähe! Man sieht, wie wenig man berechtigt ist, solche Lebenslagen beim Tier ohne weiteres zu vermenschlichen. Mir sind diese Beobachtungen an den Krähenfangplätzen in psychologischer Hinsicht immer von großem Interesse.

Doch zurück zu unserm Fänger. Das Netz wird sofort wieder aufgestellt, denn schon wieder wollen Krähen einfallen, da die nachfolgenden Schwärme nichts von dem Unglück gesehen haben, das hier geschehen ist.

Jetzt sitzen fünf zum Beziehen. — Rums! Vier Stück zappeln, eine entkam. Alles wird ringsum angepflöckt und das Netz wieder aufgestellt. „Du Krät!" ruft plötzlich der Fänger in seiner Bude. Ein starker Hühnerhabicht stieß herunter, faßte eine von den Lockkrähen, riß den Pflock heraus und sauste ab. Alles mit Sekundenschnelle, so daß gar nicht Zeit war zum Zuziehen. Aber wie mancher gefiederte Räuber gerät auf die Weise unter das Netz, um in früheren Zeiten aufgegessen zu werden. Jetzt bringt man die zufällig gefangenen Raubvögel der Vogelwarte zum Beringen. Einmal hatte ich gleichzeitig vier frisch gefangene Seeadler.

Vor dem Beißen.

Schon wieder kann der Fänger zuziehen, diesmal sechs Krähen bedeckend. Ich habe einmal einen Zug von dreizehn Stück erlebt, aber so etwas ist selten.

Heute kann der Fänger gar nicht geraten: Aufstellen und Zuziehen wechseln sich in rascher Folge ab, so daß schließlich dreißig bis vierzig angepflöckte Krähen um das Netz herumsitzen. Je mehr „Löcke", um so besser der Fang.

Gegen Mittag tritt eine Pause ein. Da das Wetter so schön ruhig geworden ist, ziehen die Krähen sehr hoch ihre Straße. Nun kann man wenigstens ein Stück Brot mit Speck oder einer gekochten Krähe essen, die man sich von einem früheren Fange mitgebracht hat. Trocken Brot und trockenes gekochtes Krähenfleisch — eine trockene Geschichte! Ich muß immer Schluckbewegungen machen, wenn ich da zusehe.

Am Nachmittag wird zunächst nicht viel mit dem Fange, aber gegen Abend bekommen die Krähen mit einem Male wieder Lust zum Fallen. Ganz hoch oben ziehen sie als kleine Pünktchen ihre Straße, und trotzdem werden sie durch ihren Geselligkeitstrieb zu der unten gemütlich dasitzenden angepflöckten Schar ihrer Artgenossen heruntergezwungen. Wie das hübsch aussieht, wenn sie plötzlich die Flügel anlegen und in eleganten Schraubenlinien heruntersegeln. Es gibt noch einen guten Fang, und sechzig Stück sind die gesamte Ausbeute dieses schönen Herbsttages.

Der Abend naht heran, der Zug hat aufgehört, und nun tritt der Fänger unter seine gebändigte Schar, nachdem er die kurze Pfeife aus dem Munde genommen hat, ein Anblick, der mich immer an das Bild vom Riesen unter den Liliputanern erinnert. Eine Krähe nach der anderen wird hochgenommen, wobei die Rechte die Flügelspitzen, den Schwanz und die Fänge umfaßt, während die Linke den Schnabel festhält; der Kopf wird zwischen die Zähne geschoben, ein leises Knirschen, und schon ist die Krähe blitzartig verendet, um einem neuen Kopfe zwischen den Zähnen Platz zu machen.

Nun gebe ich ohne weiteres zu, daß es ästhetischere Anblicke gibt als einen Krähen beißenden Nehrungsmenschen, aber diese eigenartige Sitte der Eingeborenen ist doch ein Stückchen Urwüchsigkeit, die der modernen Zeit leider immer mehr verlorengeht und die so recht zu unserer rauhen Kurischen Nehrung paßt. Die Hauptsache ist aber,

Die Krähe wird totgebissen.

daß sich diese Tötungsart als im höchsten Grade human erweist. Wenn ein Tier für uns sterben muß, dann ist es unsere Pflicht, den Tod möglichst schnell herbeizuführen. Nun, ich muß sagen, daß ich selten ein Tier so schnell habe verenden sehen, wie eine solche gebissene Krähe. Kein Zucken geht mehr durch den Körper, es ist wirklich ein blitzschnelles Sterben. In kürzester Zeit tötet der Fänger auf diese sonderbare Weise mehrere Schock Krähen. Das sollte er einmal mit dem Messer versuchen! Was wäre das für eine Quälerei! Wenn es nach mir ginge, dann müßten unsere Dienstmädchen alle Gänse, Enten und Hühner totbeißen, anstatt mit dem stumpfen Messer loszusäbeln. Ich bitte auch zu bedenken, daß beim Beißen weder Blut fließt noch etwa Gehirn umherspritzt. Nur leicht eingedrückt wird die Hirnschale. Schlimm sieht es allerdings aus, wenn ein alter Nehrunger nur noch zwei Zähne sein eigen nennt, einen im Oberkiefer und einen im Unterkiefer; da heißt es gut abpassen, aber es geht auch. Daß hier der Glaube herrscht, gebissene Krähen schmeckten besser als geschossene, soll nur nebenher erwähnt werden. Die geschossenen sollen „nach Pulver schmecken".

Nachdem das große Schlachten vorüber ist, wird alles schön zusammengepackt, die kurze Piep wieder in Brand gesetzt, und nun geht's heimwärts, ein dickes Bündel Krähen auf dem Rücken, und die herunterhängenden Holzpflöcke klappern den Takt dazu. Das ist Nehrungszauber. Ich möchte diese urwüchsigen Krähenfängergestalten hier nicht missen.

In der Dunkelheit kommt der Mann zu Hause an, und morgens um drei geht's bei günstiger Witterung schon wieder hinaus zu neuem Fang, und das wochenlang — eine anstrengende Zeit! Wie sagte mein alter Krähenfänger Falk, der „Vogelfalk", wie er im Dorfe genannt wurde, er später leider in der See beim Fischen ertrank: „Wenn die Krähen ziehen, braucht man nicht zu schlafen; schlafen kann man im Winter."

Von den Leuten hier werden die Krähen fast ausschließlich gekocht: „mit Kumst bekocht", und dann sitzen Vater und Mutter am Tische und freuen sich über die Abwechslung im Küchenzettel, der sonst meist Fische und Kartoffeln aufweist, und die kleinen Kinder drum herum jedes einen Krähenschinken benagend — ein echtes Nehrungsbild! Was nicht gleich zur Verwertung gelangt, wird für den Winter eingepökelt, und die Federn wandern in die Betten. Eine Krähe kostete in alten Zeiten ohne Federn 10 Pfg., mit Federn 12 Pfg., jetzt ist der Preis bedeutend gestiegen. — Wie schmecken Krähen? Gut!

Nach dem Totbeißen schmeckt ein Schnäpschen gut.

Man muß nur die Bürzeldrüse abschneiden, während Abziehen der Haut nicht anzuraten ist, da jeder abgezogene Vogel viel von seinem Werte eingebüßt hat. Gepökelte Krähen schmecken mir nicht. Früher aßen wir selbst mehr der Wissenschaft halber Krähen, aber jetzt nach dem Kriege finden sie sich in jeder Zugzeit mehrmals auf unserer Tafel ein, besonders wenn wir in Ulmenhorst wohnen. Verehrte Leserin, ich will Dir gebratene Wildtauben und junge Nebelkrähen auf einer Schüssel servieren — ich wette, Du kannst sie nicht unterscheiden.

Diese frisch gefangenen

Nebelkrähen

kaufte ich nun den Leuten ab und ließ sie beringt wieder fliegen. Ich saß dann meist mit einem Bündel Fußringe versehen neben dem Fänger in der Bude, um nach jedem Zuziehen des Netzes die Beute gleich loszulassen, einst hundertzwei Stück an einem Nachmittage. Genau kann ich mich noch besinnen, wie ich am 9. Oktober 1903 die erste beringte Krähe fliegen ließ, und wie sie sich unter Hunderte und Tausende von Artgenossen mischte, um weiter zu ziehen. Die sollst du wiederbekommen? so lautete meine besorgte Frage, und ich wäre zufrieden gewesen, wenn eine von hundert zurückgeliefert worden wäre, aber siehe da, es wurden in kurzer Zeit überraschend günstige Resultate erzielt. Bis auf 12 Prozent zurückgemeldeter Nebelkrähen bin ich gekommen.

Zunächst trafen Meldungen aus nächster Umgebung ein, und da ist es mehrfach vorgekommen, daß eine Krähe, die ich frühmorgens aufgelassen hatte, am Nachmittage schon wieder an einer mehrere Kilometer entfernt gelegenen Rossittener Fangstelle oder am nächsten Tage bei Sarkau mit dem gleichen Netze und unter denselben Bedingungen wieder erbeutet wurde. Das wirft gewiß kein sehr günstiges Licht auf die oft gerühmten geistigen Fähigkeiten unserer Krähen. Dann folgte das erste auswärtige und darum für den Versuch bemerkenswerte Stück aus dem Kreise Randow in Pommern. Der erste Erfolg! Darob große Freude! Weiter ein Stück aus der Ost=Prignitz, dann ganze Anhäufungen um Stettin herum, wo wahrscheinlich die Schuttabladeplätze große Anziehungskraft auf die ziehenden Krähen ausübten. Dann ging's nach Mecklenburg hinein. Da trat zunächst Stillstand ein, so daß ich schon glaubte, die über die Nehrung wandernden Nebelkrähen würden ihre Herbstwanderungen nur bis zum Elbgebiet ausdehnen, aber siehe da, die nächsten Jahre brachten Erfolge aus dem Gebiete der Weser und des Rheines bis zum nördlichen Frankreich. Das südlichste Stück wurde von Prettin an der Elbe eingeliefert. Nun konnte ich die um die Kreuzchen herumliegende Partie auf der Karte schraffieren und hatte damit das Winterbesiedelungsgebiet der Nebelkrähe erfaßt. Es stellt kurz gesagt die Norddeutsche Tiefebene dar. Das ist der Herbstzug. Im Frühjahr setzt sich dann die ganze Gesellschaft nach Nordosten zu wieder in Bewegung, und nun wurden im Laufe der Jahre Krähen aus Kurland, Livland, Estland, bis zum mittleren Finnland zurückgeliefert, und zwar von den **Brutplätzen**. Auch dieses Gebiet konnte auf der Karte schraffiert werden, und man bekam damit die Brutheimat der in Frage kommenden Nebelkrähen. Um die Stadt Helsingfors herum bemerkt man auf der Karte eine starke Anhäufung von Fundstellen. Das drückt nicht aus, daß die Rossittener Krähen gerade mit großer Vorliebe nach dieser Stadt gezogen wären, sondern dort wirkte in damaliger Zeit Professor Palmén, der ein ganz besonderes Interesse für diesen neuen Versuch zeigte, durch Bekanntmachungen Aufklärung schaffte und sofort Resultate zeitigte. Das Experiment steht und fällt eben mit dem Interesse, das ihm von der Bevölkerung entgegengebracht wird.

Auf die geschilderte Weise ist die beigegebene Krähenzugkarte entstanden. Es soll und kann damit nicht ausgedrückt werden, daß die Krähen nicht noch weiter über das mittlere Finnland hinaus nach Norden vorrücken. Sicher tun sie das, aber wer mag dort in jenen menschenleeren Gegenden noch auf Krähen schießen! Und gerade bei der Nebelkrähe sind ohne Zweifel die vielen Rückmeldungen dem Umstande zuzuschreiben, daß diesem Vogel als Jagdschädling arg nachgestellt wird. Eine Krähe läßt wohl kein Jäger unbeschossen vorüberstreichen.

Der aufmerksame Beschauer der Karte wird nun ohne weiteres einwenden, daß südlich von Prettin an der Elbe im Winter auch Nebelkrähen anzutreffen sind. Gewiß! Aber der Versuch sagt, daß diese Krähen nicht aus dem nordwestlichen Rußland stammen, um über die Kurische Nehrung zu wandern, sondern wahrscheinlich aus den direkt östlich gelegenen Gebieten, also etwa aus Polen mit den nach Nordosten zu anschließenden Teilen. Wenn sich dort zahlreiche Krähenmarkierungen vornehmen ließen, dann würden die Fundstellen wahrscheinlich in die Landesteile fallen, die sich südlich an die Norddeutsche Tiefebene anschließen.

Zwischen der auf der Karte aufgezeichneten Brutheimat und der zugehörigen Winterherberge findet nun in jedem Jahre zweimal ein Hin und Her statt, denn es ist vorgekommen, daß Krähen etwa im Herbst 1905 bei Rossitten gefangen und beringt aufgelassen wurden, um nach mehreren Jahren nahe der alten Fangstelle wieder ins Netz zu geraten. In der Zwischenzeit haben sie also in jedem Jahre die Kurische Nehrung überflogen. Hin und her, hin und her! Oder die Krähe Nr. 6455 erhielt zum Beispiel ihren Ring am 4. November 1911 beim Herbstzuge und wurde Ende März 1912 bei der Rückwanderung nicht weit von Ulmenhorst wieder erbeutet. Sie ist also im Herbst und Frühjahr dieselbe Straße gezogen. Ebenso die Nr. 21745, gezeichnet am 13. Oktober 1913 bei Ulmenhorst, erbeutet im März 1914 bei Sarkau auf der Kurischen Nehrung.

Meines Erachtens zeigt die entstandene Krähenzugkarte nebenbei auch die überaus günstige Lage Rossittens für Beobachtung des Vogelzuges. Man beachte die schmale Schraffierung bei der Kurischen und Frischen Nehrung. Nie ist ein Kreuzchen etwa nach Osten zu weitab von der Küste gefallen. Wenn da die Vogelwarte läge, würde man bei weitem nicht so viel ziehende Vögel zu Gesicht bekommen, weil sich alles an dem genannten Küstenwinkel mehr zusammenzudrängen scheint.

Bis jetzt haben wir von Zugkrähen gesprochen. Nun will man doch auch wissen, wie sich die ostpreußischen Brutkrähen verhalten. Bleiben die im Winter über hier, oder ziehen sie ab? Ich ließ es mir

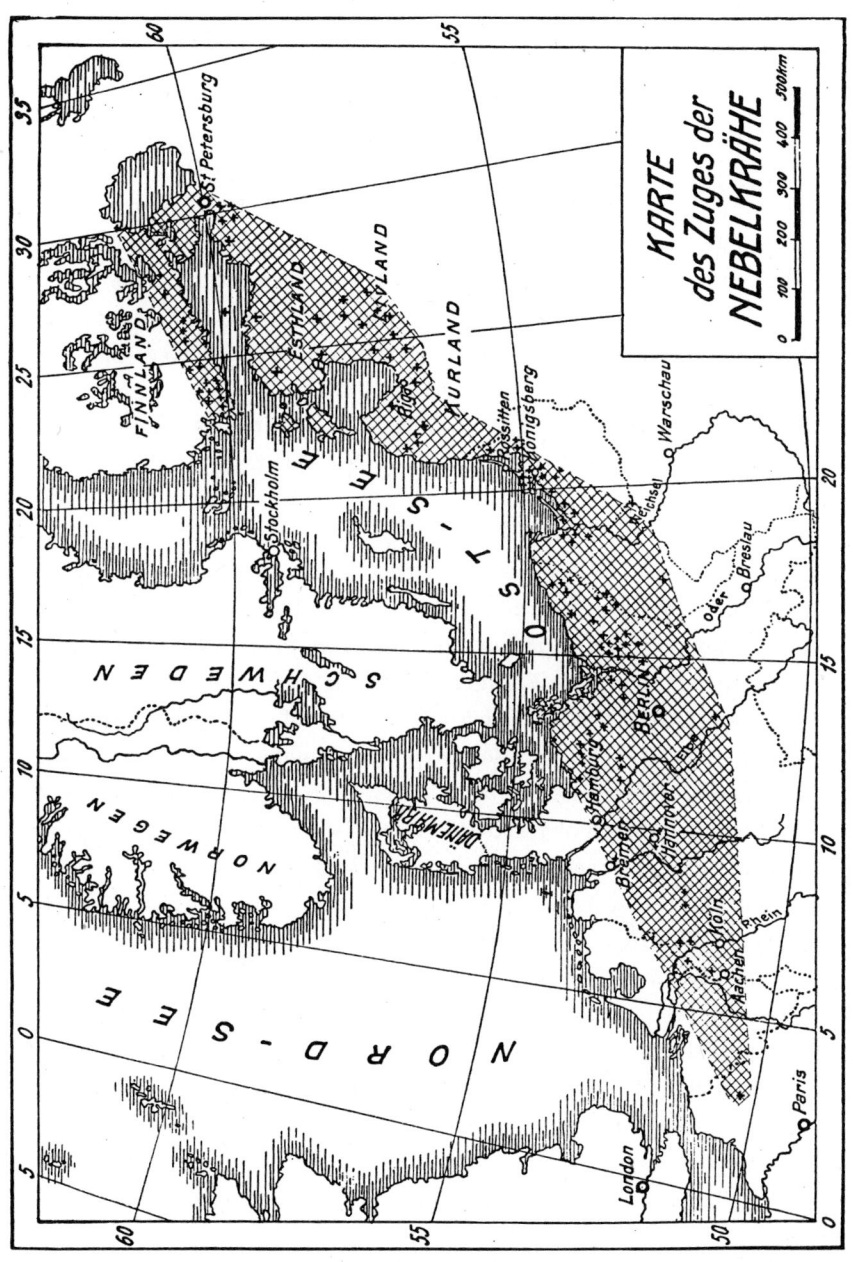

also angelegen sein, junge Nebelkrähen im Horste zu beringen, ein umständliches Geschäft, das wirkliche Massenberingungen unmöglich machte, aber doch blieben die Resultate nicht aus und schafften Aufklärung. Eine junge Brutkrähe von der Frischen Nehrung wurde zum Beispiel bereits am 26. Oktober 40 Kilometer westlich von Berlin angetroffen. So hat man sich die herbstlichen Krähenwanderungen im großen und ganzen als ein Nachrücken zu denken. Die ostpreußischen Vögel ziehen nach Südwesten ab, und nordische Artgenossen rücken an ihre Stelle.

Jedenfalls deutet das Beringungsexperiment auf eine große Regelmäßigkeit im Nebelkrähenzuge hin, die man früher nicht annehmen konnte.

Nachdem mit Krähen so günstige Resultate erzielt waren, wagte ich mich an andere Zugvögel heran, und zwar zunächst an

Störche.

Der Storch ist der prädestinierte Versuchsvogel: er ist groß, so daß man recht deutliche Ringe nehmen kann, jedermann kennt ihn, jeder achtet auf ihn, und vor allem stellt er den ausgeprägten Zugvogeltyp dar, der seine Wanderungen weit nach Süden zu ausdehnt.

Nun unternahm ich selbst erst wieder alle möglichen Versuche, um festzustellen, ob das Markieren der Jungstörche in den Nestern etwa die Brut stören würde, denn ich konnte doch den Leuten unmöglich zumuten, des Experimentes wegen ihre geliebten und gehegten Störche zu verlieren. So war ich selbst an zwei aufeinanderfolgenden Tagen in den bei Königsberg gelegenen bekannten Storchdörfern Seligenfeld und Lawsken auf 25 Storchnestern oben und konnte sehen, daß die Beringung absolut nichts schadet. Sobald man hinaufkommt, legen sich die halb erwachsenen jungen Störche platt hin und strecken einem ihre langen Ständer entgegen. Man legt die Ringe um, wobei nie etwa ein Angriff von seiten der alten Störche erfolgt, und sobald man wieder unten angelangt ist, nimmt das alte Paar die Brutpflege ohne weiteres wieder auf. Diese intimen Einblicke in die Storchheimstätten waren recht interessant. Ein Storchnest muß man sich nicht wie ein großes muldenförmiges Gebilde vorstellen, sondern ganz flach und nur in der Mitte mit einer kleinen Vertiefung versehen, die den auf den Eiern brütenden Storchkörper gerade aufnehmen kann. Und was man alles in Storchnestern findet! Lumpen, Pferdeäpfel, Damenhandschuhe, einen Männerfausthandschuh, Strümpfe, Kinderlätzchen, Tassenscherben, eine Kalbsrippe, einen Regenschirmgriff, Stücke von Tauen und Stricken, eine Kartoffel, eine Kinderkegelkugel, größere Steine, eine Sprungfeder und dergleichen. Die Störche schleppen diese sonderbaren Dinge teils beabsichtigt, teils mit anderen aufgerafften Baustoffen zusammen ins Nest. Ich habe alles sorgfältig gesammelt, gründlich desinfiziert und in einem Raritätenkasten in der Sammlung ausgestellt, der bei den Besuchern immer besonderes Interesse erregt.

Nachdem nun alle Vorarbeiten beendigt waren, wurde im Jahre 1906 zur unentgeltlichen Abgabe von Ringen nach auswärts geschritten, und es dauerte nicht lange, da waren ein paar tausend junge Störche beringt. Das klingt wohl viel, ist aber in Wirklichkeit verschwindend wenig im Verhältnis zum gesamten Storchbestande. Das mag eine Storchzählung zeigen, die von der Physikalisch-Ökonomischen Gesellschaft in Königsberg im Jahre 1905 für Ostpreußen vorgenommen wurde. Danach gab es damals 13 565 besetzte Storchnester in der Provinz. Nehmen wir an, daß auf jedem Storchneste drei Junge ausgekommen sind, so beträgt deren Zahl 40 695. Die Alten hinzugerechnet, so sind allein aus Ostpreußen im Herbst 1905 67 825 Störche abgezogen. Jetzt hat der Bestand leider sehr abgenommen.

Was bedeuten ein paar tausend markierte Stück gegen solche Summen! Und trotzdem bot sich schon sehr bald das erste Resultat, das einen zweitägigen Storchflug von Geschendorf bei Lübeck bis Michelwitz in Schlesien darstellte. Gleich schon zeigte sich der auffallende Zug nach Südosten, der unserm Storche eigen ist.

Aber nun Rückmeldungen aus dem fernen Auslande bekommen!? Wird das möglich sein? An Kritteleien und Bespöttelungen fehlte es damals nicht. Da traf im Januar 1908 eine Nummer der englischen Zeitschrift „The Field" auf der Vogelwarte ein mit der Notiz, daß der Storch Nr. 163 bei einem Eingeborenendorfe in Nordost-

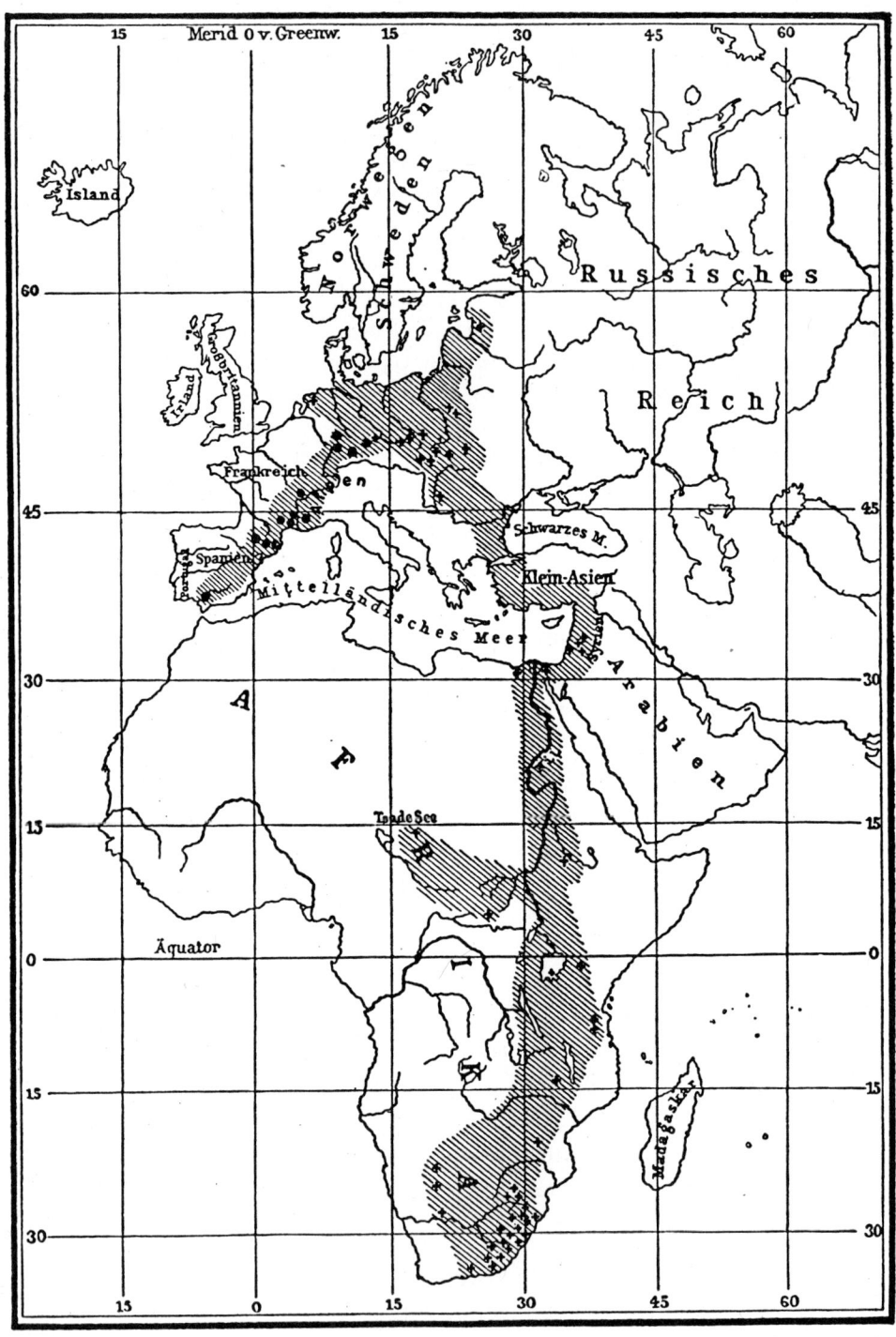

Storchzugkarte. Die Kreuze (++) und Punkte (..) bedeuten Fundstellen beringter Störche. Die schraffierten Bahnen stellen die Zugstraße dar.

Rhodesia, Südafrika, erbeutet worden sei. Der ganze Vogel mit anhängender Marke sei konserviert worden und solle nach Rossitten eingeschickt werden. Die Freude war groß! Das Experiment glückt! Es muß glücken! Ich habe gebangt, daß das Schiff nicht untergehen möchte, das meinen kostbaren Storch trug. Und er kam, zwischen zwei Bretter verpackt, glücklich an und steht in der Sammlung. Aus Streitz, Bezirk Köslin, stammte er. Nun ging's Schlag auf Schlag weiter, und die beigegebene Karte mit den Fundstellen beringter Störche und den schraffierten Zugbahnen sagt das Weitere. Die Wanderungen der nord- und ostdeutschen, auch mitteldeutschen Störche führen, wie schon erwähnt, nicht nach Südwesten wie bei den andern Zugvögeln, sondern nach Südosten nach Ungarn hinein, über den Bosporus, durch Kleinasien, Syrien, Palästina, nach Afrika hinüber, das Niltal aufwärts und weiter in der mit Seen ausgestatteten Osthälfte Afrikas bis zur äußersten Südspitze dieses Erdteils, wo die Hauptwinterherbergen liegen. Auch das Mittelländische Meer wird wohl an schmalen Stellen überflogen, denn ich habe von Schiffahrern Meldungen über beobachtete Storchflüge bekommen, aber die Hauptmassen scheinen doch den schraffierten Landweg zu wählen. Das sind immer rund zehntausend Kilometer, die diese jungen, eben dem Neste entstiegenen Vögel mit ihren Eltern zurücklegen müssen. Im August verlassen sie Ostpreußen und sind gegen Mitte November in Südafrika angelangt, brauchen also rund drei Monate zu dieser weiten Reise.

Daß Störche in jenen Gegenden Afrikas vorkamen, das wußte man auch vor dem Versuche, aber ihre genaue Herkunft war unbekannt. Das Neue an der Sache ist das, daß man jetzt von jedem Fundort in der Winterherberge die Brutstelle weiß. Das Dach des ostpreußischen Insthauses kann genannt werden, wo der später im Kaplande angetroffene Storch das Licht der Welt erblickt hat, und das gab Aufklärung über Aufklärung. Man schwelgte förmlich in dem Lichte, das das Dunkel des Vogelzuges durchdrang.

Im Frühjahr geht's dann wieder zehntausend Kilometer zurück, und zwar immer nach der engeren Heimat. Die Verhältnisse sind nicht so zu denken, daß ein Storchpaar in dem einen Jahre etwa in

Ostpreußen nistet, im nächsten in Mecklenburg und so fort, sondern die Ostpreußen kehren nach Ostpreußen zurück und die Mecklenburger nach Mecklenburg, ja sogar in begrenzte Teile der betreffenden Provinz. Wenn irgend möglich wird von den alten Störchen das alte Nest wieder bezogen, und die Jungen siedeln sich in der engeren oder weiteren Umgebung an, jedenfalls ergänzt sich der Storchbestand einer Gegend zum größten Teile aus den Jungen, die in der Umgebung erbrütet wurden. Ausnahmen sind selten.

In Afrika brüten unsere Störche nicht, es kommt aber vor, daß einjährige, ja sogar zweijährige Stücke während unseres Sommers im Süden bleiben. Mehrere solche Fälle hat das Beringungsexperiment gebracht, aber nicht oft. Dabei ist zu bedenken, daß der Storch im ersten auf seine Geburt folgenden Jahre noch nicht fortpflanzungsfähig ist.

Die süd- und westdeutschen Störche wählen einen anderen Weg, und zwar nach Südwesten über Spanien, und das Grenzgebiet stellt ungefähr die Weser dar. Bemerkenswert ist, daß von einem im Grenzgebiet liegenden Neste die jungen Störche in dem einen Jahre nach Südosten, im anderen nach Südwesten abgewandert sind.

Während ich nun aus den unkultiviertesten Teilen Südafrikas und unter den größten Schwierigkeiten und Zufälligkeiten Storchringe, beringte Ständer oder Meldungen zurückerhalten habe, kommt das Experiment auf der südwestlichen Zugstraße vorläufig nicht über Gibraltar hinaus. Wie geht die Reise von da weiter, und wie wird die vorgelagerte Sahara überwunden? Das ist die Frage, die die ornithologischen Kreise jetzt interessiert, und um ihrer Lösung etwas näherzukommen, müßte man recht viel Störche im Süden und Westen Deutschlands beringen. Ich weiß wohl, daß das kein leichtes Geschäft ist, denn die Storchnester sind dort seltener und stehen meist auch recht hoch, aber jede Hilfe ist dabei willkommen.

Einen kleinen Fingerzeig in dieser noch ungelösten Frage gab ein interessantes Erlebnis aus dem Sommer 1924. Da meldete ein Jäger aus Sevilla einen am Guadalquivir aufgefundenen, fast vierjährigen Ringstorch, der aus Roßdorf, Bezirk Kassel, stammte. Er stellt den südlichsten Fundort in Spanien dar. Nebenbei wurde berichtet, daß im Frühjahr vorher (1923) in demselben Sumpfgebiet am Guadalquivir ein Storch erbeutet worden sei, der im Rücken einen Negerpfeil stecken hatte. Nachdem ich auf den Wert dieses Objektes hingewiesen hatte, wurde der Pfeil an die Vogelwarte freundlichst eingeschickt und hängt jetzt als vielbewundertes Schaustück in der Sammlung. Der damit verknüpfte Vorgang ist folgendermaßen zu denken: Irgendwo in Afrika ist dieser Storch von einem Eingeborenen angeschossen worden, hat sich den Rohrschaft heraus-

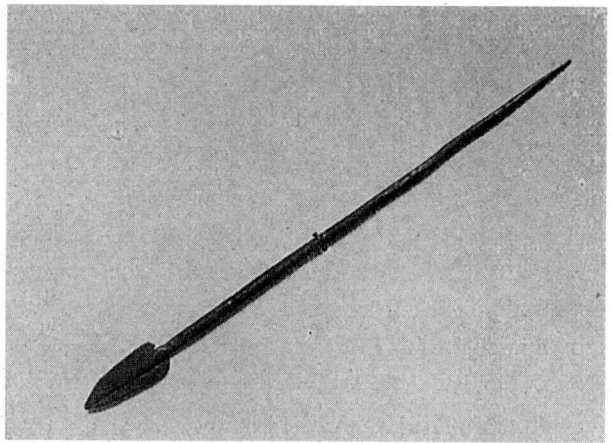

Negerpfeil aus dem Rücken eines Storches.

gezogen und ist mit der Eisenspitze im Rücken bis Südspanien geflogen, wo er mit dem Feuergewehr erbeutet wurde. Wenn sich nun ermitteln ließe, welcher Negerstamm solche Pfeile schießt, dann könnte man vielleicht den Weg dieser Storchscharen in Afrika weiter verfolgen. Ich gab also den Pfeil an sachverständige Ethnographen weiter, worauf der Bescheid einlief, daß diese Waffe höchstwahrscheinlich nicht westafrikanischen Ursprungs sei, sondern entweder aus dem Sudan oder aus Ostafrika stamme. Damit ist natürlich die betreffende Storchzugfrage nicht endgültig gelöst, aber man hat doch einen kleinen Hinweis, der einem vielleicht später noch nützen kann.

Auch über die in mehrfacher Hinsicht interessanten Storch=
junggesellen hat das Beringungsexperiment willkommenen Auf=
schluß gebracht. Die landläufige Ansicht ist die, daß alle die Störche,
die sich während der Brutzeit, also im Juni und Juli, vagabundierend
auf Feldern und Wiesen umhertreiben und abends auf großen Rand=
bäumen einfallen, Junggesellen sind, die keine Frauen gefunden
haben. Hagestolze werden sie darum auch oft im Volke genannt.
Diese Ansicht stimmt durchaus nicht. Es war mir bekannt, daß große
Begüterungen, die auf die Pflege der Niederjagd viel Geld und Mühe
verwenden, diese Raubstörche, wie sie in Ostpreußen genannt werden,
kurzzuhalten suchten, wodurch mir Gelegenheit geboten war, eine An=
zahl solcher eingeschickter erlegter Tiere zu untersuchen. Und was stellte
sich heraus? Daß sich beide Geschlechter ungefähr die Wage hielten,
ja, daß sogar noch etwas mehr Weibchen darunter waren. Also nichts
von Junggesellen! Nun könnte man denken, daß das alles entweder
ganz junge, noch nicht fortpflanzungsfähige Tiere gewesen wären
oder ganz alte unfruchtbare, aber da kam das Beringungsexperiment
aufklärend zu Hilfe, denn es befand sich unter den untersuchten
Störchen zufällig ein beringtes Stück, das drei Jahre alt, also jedenfalls
brutfähig war. So bleibt nur die Annahme übrig, daß die Störche nicht
in jedem Jahre horsten, sondern ab und zu Pausen im Brutgeschäfte
eintreten lassen, wodurch sich auch die verhältnismäßig schwache Ver=
mehrung des Storchbestandes erklärt. Daß für das Brüten und Nicht=
brüten fette oder magere Storchnahrungsjahre maßgebend sind, ist
anzunehmen.

Wie steht es nun mit dem Alter der Störche? Darüber wird
das Beringungsexperiment, sofern das Ringmetall aushält, im Laufe
der Jahre sicher noch ganz genaue Auskunft geben können, ja, es stellt
vielleicht das einzige Mittel dar, hinter die Geheimnisse dieser Frage
zu kommen. Vorläufig aber ist der Versuch noch viel zu jung, um das
volle Alter eines Storches oder Adlers oder Kolkraben erfassen zu
können. Diese Vögel werden sicher sehr alt, und man hört zuweilen
nach Beobachtungen in der Gefangenschaft siebzig und achtzig Jahre
nennen. Gegen solche Gefangenschaftsbeobachtungen können aber

der unnatürlichen Lebensbedingungen wegen leicht Einwendungen erhoben werden, während das Beringungsexperiment den vollständig frei lebenden Vogel als Versuchsobjekt vor sich hat. Mit der Markierung von Störchen begann die Vogelwarte im Sommer 1906. Die ältesten bisher zurückgemeldeten Störche sind folgende: sechs achtjährige, ein neunjähriger, ein zehnjähriger und drei elfjährige. Der eine elfjährige wurde im Sommer 1907 in Struffow in Pommern markiert und Anfang Mai 1918 in nächster Nähe des Beringungsortes wieder angetroffen. Er war seit fünf bis sechs Jahren immer auf dasselbe Nest zurückgekehrt. Daß die Störche noch viel älter werden als elf Jahre, steht außer Zweifel, aber eine bestimmte Altersgrenze wage ich nicht zu nennen. Außerdem mögen nur wenige Zugvögel eines natürlichen Todes, etwa an Altersschwäche, sterben, denn dazu sind der Gefahren auf den weiten Reisen zu viele, und damit kommen wir noch kurz auf die Gründe zu sprechen, warum in so verhältnismäßig kurzer Zeit so unerwartet viel beringte Versuchsstörche in die Hände geliefert wurden.

Der Hauptgrund ist wohl das Vergiften der Heuschrecken in Afrika, wovon ja schon gesprochen worden ist. Unsere Störche folgen den Heuschreckenschwärmen — sie werden dort direkt als große Heuschreckenvögel bezeichnet — und gehen nach dem Genuß dieser vergifteten Schädlinge massenweise zugrunde. Öfter hieß es in den auf der Vogelwarte einlaufenden Meldungen, daß an der betreffenden Stelle noch mehr Störche herumgelegen hätten. Wenn unsere Storchnester in Ostpreußen veröden, so haben wir die Gründe dafür in jenen fernen südlichen Gegenden zu suchen. Recht oft scheinen Störche in Afrika bei Hagelwettern einzugehen, von Hagelkörnern erschlagen. Mehrere solche Fälle liegen vor, und zwar aus dem Dezember. Auch daß Störche, die während unseres Sommers in Südafrika geblieben sind, durch Kälte und Schneefälle ihr Leben verloren haben, wird gemeldet. Und schließlich die Verfolgungen von seiten der Eingeborenen nicht zu vergessen! Mit Bogen und Pfeil, mit Schlingen und Eisen wird unsern Vögeln nachgestellt. Sehr viel Störche werden auch durch die Hochspannungsleitungen vernichtet.

Man darf wohl sagen, daß die Erforschung der Zugverhältnisse bei unserm weißen Storche durch das Beringungsexperiment eine sehr große Förderung erfahren hat.

Recht günstige Gelegenheit war in Rossitten zum Beringen von

Lachmöwen

geboten, und zwar auf dem hiesigen Bruche. Wenn die jungen Möwchen in ihrem braungescheckten Dunen= oder Halbdunenkleide auf dem Wasser umherschwimmen, dann fahre ich im Boot hinaus, fange die Tierchen mit dem Kescher ein, sammle sie in einem Korbe, um sie dann beringt wieder loszulassen. So schwimmen sie noch einige Wochen auf dem Bruche umher und fliegen dann los. Wenn ich nun früher mit Vogelwartenbesuchern am Rande des Bruches stand und dem Vogelgewimmel zuschaute, dann wurde regelmäßig die Frage an mich gerichtet: Wohin mögen diese Vögel im Winter ziehen? Welche Wege schlagen sie ein? Damals konnte ich nur allgemein gehaltene Antworten geben, aber jetzt brauche ich die fragenden Personen nur an die Lachmöwenkarte heranzuführen, da können sie sich ganz genau unterrichten. Sie sehen da, wie die Rossittener Lachmöwen für gewöhnlich nach Südwesten abwandern, die Seeküste als Richtschnur benutzend, und wie sie zum Überwintern nach England, der Nord= und Westküste Frankreichs, nach Portugal, Spanien und Nordafrika gelangen, ferner zum Genfer See, Bodensee, zur Rhonemündung und nach den Balearen. Sie wenden sich aber auch von der Kurischen Nehrung aus nach Süden durch das Donau= und Save=Tal nach Italien, nach den Küsten des Adriatischen Meeres und nach Tunis. Eine Anhäufung von Fundstellen Rossittener Lachmöwen weist die Pomündung in Oberitalien auf. Hier an den fischreichen Lagunen weilen diese Vögel sehr gern im Winter

Nun kommen wir zu den zwei auffallendsten Ergebnissen der Lachmöwenberingungen, die darin bestehen, daß zwei Stück aus der Neuen Welt zurückgemeldet worden sind. Sie müssen also den Atlantischen Ozean überflogen haben. Die eine wurde im November 1911 auf der Insel Barbados, Britisch=Westindien, die andere im Februar oder März 1912 an der Südküste des Golfs von Mexiko erbeutet. Das stellt einen Flug von etwa 14000 km dar. Beide könnten den Daten nach ein und demselben Fluge Lachmöwen angehört haben, der im Herbst nach Westen übers große Wasser abgewandert wäre.

Der von Barbados zurückgeschickte Ring hängt, umgeben von den Originalmeldungen, in der Sammlung.

Dazu sei bemerkt, daß in den Jahren 1924 und 1925 zwei Drei-

Junge Lachmöwen werden beringt.

zehenmöwen festgestellt wurden, die ebenfalls den Atlantischen Ozean überflogen haben. Sie wurden von dem englischen Forscher Witherby an der Schottischen Küste beringt und in Neufundland und Labrador wieder erbeutet.

Die Vogelwarte Rossitten hat gerade zum Kennzeichnen von Lachmöwen sehr viel Ringe nach auswärtigen Brutkolonien abgegeben, wodurch willkommene Vergleichspunkte zwischen Rossitten und auswärts geschaffen wurden. Alle die im Küstengebiet der Ost- und Nordsee gelegenen Lachmöwenkolonien entsenden ihre Insassen auf demselben Wege nach Südwesten wie die Rossittener Kolonie, und alles trifft sich in den gleichen Winterherbergen. Dabei macht es aber doch den Eindruck, als ob die aus einer Kolonie stammenden Möwen einigermaßen zusammenhielten, denn es ist im Winter einige Male vorgekommen, daß an einer Stelle gleichzeitig ganz zufällig zwei Vögel aus geschlossenen Flügen erbeutet wurden, die von ein und demselben Brutplatze stammten.

Höchst interessant waren die Feststellungen über einen Herbstzug der Lachmöwe nach Norden oder Nordwesten, wie ihn die schlesischen und die bayerischen Vögel am Wörthsee ausführen. Man würde ohne Ringversuch ohne weiteres von Schlesien aus einen Weg nach Süden zu annehmen, um das Adriatische Meer zu erreichen. Dieser Weg wird auch geflogen, aber die meisten Möwen scheinen nach Nordwesten abzuwandern, dem Lauf der Oder folgend, um die Seeküste zu erreichen, und dann nach Südwesten weiter. Ebenso wählen nicht alle Wörthseemöwen den Weg nach Südwesten über Bodensee, Genfer See usw., sondern ein großer Teil sucht auch erst auf einem Nordwestfluge zur See zu gelangen.

Man sieht, daß man nicht etwa Brutheimat und Winterherberge gradlinig verbinden darf, um den Reiseweg einer Vogelart herauszubekommen; nein, da liegen manchmal ganz komplizierte Verhältnisse vor.

Sehr gespannt mußte man sein, ob die in Rossitten erbrüteten Lachmöwen später hierher zurückkehren würden, denn gerade bei Koloniebrütern ist diese Frage der drohenden Inzucht wegen von Wichtigkeit. Die ersten Lachmöwen markierte ich im Jahre 1904, suchte aber in den darauffolgenden Jahren vergeblich nach zurückgekehrten markierten Stücken, wobei zu bedenken ist, daß die Lachmöwe erst im zweiten Jahre brutfähig wird. Man kann die frei fliegenden Lachmöwen auf zweierlei Weise auf Ringe untersuchen, entweder in der Kolonie selbst über den eben ausgeschlüpften Jungen oder auf dem Felde, wenn sie im Frühjahr Gewürm suchend dem Pfluge folgen. Über den Jungen pflegen sie bei Annäherung des Bootes zu rütteln und ihre herunterhängenden Beine dem bewaffneten Auge sehr schön zum Kontrollieren anzubieten, und hinterm Pfluge sind sie meist sehr vertraut, und die blanken Ringe heben sich gegen den schwarzen Acker sehr gut ab. So fand ich also in den ersten Jahren zunächst keine beringten Stücke, so daß ich schon glaubte und das auch mehrfach aussprach, daß sich eine Lachmöwenkolonie, um Inzucht zu vermeiden, nicht aus dem eigenen, sondern aus fremdem Nachwuchs ergänze. Aber siehe da, nachdem durch alljährliches Beringen eine stattliche Anzahl Versuchsobjekte herangezogen war, traten plötzlich in Rossitten beringte Lachmöwen auf, und jetzt zählen solche gar nicht zu den Seltenheiten. So ist anzunehmen, daß die jungen Möwen zum großen Teil wieder in ihre Stammkolonien zurückkehren, um zu brüten, und zwar schon dann, wenn ihre Eltern noch da brüten. Unter solchen Verhältnissen werden sich Eltern und Kinder und Geschwister sicher nicht immer von der Paarung ausschließen. Inzucht wird häufig vorkommen. Man vergegenwärtige sich zum Beispiel mal die Verhältnisse bei Hasen. Die Vogelwartenringe werden zuweilen auch für Säugetiere verwendet, was ganz gut geht, indem in die Ohrmuschel zur Aufnahme des Ringes ein kleiner Schlitz eingestochen wird. So habe ich Fälle, wo ein Hase solche Marke fünf Jahre getragen hat und dauernd auf seiner heimatlichen Feldflur geblieben ist. Man bedenke, was für eine zahlreiche Nachkommenschaft dieser Hase im Laufe der Jahre hinterlassen hat, und alles ist an Ort und Stelle geblieben! Das muß doch eine ausgedehnte Verwandtenheirat abgeben! —

Im Gegensatz zu diesen am Brutplatze markierten Lachmöwen sind die Möwen ganz anders zu bewerten, die im Herbst bei starkem Winde am Seestrande bei Rossitten entlangziehen, und zwar gegen den Wind. Es handelt sich vor allem um

Heringsmöwen, Sturmmöwen, Mantelmöwen.

Auch diese Vögel, deren Brutplätze in nördlicheren Gegenden liegen, werden von den Nehrungern in denselben Krähennetzen gefangen, um in früheren Zeiten aufgegessen zu werden. Man machte Gänsebraten daraus. Jetzt bringt man sie zum Beringen auf die

Vogelwarte, wobei ich zunächst mit der Bezahlung meine liebe Not hatte, weil die Leute Gänsefleischpreise verlangten. Auf meine Vorhaltungen, daß doch diese Seemöwen zäh und tranig schmeckten, meinte der eine Fänger in treuherziger Weise, er behielte ja auch nur immer die jungen, die alten schenkte er seiner Schwiegermutter. Ein Gemütsmensch!

Die Beringung dieser ziehenden Seemöwen hat gezeigt, daß sie ihre Wanderungen am Seestrande von Jahr zu Jahr wiederholen, zuweilen aber auch weite Binnenlandsflüge unternehmen. So wurde eine Heringsmöwe am 3. November 1911 auf dem Hofe der Vogelwarte beringt aufgelassen und bereits am 25. November, also nach 22 Tagen, 1170 Kilometer entfernt in Belgrad, Serbien, geschossen. Der Vogel wurde als erlegte Silbermöwe gemeldet, denn junge Herings- und Silbermöwen sind sehr schwer zu unterscheiden, in manchen Fällen überhaupt nicht. Da sich aber im Verlaufe des Beringerperimentes herausgestellt hat, daß die Silbermöwe ein durchaus seßhafter Vogel ist, so darf bestimmt Heringsmöwe angenommen werden. Von der

Silbermöwe

habe ich zehn-, dreizehn- und fünfzehnjährige Stücke, die immer in der näheren und weiteren Umgebung ihrer Stammkolonie geblieben sind, wo sie als junge Vögel beringt waren. —

Das Ausland zeigte für den Beringungsversuch von Anfang an ein großes Interesse. O, wie begeistert waren zum Beispiel die Franzosen, und wie eifrig haben sie mir geholfen! Ich weiß, da hatte einst ein junger Franzose eine Rossittener beringte Lachmöwe in Lyon geschossen. Hocherfreut meldete er den Fall: den Ring möchte er zum ewigen Andenken behalten, und der Balg gäbe einen schönen Hut für seine Braut ab.

Ich hatte mein Kreuzchen bei Lyon in die Karte eingezeichnet und dachte gar nicht mehr an den Fall, da traf eines Tages ein feierlicher Brief aus Lyon ein, der eine Einladung für mich zur Hochzeit des glücklichen Möwenschützen enthielt. Ich sollte sogar Trauzeuge sein. Wie gern wäre ich gereist, schon um mir einmal eine junge, pikante französische Braut in der Nähe anzusehen, aber es ging doch leider nicht. Das war im Jahre 1910. Wie mag der Herr jetzt über diesen Fall denken? Denn es ist leider festzustellen, daß direkte Meldungen aus Frankreich auch jetzt noch, so geraume Zeit nach dem Weltkriege, spärlich einlaufen. Man scheint es vermeiden zu wollen, mit einem Deutschen unmittelbar in Verbindung zu treten. Und gerade in Frankreich müssen nach den Vorkriegserfahrungen noch viel Vogelwartenringe zu finden sein, die ungenutzt liegengeblieben sind. Die meisten Meldungen aus Frankreich muß man jetzt den französischen Jagdzeitungen entnehmen.

Auch in Rußland fand die Vogelwarte freundliche Helfer. Einer der eifrigsten war vor dem Kriege der Jägermeister der Kaiserlichen Jagd in Gatschina bei St. Petersburg. Ich hatte in Aufrufen dringend gebeten, junge, noch flugunfähige

Waldschnepfen

zu beringen, weil gerade dieser begehrte Jagdvogel so unverhältnismäßig oft in Menschenhände gerät. Diesen Gedanken griff der genannte Herr mit Begeisterung auf und suchte mit seinem vorsichtigen Hunde junge Waldschnepfen, um sie zu beringen. Zunächst fing er nur eine einzige, die ihr Ringlein am 3. Juli 1911 erhielt. Eine Waldschnepfe! Wird die Erfolg bringen? Aber siehe da, am 12. Dezember erhielt ich sie schon wieder aus Südfrankreich zurück. Dieser Erfolg gab Mut. Der Herr Jägermeister wurde ganz eifrig, und es gelang ihm auch in den nächsten Jahren, noch eine kleine Anzahl junger Waldschnepfen zu beringen. Wieder blieben die Erfolge nicht aus: die nächste wurde in Istrien geschossen, eine weitere bei Ostende, die nächste in Südengland und schließlich noch eine beim Frühjahrsrückzuge in der Rheinpfalz. Stellt man eine Berechnung auf, so kann man sagen, daß gegen 40 Prozent markierter Waldschnepfen zurückgeliefert wurden. Das ist wohl der höchste Prozentsatz, der mit Ringvögeln erreicht wurde. Man betrachte nun die beigegebene Karte, da kann man wieder ein ganz anderes Zugbild feststellen, als wir es bei der

Nebelkrähe oder beim Storche oder bei der Lachmöwe angetroffen haben, und so drängt das Beringungsexperiment dauernd zu der Ansicht hin, daß man nicht von einem allgemeinen gleichförmigen Vogelzuge sprechen darf, sondern daß jede Vogelart für sich untersucht werden muß.

Verhältnismäßig leicht sind junge

Stare

in den Nestern zu beringen, und diese gute Gelegenheit ist denn auch überall tüchtig ausgenutzt worden. Das weitere sagt die beigegebene Karte: Die norddeutschen Stare ziehen nach England, Irland, die mitteldeutschen nach Spanien, Portugal und Nordafrika, und im Frühjahr kehren sie in ihre Heimat zurück.

Ein Übelstand haftet dem Beringungsexperiment noch insofern an, als im Verhältnis zu der großen Menge von Beringungen zu wenig

Kleinvögel

von ihren weiten Reisen oder aus den Winterherbergen zurückgeliefert oder zurückgemeldet werden. Die Gründe dafür sind meines Erachtens verschiedener Art. Erstens verschwindet so ein kleiner, unscheinbarer Vogel mehr oder weniger. Er macht nichts aus sich. Liegt unter den Telegraphen- oder Hochspannungsdrähten ein verendeter Storch oder Fischreiher oder Uhu, da eilt wohl jeder Spaziergänger darauf los und besieht sich das Tier, und wenn es zufällig einen Ring trägt, dann wächst sich dieser Fund zu einem Ereignis aus, das man gern nach der auf dem großen Ringe deutlich aufgeprägten Auflaßstation meldet. Aber wer achtet anderseits auf einen kleinen, unscheinbaren Laub-sänger oder Fliegenschnäpper! Auch die winzigen Ringlein mit ihrer kleinen Aufschrift werden so leicht übersehen. Weiter ist die Gleich-gültigkeit der Südländer zu nennen, die dem Erfolge hindernd im Wege steht. Dort im Süden und Südwesten gelangen die meisten Kleinvögel in Menschenhände, aber welcher Fänger oder Koch oder Verspeiser achtet da auf die kleinen Ringe, und wer denkt daran, sie zurückzuschicken! Mir erzählten einmal Soldaten, die den Feldzug in Italien mitgemacht hatten, beim Besichtigen der Vogelwarte, als

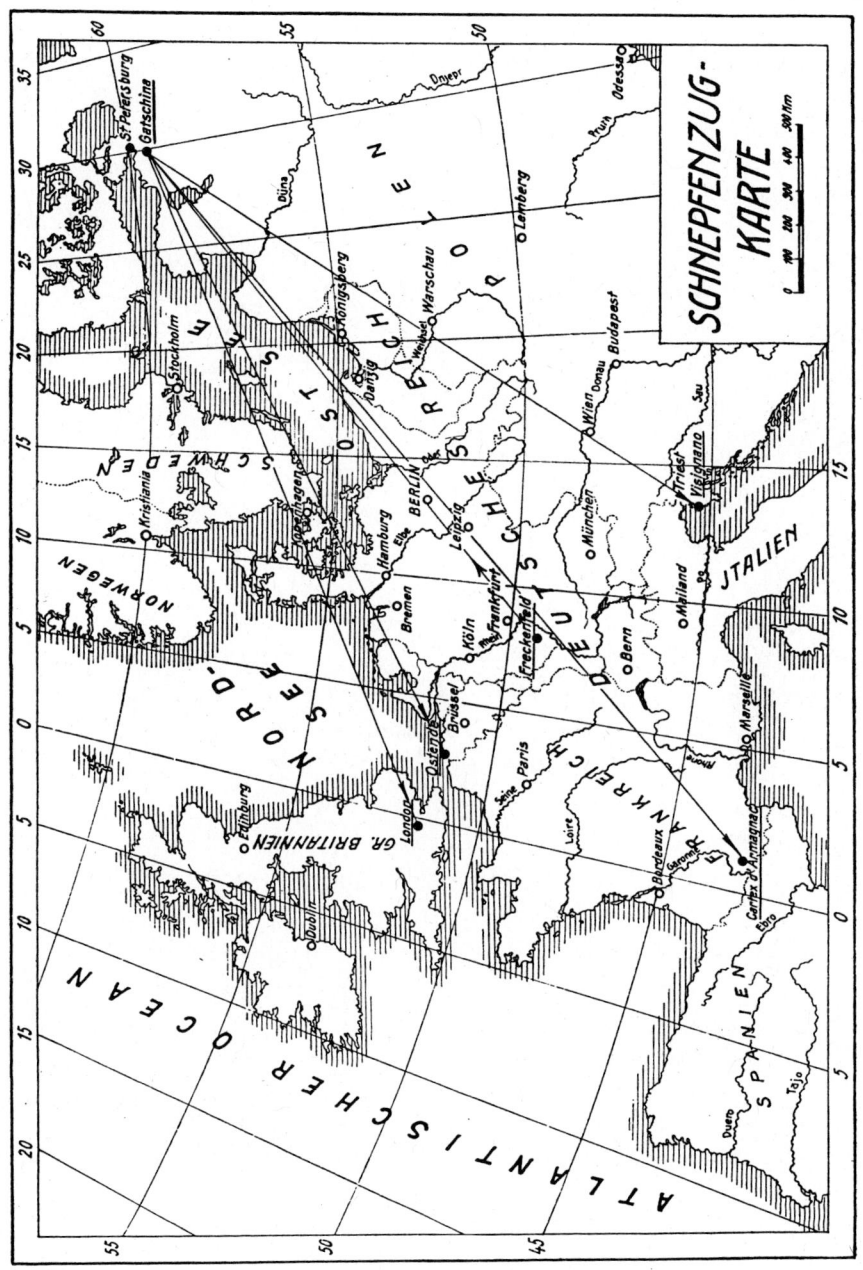

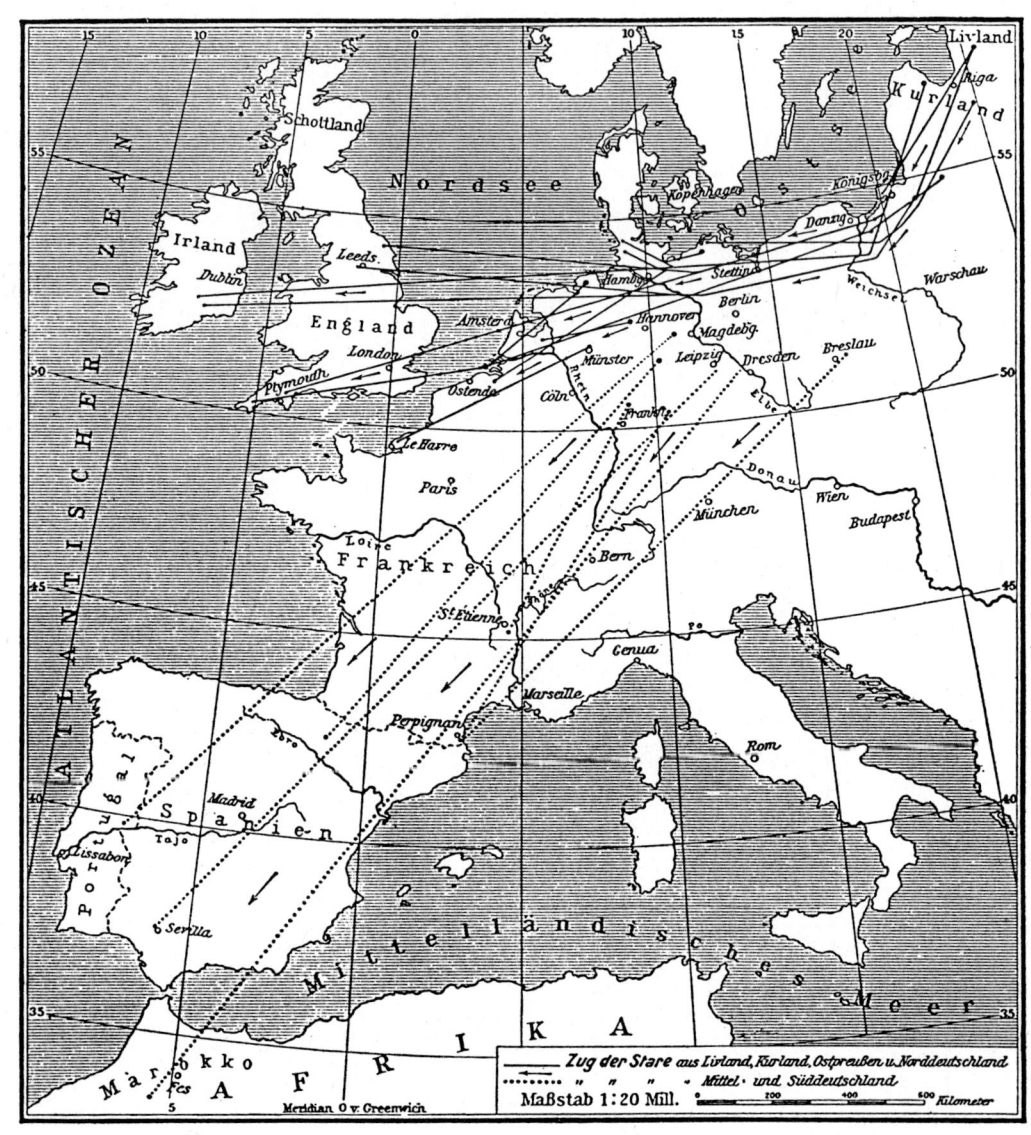

Starzugkarte.

sie die auf eine schwarze Tafel aufgehefteten Musterringe sahen: solche Aluminiumringe hätten sie in Norditalien in manchen Häusern reihenweise auf Fäden aufgereiht gefunden. Kein Mensch hätte daran gedacht, diese für die Wissenschaft so wertvollen Funde zu melden.

Ein französischer Durchschnittsjäger, so schrieb mir einst ein Deutscher, der lange Zeit in Frankreich gelebt hatte, sei ganz anders zu bewerten als ein deutscher. Es fehlt ihm die Gründlichkeit, ebenso der Sinn für Wissenschaft. Oft sind es ganz einfache Leute, die dort im Süden und Südwesten die Flinte führen und die dann einen solchen zufällig erbeuteten Ringvogel als eine kuriose, amüsante Sache zunächst belachen und dann bald vergessen. Der Deutsche pflegt allen Dingen mehr auf den Grund zu gehen.

Wodurch läßt sich nun diesem Übelstande, der den Kleinvogelberingungen anhaftet, abhelfen? Meiner Ansicht nach vor allem durch eine persönlich durchgeführte Propaganda, weniger durch behördliches Eingreifen. Befehlen lassen sich solche Dinge nicht, aber wenn die italienischen, spanischen, portugiesischen und nordafrikanischen Fänger dauernd auf den Wert des Versuches hingewiesen würden, so daß sie Interesse dafür bekämen, ich glaube, da wäre viel gewonnen. Helfen könnten da auch unsere Italienreisenden, wenn sie die ausgelegten Kleinvögel einer Kontrolle auf Ringe unterzögen. Hoffen wir, daß nach der Richtung hin bald eine Änderung und Besserung eintritt, denn es ist schade um die viele Mühe, die auf das Kleinvogelmarkieren verwendet wird, wenn sich so verhältnismäßig wenig Erfolg zeigt.

Und sollte etwa gleichzeitig durch die vorgeschlagene Propaganda der Vogelmassenfang in Italien einen Rückgang erleben, so würden wir Ringforscher, die wir doch gleichzeitig auch Vogelschützer sind, nur froh sein, denn für uns bleibt immer noch genug Gelegenheit zur Gewinnung von Resultaten übrig. Ein Masseneingehen von Zugvögeln auf irgendwelche Art wird nie ganz aufhören — ich glaube, das ist Naturgesetz.

In die Heimat zurückgekehrte beringte Kleinvögel sind dagegen sehr oft angetroffen worden. Nach der Richtung hin hat das Beringungsexperiment sehr viel Aufklärung geschaffen. Schwalben, Fliegenschnäpper, Rotschwänzchen, Grasmücken und andere — immer sind sie in die alte Brutheimat zurückgekehrt. Auch über Vogelehen hat der Ring viel Interessantes gebracht. Wer hat früher gewußt, daß zum Beispiel Mauersegler eine jahrelang währende Dauerehe eingehen? Drei Jahre hintereinander wurde dasselbe beringte Pärchen in ein und demselben Nistkasten brütend angetroffen. O, ganze Geschlechterverzeichnisse gibt es schon von manchen Vogelarten. Das alles sind vorläufig Bausteine, die es der Wissenschaft ermöglichen, später vielleicht eine großzügige Zusammenstellung über die Vermehrung und über das ganze Fortpflanzungsgeschäft der Vögel zu bringen. —

Am Schluß dieses Abschnittes möchte ich noch einige von den vorhin bereits erwähnten

Geschichten

bringen, wie sie sich beim Auffinden von Ringvögeln öfter zugetragen haben. Ich verfolge damit den Zweck, den Schulen etwas zur Belebung des Naturgeschichts- und Geographieunterrichts zu bieten. Von den vielen Lehrern, die mit ihren Klassen zum Besuch der Vogelwarte hierherkommen, bin ich so oft aufgefordert worden, diese Sachen zu veröffentlichen. Zunächst ein paar Storchgeschichten aus Afrika:

Einst ging ein Trupp Buschleute in der Kalahari-Wüste auf die Jagd, um sich eine Mahlzeit zu erbeuten. Da sahen sie von weitem einen Trupp großer schwarzweißer Vögel. Sie pürschen sich heran und schleudern ihre Wurfkeulen, in deren Handhabung sie ja Meister sind. Mehrere Störche, denn solche waren diese großen Vögel, bleiben liegen, und die ganze Jagdgesellschaft fängt gleich an zu rupfen. Plötzlich ein lauter Aufschrei, der eine Buschmann hat an dem Ständer eines Storches einen glänzenden Ring entdeckt. Das kann nur ein Gott sein, und alles läuft auseinander, die unheimliche Beute wegwerfend. Ein beherzter Buschmann wagt es aber doch, diesen Vogel später zu holen und den Ring abzustreifen. Was nun mit dieser Marke geschehen ist, ob der Jäger sie sich um den Hals gehängt hat, ob die

Kinder damit gespielt haben, ob sie eine Zeitlang ein Schmuckstück seiner Frau gewesen ist, das mögen wir uns in unserer Phantasie ausmalen. Jedenfalls kam später ein englischer Kaufmann in jene Gegend und hörte von diesem merkwürdigen Funde. Ein Ring an dem Fuß eines wildlebenden Vogels! Eine interessante Sache! Der Herr veröffentlichte den Fall in einer englischen Jagdzeitschrift und brachte ihn damit in die Kulturwelt. Andere Zeitungen nahmen diese interessante Notiz auf, und es dauerte gar nicht lange, da bekam die Vogelwarte von den verschiedensten Seiten die Nachricht, daß ihr Storch Nr. 769 von einem Buschmann in der Kalahari-Wüste totgeschlagen sei. Der Storch stammte aus dem Kreise Lyck in Ostpreußen. Nunmehr setzte das Schreibwerk ein, und einige Zeit danach lag das Stückchen Metall wieder auf meinem Schreibtische. Dieser Fall ging dann durch die verschiedensten Zeitungen Südafrikas, von denen nach und nach Belegexemplare auf der Vogelwarte einliefen.

*

Eingeborene hatten im Oktober 1906 am Nordrande des Fitri-Sees im mittleren Nordafrika Schlingen aufgestellt, um Vögel zum Verspeisen zu fangen. Sie kommen hin, da hängt ein Storch darin, der einen glänzenden Ring am Fuß trägt. Sie wissen mit der Marke nichts anzufangen und bringen ihn zum Sultan. Auch der weiß keinen Bescheid und übergibt den Ring einem Leutnant, der dort einen französischen Militärposten kommandierte. Der Herr nimmt den Ring mit nach der Heimat, liest da zufällig von der Vogelwarte Rossitten, entsinnt sich, daß dieselben Worte auf jenem wunderbaren Ringe gestanden haben, nimmt einen Briefumschlag und schreibt mechanisch die Worte vom Ring ab, „Madame Vogelwarte Rossitten, Germania, Nr. 85". Rossitten ist Poststation, und so gelangte die Sendung glücklich in meine Hände, und ich konnte das entsprechende Kreuzchen in die Karte einzeichnen. An dem eingeschickten Fuß, der jetzt in der Sammlung der Vogelwarte steht, sieht man ganz deutlich, wie die Drahtschlingen die Sehnen durchschnitten haben.

Dazu will ich bemerken, daß ich in der ersten Zeit, als man von der Vogelwarte noch nichts wußte, öfter Briefsendungen bekam mit der Aufschrift „Herrn Vogelwarte Rossitten" oder „Monsieur Vogelwarte Rossitten" u. dgl. Jetzt darf man, glaube ich, sagen, daß man in Afrika vielleicht mehr über den Beringungsversuch weiß wie in Rossitten selbst.

*

Im Sommer 1909 wurde einer von meinen Störchen, der bei Quanditten im Samland gezeichnet worden war, in der Nähe von Acco in Palästina erbeutet. Ein syrisches Mädchen aus Nazareth, das nicht Deutsch verstand, meldete den Fall der englischen Mission Tiberias, und von dort bekam ich Nachricht. In dem Briefe wurde auf die starken Verfolgungen hingewiesen, denen unsere Störche auf ihrem Zuge dort ausgesetzt sind.

*

Im Dezember 1910 wurde mir eine Nummer der in der Zulusprache gedruckten Zeitung „Isitunywa" zugeschickt unter Beifügung einer von einem Missionar gefertigten Übersetzung. Da berichtet ein Eingeborener, daß er einen beringten großen Vogel gefunden habe, nennt auch die Nummer ganz genau und hebt dann in wehleidiger Weise hervor, wieviel Mühe er mit diesem Ringe gehabt hätte. Er hätte einen weiten Weg nach der Magistratur machen müssen, um den Ring abzugeben. Er könne unmöglich seine kostbare Zeit unnütz verbringen. Er müsse unbedingt für diese Mühe einen Lohn erhalten. — Ich habe ihm ein Trinkgeld nach Süd-Afrika geschickt, und er hat es auch wirklich bekommen.

*

Einst wurde in Ost-Griqualand, Süd-Afrika, auf einer der höchsten Spitzen der Drakenberge ein Ringstorch gefunden. Die Tembuland-Zeitung, die diese Notiz brachte, knüpfte daran die Vermutung, daß es einer von den Störchen sei, die in Deutsch-Südwest-Afrika von der deutschen Regierung gezüchtet würden, um die Heuschreckenplage in jenem Teil des Landes zu bekämpfen. Es wird große Verwunderung darüber ausgesprochen, daß dieser merkwürdige Vogel „eine so weite Reise" gemacht habe. Natürlich schickte ich sofort einen aufklärenden Bericht hin, und da wird wohl die Verwunderung noch größer gewesen sein, als man erfuhr, daß der Vogel von der Küste des Kurischen Haffs stammte. Er wurde nämlich in Agilla markiert, gleichzeitig mit seinem Bruder, der fast um dieselbe Zeit im Betschuanaland von einem Kaffer erbeutet wurde. Jedenfalls ein merkwürdiger Zufall.

Im Sommer 1911 fiel aus einem Storchnest in Wartenburg an der Elbe ein junger Storch heraus, so daß die eine Seite etwas gelähmt war. Am nächsten Tage war Besserung eingetreten, er wurde wieder in das Nest zurückgebracht und bei dieser Gelegenheit beringt. Unterm 18. November 1912 meldete ein Farmer aus Natal, daß beim Pflügen plötzlich ein Storch ganz vertraut in der Furche auf ihn losgekommen sei. Er war ganz zahm und ließ sich ruhig fangen. Und siehe da, es war der beringte Storch aus Wartenburg, der schon einmal mit Menschenhänden in Berührung gekommen war. Ich fragte daraufhin noch einmal in Wartenburg an, ob man den Storch dort längere Zeit gefangengehalten und etwa gezähmt hätte, aber es wurde mir der Bescheid, daß er lediglich als herausgefallenes Jungtier wieder ins Nest zurückgesetzt sei. War diese Berührung mit Menschen dem Storche im Gedächtnis geblieben?

Als in der ersten Zeit des Beringungsversuches die ersten markierten Lachmöwen in Frankreich erbeutet wurden, da erregten sie dort großes Aufsehen, und es wurden in den Tageszeitungen die sonderbarsten Vermutungen an das Auftreten dieser gekennzeichneten Luftbewohner geknüpft. Was haben sich die Leute z. B. im Jahre 1908 den Kopf zerbrochen, als eine Rossittener Lachmöwe an der Saône unweit Lyon erbeutet worden war. Der eine übersetzte Vogelwarte mit „Wachtvogel", „Festungsvogel" und knüpfte daran die Vermutung, ob die östlichen Nachbarn die e anmutigen Möwen wie die Brieftauben als Kriegsboten nutzbar machen wollten.

Nein, sagte ein anderer in der nächsten Nummer der Zeitung, das Wort Rossitten bezeichnet einen „Vogelwärter" oder „Vogel=

händler", dem dieser Vogel von einem deutschen sentimentalen jungen Mädchen übergeben worden sei, gleichsam als Liebesbote. Und ein dritter meinte, dieser Ring bedeute den Hilferuf eines verunglückten Menschen oder Schiffes mit Namen Rossitten, und dergleichen mehr.

Wenn ich dann ausführliche Aufklärungen an die betreffenden Zeitungen einsandte, so wurden die mit größtem Interesse begrüßt und sofort aufgenommen. Ja, was war das damals für ein reger schriftlicher Verkehr mit unsern westlichen Nachbarn. Der Bürgermeister von Lyon stellte sich für eventuelle Wünsche der Vogelwarte sofort bereitwilligst ganz und gar zur Verfügung und hat in geschicktester Weise ausgedehnte Propaganda für den Beringungsversuch unternommen.

*

Darf ich auch berichten, wie so ein Ringvogel zuweilen die Behörden in Atem setzen konnte? Da war ein in Mecklenburg gezeichnetes Sperberweibchen im Dorf San Mateo de Gallego, Provinz Saragossa in Spanien, erbeutet worden. Die Nachricht gelangte von der deutschen Botschaft in Spanien über das Auswärtige Amt in Berlin und das Ministerium für Wissenschaft, Kunst und Volksbildung an die Deutsche Ornithologische Gesellschaft und von da an die Vogelwarte Rossitten.

*

Ein andermal gelangte die Meldung von einem auf den Färöer erbeuteten Ringvogel vom Kaiserlichen Vizekonsulat in Trangisvaag (Färöer) an das Kaiserlich Deutsche General-Konsulat in Kopenhagen, von da an den deutschen Reichskanzler und von da auf dem Dienstwege an die Vogelwarte Rossitten.

*

Am 13. Januar 1912 wurde eine beringte Lachmöwe im Golf von Morbihan im nordwestlichen Frankreich von einem Fischer geschossen.

Der Fuß mit Ring kam zunächst an das französische Marineministerium, von da an die Kaiserlich Deutsche Botschaft nach Paris, von da an den deutschen Reichskanzler nach Berlin, von da an das preußische Kultusministerium, von da an das Königliche Zoologische Museum in Königsberg und von da am 16. Februar 1912 an die Vogelwarte Rossitten. Dieser kleine Ring hat also zwei weite Reisen gemacht. Zunächst eine am Fuße seiner Trägerin über Flüsse und Felder, Täler und Wälder und eine zweite durch Frankreich und Deutschland von Schreibstube zu Schreibstube. Welches mag wohl die interessantere gewesen sein?

*

Am 1. Februar 1921 wurde bei Sevilla in Südspanien ein Star geschossen, der seinen Ring in Liebertwolkwitz bei Leipzig erhalten hatte. Der Erleger, ein Arzt, heftete diesen kleinen Ring mit schwarzem Zwirn auf eine offene Postkarte mit der Aufschrift „Prussia, Vogelwarte Rossitten", und alles kam glücklich an. Niemand hatte trotz der unsicheren Zeiten damals den kleinen Metallring abgeschnitten.

*

Daß von den Krähenfängern in Rossitten öfter auch Raubvögel mitgefangen werden, darunter auch gar nicht selten Seeadler, und daß diese Raubvögel der Vogelwarte dann zum Beringen gebracht werden, habe ich vorhin schon erwähnt. Ein auf diese Weise am 8. März 1910 aufgelassener Seeadler hat einen merkwürdigen Lebenslauf durchgemacht. Von Rossitten aus ist er nach seiner nördlich gelegenen Heimat geflogen, wo er bei einer kaiserlichen Jagd im Pleskauschen Gouvernement von dem früheren russischen Finanzminister geschossen wurde. Die Zeit der Erbeutung konnte nicht genau ermittelt werden. Der Minister ließ sich die stolze Trophäe ausstopfen, aber bei den unruhigen Zeiten im Jahre 1915 wurde sie mit anderen Sachen zusammen von einem Kaufmann in Petersburg aufgekauft und nach Dorpat geschafft. Dort steht der Adler noch. Ich hätte das Stück der Gefiederuntersuchung wegen gern gehabt, aber der Kaufmann wollte Geschäfte machen und verlangte 1000 Mk. und mehr.

*

Manchen beringten Vogelfuß verdankte ich während des Welt=
krieges unserm Militär, das bei seinem Vorrücken in Feindesland
in manche unbekannte, von der Kultur abgeschnittene Gebiete ge=
langte. So entdeckten unsere Soldaten in der Gegend von Tarnopol
in Galizien einst im Juli 1917 ein beringtes Storchbein, das in einem
Forsthause auf einem aufgehängten Rehgehörn lag, wo es schon fünf
Jahre gelegen hatte. Der Storch war im Sommer 1907 im Bezirk
Köslin (Pommern) markiert worden.

*

Es ist mir jedesmal von Interesse, wenn ich lese, wie die Erbeuter
von Ringvögeln den Wortlaut ihrer Meldungen oft ganz und gar
ihrem Beruf, ihrer persönlichen Veranlagung oder ihrem Charakter
anpassen. Da hatte einst ein rauher Seesoldat eine beringte Möwe
aufgefunden, die kurz darauf an einem Darmleiden einging. Der
Matrose meldete dienstgemäß, daß die Möwe „ihren Geist von
hinten aufgegeben hätte". Bald darauf gelangte ein Versuchs=
storch auf eine Missionsstation in Südafrika, wo ihn ein Eingeborener
abgegeben hatte. Dienstbeflissen meldete der Missionar der Vogel=
warte Rossitten, daß der Storch „das Zeitliche gesegnet habe".
Und ein biederer Leipziger Bürger fand in seinem Schrebergarten
eine beringte Schleiereule, die in einem Wasserfaß verunglückt war.
Der Herr drückte sein großes Bedauern über das Unglück aus und schrieb
zum Schluß: „Bemerken wollen wir noch, daß wir die
Eule in allen Ehren begraben haben und daß sich aus
unserer Schrebergartengemeinde ein zahlreiches Trauer=
gefolge eingefunden hatte." Sieht man nicht diese drei Menschen,
wenn man solches liest, leibhaftig vor seinem geistigen Auge stehen?

*

Einen sehr interessanten Flug hat eine Weindrossel unter=
nommen, die bei Tomsk in Sibirien markiert und in Norwegen
nördlich von Christiania angetroffen wurde.

*

Einst ließ sich ein Herr aus der Gegend von Halle an der Saale
Ringe schicken und markierte damit ein Geheck junger Eichelhäher,

jener bunten Vögel mit den schönen blauen Federchen an den Flügeln. Das Geheck flog später wohlbehalten aus und zerstreute sich.

Ein paar Monate später geht ein Forstaufseher bei Breitungen im Südharz auf die Jagd und hat das Weidmannsheil, einen starken Wildkater zu schießen. Darob große Freude! Die seltene Beute wird sachgemäß gestreift, und der Jäger ist neugierig, was für Fraß der Kater wohl geschlagen haben mag, schneidet den Magen auf — da glänzt es ihm entgegen, ein Aluminiumring: „Vogelwarte Rossitten 9358". Es ist der Ring aus Halle. Der Eichelhäher ist also von Halle nach dem Südharz geflogen, der Kater frißt den Eichelhäher, der Jäger schießt den Kater, und der Ring ist wieder in meinen Händen und liegt samt Fuß unter Glas in der Sammlung. Er zeigt deutlich die Zahneindrücke des Katers, der sich sicher über das zähe Wildbret eines solchen jungen Eichelhähers gewundert haben mag.

Erinnert die Geschichte nicht etwas an den „Ring des Polykrates"?

*

In Mittelkurland wurde einst ein Schreiadler beringt und aufgelassen.

Zwei Monate später befand sich ein Schneidermeister bei Tschirpan in Südbulgarien auf der Jagd. Er sieht einen mächtigen Vogel über sich hinwegstreichen, schießt und trifft. Aber wie staunt er, als er am Fuße des erlegten Adlers einen Metallring findet: „Vogelwarte Rossitten 1285". Nun aber eiligst auf die Zeitungsredaktion und verkünden, daß man einen Adler erbeutet habe, der im Jahre 1285 aufgelassen sei. Ein Alter von 726 Jahren kann so ein König der Lüfte erreichen! Dabei hat sich der Herr noch um 100 Jahre verrechnet. Es sind nur 626 Jahre.

Der Adler steht jetzt mit entsprechender Aufschrift versehen in der Vogelwartensammlung.

Ein andermal wurde bei einem erbeuteten beringten Stare die Nummer 1868 als Jahreszahl angesehen und dem Träger ein Alter von 43 Jahren zugesprochen.

*

Die folgende Geschichte könnte, mit der nötigen Ausschmückung versehen, sehr wohl zu einem Schüleraufsatz verarbeitet werden.

Am 26. April 1918 saßen wir vor unserm Häuschen in Rossitten um den runden Tisch herum. Dicht dabei, etwa drei Schritt entfernt, hing ein Vogelbauer mit einem gut schlagenden Buchfinken, meinem Lieblingsvogel. Plötzlich stößt ein Sperber auf dieses Bauer, um sich unsern Finken zu holen. Ich springe rasch zu und greife den schneidigen dreisten Räuber auch wirklich mit den Händen. Es war ein Weibchen. Rasch wird ein Ring umgelegt, Nr. 27291 D., und schon fliegt der Sperber wieder davon. Wer hätte damals geglaubt, daß wir von unserm gefiederten Tischgaste wieder etwas hören würden!

Aber siehe da, am 26. Februar 1921, also nach fast drei Jahren, wird er nicht weit von Oschersleben in der Provinz Sachsen wieder erbeutet.

Wir haben uns den Zug dieses Sperbers auf Grund der Beringungsresultate und der örtlichen Beobachtungen folgendermaßen zu denken. Beim Einfangen und Beringen im April befand er sich auf der Rückwanderung nach seiner nördlichen oder östlichen Brutheimat, denn gerade in der zweiten Hälfte April finden ja, wie schon erwähnt, ausgedehnte Sperberzüge auf der Kurischen Nehrung statt. Dann hat der Vogel im Herbst regelmäßig seine Wanderungen nach Südwesten durch Deutschland und Frankreich angetreten, ohne Zweifel dabei immer die Kurische Nehrung überfliegend, und bei der Erbeutung im Februar in der Provinz Sachsen war er wieder auf der Rückwanderung nach Nordosten begriffen oder hatte in jener Gegend schon Winterquartier bezogen.

*

Wie der Zufall bei der Wiederauffindung von Ringvögeln manchmal in der sonderbarsten Weise seine Hand im Spiele hat, mag der folgende Fall zeigen.

Ich war verreist, und es fehlte Atzung für meine Falken. Meine Frau will einen Star schießen. Da sitzen mehrere im Nachbargarten im Grase. Einer wird geschossen, und bei näherem Zusehen stellt sich

heraus, daß er mit einem Bein in einer Schlinge hängt, die die Dorf=
jungen aufgestellt hatten. Und dieser Star trug einen Ring, aus dessen
Aufschrift hervorging, daß der Vogel vor zwei Jahren in Rossitten
im Neste beringt war. Er war also immer wieder in seine Heimat
zurückgekehrt. Ein doppelt erbeuteter Ringvogel!

Die Schnelligkeit des Vogelzuges.

"Schnell wie ein Vogel!" Dieser Spruch hat sich zum geflügelten
Worte herausgebildet, und so sind die Menschen zu leicht geneigt,
die Geschwindigkeit des Vogelzuges zu überschätzen. Es ist ja so
schwierig, zuverlässige Schnelligkeitswerte zu bekommen, so daß man
immer auf Schätzungen angewiesen war; die Phantasie trat hinzu,
und so kam man schließlich ins Fabelhafte, Unfaßbare. Wieder war es
die schlichte, mitten in der Zugstraße gelegene Ulmenhorsthütte, die
Gelegenheit bot, in der Erkenntnis unserer Frage ein wenig vorwärts
zu kommen. Man wird hier auf der Nehrung geradezu heraus=
gefordert, bestimmte Messungen über die Fluggeschwindigkeit vorzu=
nehmen, weil die Vögel so schön gleichmäßig in einer geraden Linie
ziehen, und so hat es sich die Vogelwarte auch nicht entgehen lassen,
solche Messungen einzuleiten. Meine Methode war zunächst ganz
primitiv. Ich hatte mir in der Zugstraße eine bestimmte Strecke ab=
gesteckt, trat an das eine Ende und sah nach der Uhr, wann die vorbei=
fliegenden Vögel am anderen Ende angelangt waren. Ja, aber wann
waren sie angelangt? Das ist ja aus der Entfernung so schwer zu
unterscheiden. Also wurde ein Gehilfe verwendet, der durch Zeichen
angeben mußte, wann das Überfliegen des zweiten Postens statt=
fand. Auch dabei zeigten sich große Mängel und Fehlerquellen. Es
kam ja auch vor allem darauf an, die Eigengeschwindigkeit des
fliegenden Vogels zu ermitteln, weshalb Windrichtung, Windstärke
und Richtung des Vogelzuges Berücksichtigung finden mußten.

So kam ich denn schließlich auf die Anwendung folgender Methode:
Bei Ulmenhorst überfliegen die Vögel freies Dünengelände, so daß
sie der Beobachtung leicht zugänglich sind. Hier fluchtete ich mir mit

Pfählen zwei Beobachtungslinien aus, die senkrecht zur Zugrichtung verliefen und genau 500 Meter voneinander entfernt waren. So ließ sich durch Anvisieren stets der Augenblick genau feststellen, wenn ein Vogel die Fluchtlinien überflog. Die zwei Beobachtungsposten waren telephonisch miteinander verbunden, so daß eine Verständigung der beiden Beobachter stattfinden konnte.

Auf einem in der Nähe ganz frei gelegenen Dünenhügel steht ein nach der Windrose orientierter Windrichtungsmesser, der es ermöglicht, auf einer Kreisskala die Windrichtung nach Graden abzulesen. Daneben befindet sich auf einer Stange ein Schalenkreuzanemometer zur Messung der Windstärke. Dazu muß bemerkt werden, daß die Vögel sehr oft gerade in Höhe der aufgestellten Instrumente fliegen. Jedenfalls erstreckt sich die Feststellung der Windverhältnisse auf die Luftzone, in der die Vögel ziehen, die zu Versuchszwecken dienen.

Nun zu den Versuchen selbst. Ein günstiger Herbstzugtag ist angebrochen. Die Vögel fliegen nicht in geschlossenen, unübersichtlichen Trupps, sondern mehr einzeln, wie es zu den Messungen geeignet erscheint. Die Versuche sollen beginnen. Zunächst wird die Zugrichtung der Vögel festgestellt, die im Herbste auf der Kurischen Nehrung fast immer von NNO nach SSW verläuft. Dann werden Windrichtung und Windstärke an den Instrumenten abgelesen und notiert. Dieselben Ablesungen finden auch nach Beendigung der Versuche statt, um bei etwaigen veränderten Witterungsverhältnissen das Mittel ziehen zu können. Da mit der Vogelwarte eine meteorologische Station verbunden ist, so stehen auch die übrigen Witterungsverhältnisse, wie Temperatur, Bewölkung, von jedem Tag zur Verfügung.

Zur Ausführung der Versuche sind zwei Personen erforderlich. Die erste begibt sich an den einen Beobachtungsposten, und zwar im Herbst an den nördlichen, der von den ziehenden Vögeln zuerst getroffen wird. Wir wollen die Person A nennen. Die zweite Person B, der Gehilfe, bezieht den südlich gelegenen Posten. Jetzt kommt ein Vogel, etwa eine Krähe, recht schön Richtung haltend gleichmäßigen Fluges angestrichen. In dem Augenblick, wo sie die erste

Fluchtlinie passiert, setzt A eine Sekundenstoppuhr in Gang, drückt auf den Knopf des Telephons und verständigt sich nun mündlich mit dem Gehilfen B. Durch Hin- und Herfragen überzeugt sich A, daß der Gehilfe B die Versuchskrähe richtig erkannt hat und mit den Augen verfolgt. Weicht der Versuchsvogel etwa von seiner Bahn ab oder hält er sich durch Schweben längere Zeit auf, dann wird er

An den Instrumenten bei den Fluggeschwindigkeitsmessungen.

einfach ausgemerzt. Jedenfalls ist es möglich, den gewählten Vogel innerhalb der abgesteckten Strecke immer unter Kontrolle zu halten, wobei zu berücksichtigen ist, daß es für ein gutes Auge sehr wohl möglich ist, einen mittelgroßen Vogel 500 m weit zu verfolgen. Durch Übung kommen die beiden Personen bald so weit, daß die gegenseitigen Verständigungen sehr schnell und glatt verlaufen. Sobald der Versuchsvogel die Fluchtlinie am zweiten Beobachtungsposten überfliegt, gibt B ein Telephonzeichen und A stoppt gleichzeitig die Sekundenuhr. So ist also mit möglichster Genauigkeit die Zeit festgestellt worden, die für die Krähe notwendig war, um die 500 m zu durchfliegen. An günstigen Zugtagen kann dann sofort ein zweiter und dritter Versuchsvogel vorgenommen werden, so daß die gewonnenen Werte immer wieder nachgeprüft werden können.

Nun folgt die Auswertung oder Berechnung: Es ist also bis jetzt festgestellt worden, wieviel Sekunden die Krähe gebraucht hat, um 500 m zu durchfliegen. Daraus wird berechnet, wieviel Meter sie in einer Sekunde zurückgelegt hat. Das sollen beispielsweise 8 m sein. Die Zugrichtung war von NNO nach SSW. Der Wind weht direkt entgegen aus SSW mit einer Schnelligkeit von 5 m pro Sekunde. Dann beträgt die Eigengeschwindigkeit der Krähe 8+5 = 13 m pro Sekunde. Würde der Wind in einem andern Falle, aber bei denselben angenommenen Geschwindigkeiten direkt von hinten wehen, dann betrüge die Eigengeschwindigkeit des Vogels 8 — 5 = 3 m pro Sekunde.

Die Schnelligkeit des Vogelzuges wird mittels Feldtelephon ermittelt.

Nun trifft aber der Wind für gewöhnlich unter einem bestimmten Winkel von der Seite auf die Zugrichtung auf. Dann läßt sich die Eigengeschwindigkeit folgendermaßen ermitteln: Die beobachtete Geschwindigkeit, sie soll 8,8 m pro Sekunde betragen, wird in einem bestimmten Maßstabe (hier in Zentimetern) aufgetragen. Der Wind kommt aus Westen und trifft unter einem Winkel von 112,5° auf die

Zuglinie auf. Die Windstärke ist 7,7 m pro Sekunde. Dieser Winkel wird an den Endpunkt der 8,8 cm langen Strecke angetragen, und auf dem freien Schenkel werden 7,7 cm abgeschnitten. Nun werden die beiden freien Endpunkte miteinander verbunden, die betreffende Strecke wird gemessen, und das ergibt die Eigengeschwindigkeit von 13,75 m pro Sekunde.

Wenn man sich ferner in dem entstandenen Dreieck einen Vogel in der Richtung der ermittelten Eigengeschwindigkeit normal einzeichnet und ihn parallel bis in die beobachtete Flugrichtung verschiebt, dann erhält man die etwas verdrehte Stellung, die der Vogel bei wehendem Winde zur Richtung seines Fluges einnimmt. Er würde im vorliegenden Falle über die linke Schulter fliegen, die Längsachse des Körpers nach der Seite gedreht, woher der Wind kommt. Diese schiefe Stellung der Zugvögel kann ich hier bei Ulmenhorst bei starkem Winde dauernd beobachten. Es ist demnach durchaus nicht richtig, anzunehmen, daß die Vögel stets genau in der Richtung fliegen, wohin der Schnabel zeigt.

Auf die angegebene Weise ist versucht worden, bei Ulmenhorst von einer Reihe von Vogelarten die Eigengeschwindigkeiten ihres Zugfluges zu ermitteln, wobei zu bedenken ist, daß die Vögel natürlich noch viel größere Schnelligkeiten erreichen können. Es ist ein gewaltiger Unterschied, ob ein Wanderfalke gemächlich die Nehrung entlang zieht oder ob er eine Turmschwalbe oder Wildtaube verfolgt, und ebenso kann starker Wind natürlich sehr zur Beschleunigung der Fortbewegung beitragen; aber auch da sind Grenzen gesteckt. Man könnte ja denken, daß die Zugvögel die stärksten Windgeschwindigkeiten ausnutzen, um auf ihren Zügen gewaltige Länderstrecken in kurzer Zeit zu über-

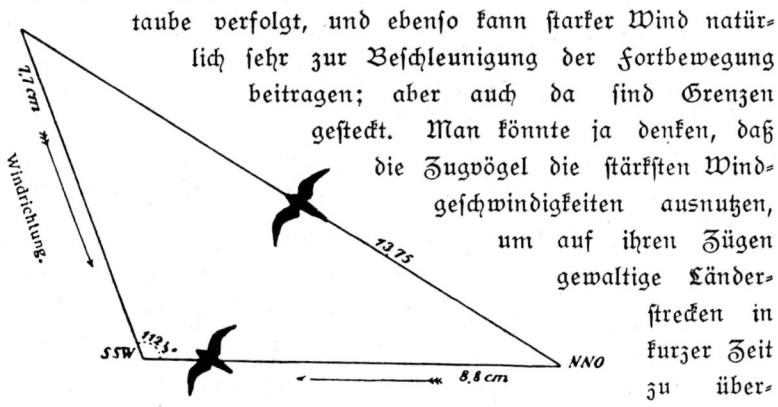

winden. Das scheint nicht der Fall zu sein, wenigstens widersprechen
durchaus die Ulmenhorstbeobachtungen. Bei starkem Sturm ruht hier
aller Vogelzug, oder ich will sagen: da sehe ich keine Vögel ziehen. Ob
sie dann andere Gegenden aufsuchen, wo es ruhiger ist, oder ob sie in
höheren, stilleren Luftschichten ziehen — ich weiß es nicht. Das ist ja
die dunkle Frage, die dem Vogelzugsforscher bei allen Erwägungen
immer wieder entgegentritt. An und für sich würde ja den Vögeln das
schnelle Dahinsausen mit dem Winde nichts schaden, aber der Vogel
ist nicht ausschließlich ein Lufttier, sondern auch ein Erdentier. Er will
und darf die Herrschaft über die Erde nicht verlieren, soweit Landen,
Richtungeinhalten in Betracht kommen. Darum ist tatsächlich, wie
gesagt, bei starkem Sturme kein Vogelzug zu beobachten.

Bei Ulmenhorst war es mir öfter möglich, die Grenze für die
Windgeschwindigkeit festzustellen, über die hinaus der Vogelzug auf=
hört. Als Beispiel mögen die Aufzeichnungen aus meinem Tagebuche
vom 26. Oktober 1917 wörtlich hier Platz finden: „Um 9,30 Uhr
vormittags messe ich die Windstärke auf der Vordüne. Es sind 16,5 m
pro Sekunde, und trotz dieses starken Windes ziehen gerade ein paar
Sperber nach Süden, ganz niedrig. Sonst zieht vorläufig nichts.
Jetzt ist ohne Zweifel nur der starke Wind daran schuld, daß nichts
zieht, denn sonst ist das Wetter hell, zuweilen sogar Sonnenschein,
und das Barometer steigt.

Um 1 Uhr messe ich den Wind wieder auf der Vordüne mit 8,4 m
pro Sekunde; hat also bedeutend abgenommen. Es ziehen jetzt auch
ab und zu einige Krähen ganz niedrig, aber wenig. So liegt die Grenze
für das Ziehen der Krähen etwa bei 10 m pro Sekunde. Klein=
vögel ziehen aber bei solchem Winde nicht."

Nun noch ein Wort über den Zugflug der Vögel. Der Nicht=
kenner zeigt oft großes Erstaunen, wenn ein geübter Vogelbeobachter
schon auf weite Entfernung einen fliegenden Vogel auf seine Art=
zugehörigkeit richtig anspricht. Er hat so etwas nicht für möglich
gehalten. Würde man den Beobachter jedesmal fragen: Woran
hast du denn den Vogel erkannt? Er möchte oft die Antwort schuldig
bleiben. Am „Flugbild", sagt man für gewöhnlich. Das ist richtig,

aber worin bestehen denn die Unterschiede der einzelnen Flugbilder untereinander? Das ist oft nicht leicht zu sagen. Wohl kann man auf runde und kurze oder spitze und lange Flügel hinweisen, man kann gerade abgeschnittenen oder gegabelten Schwanz, abgerundeten und spitzen Kopf anführen. Man mag sich das alles auch nach Abbildungen genau eingeprägt haben, kommt man aber nachher hinaus in die Praxis, dann versagt das angeeignete Wissen doch sehr leicht. Woran liegt das? Weil neben der äußeren, fest gegebenen Form der sich beim Fluge ganz besonders präsentierenden Teile des Vogelkörpers auch noch die Art und Weise in Betracht kommt, wie der Vogel seinen Flugapparat gebraucht. Schnelle oder langsame Flügelschläge, Haltung der Flügel und des Schwanzes, Lage des Halses und anderes verdienen in der Hinsicht Erwähnung. Oft sind es kleine minutiöse Unterschiede, über die sich der Beobachter selbst erst nach einigem Nachdenken Rechenschaft geben kann, deren Kenntnis ihm aber in der Praxis unbewußt stets gegenwärtig ist. Es sei zum Beispiel an die einander so ähnlichen Flugbilder von Seidenschwänzen und Staren, Wildtauben und Dohlen, Sperbermännchen und Merlinfalken, Rauhfuß- und Mäusebussarden erinnert.

Wenn also schon das Auseinanderhalten der Flugbilder von artlich verschiedenen Vögeln zuweilen Kopfzerbrechen bereiten kann, um wieviel schwieriger wird es sein, innerhalb ein und derselben Spezies verschiedene Flugarten zu unterscheiden. Und doch gibt es solche. Von Spiel- und Balzflügen müssen wir absehen. Die machen sich so augenfällig kenntlich und sind so charakteristisch für manche Vogelarten, daß sie allein schon zum Ansprechen der betreffenden Spezies auf weite Entfernungen hin genügen. Ich denke an Kiebitz, Baumpieper, Grünfink, Girlitz. Es handelt sich vielmehr um solche Flüge, die rein der Fortbewegung dienen. Man kann da unterscheiden den Flug bei der Nahrungssuche, der gemächlich verläuft, wenn die Nahrung vom Boden oder aus dem Wasser aufgenommen werden soll, so beim Bussard, bei den Weihen, Turmfalken, Fischadlern und Möwen, oder reißend schnell, wenn die lebende Beute im Fluge zu erhaschen ist, zum Beispiel bei den Schwalben, Edelfalken, Ziegenmelkern. Ferner den Flug zu den Schlafplätzen, wie ihn Stare und Krähen oft in imposantester Weise ausführen, oder den Flug auf der Flucht, den Flug beim Ortswechsel auf kurze Entfernungen und schließlich auch den Zugflug. Alle diese Flugarten, so ähnlich sie untereinander sind, tragen doch für ein geübtes Auge charakteristische Merkmale an sich, die mit Worten schwer ausgedrückt werden können. Wenn eine Krähe sich vom Boden erhebt, so kann man es ihr gewöhnlich schon ansehen, ob sie nur einen Platzwechsel auf kurze Entfernung vornehmen will, um in der Nähe sitzende Artgenossen aufzusuchen, oder ob sie für immer abstreicht. Ganz anders fliegt sie wieder, wenn sie den Uhu umschwärmt, und noch anders, wenn der Schuß ertönt und alles auseinanderstiebt. Natürlich spielt bei allen diesen Unterscheidungen die verschiedene Geschwindigkeit eine große Rolle, weshalb vorhin ausdrücklich hervorgehoben werden mußte, daß sich die vorgenommenen Untersuchungen und Messungen ausschließlich auf den Zugflug beziehen. Untersuchungen über andere Flugarten fallen vielleicht anders aus. Dieser Zugflug ist ausgezeichnet durch große Stetigkeit. Die Erde und alles, was da unten locken könnte, Nahrung und Gesellschaft, scheint für die auf der Wanderschaft befindlichen Vögel nicht vorhanden zu sein, irgendwelchen Ablenkungen sind die Zugscharen nicht zugänglich, gewisse Triebe, Regungen und Gepflogenheiten scheinen ganz ausgeschaltet zu sein, und da ziehen dann die Schwanzmeisen, die sonst beim Umherstreichen das kleinste Buschwerk nicht unbesucht lassen können, hoch in der Luft über das einladendste Gestrüpp hinweg. Sind das völlig andere Vögel geworden? Das ganze Trachten ist darauf gerichtet, vorwärts zu kommen, und darum ist auch der Fang von manchen Vogelarten mitten in der Zugstraße nicht leicht, weil die Tiere auf Lockmittel ungern reagieren.

Weniger wird nach den auf der Vogelwarte vorliegenden Beobachtungen der Zugflug durch übergroße Schnelligkeit charakterisiert. Noch nie habe ich hier auf der Nehrung eine Beobachtung gemacht, die mich hätte veranlassen können, solche riesigen Zuggeschwindigkeiten anzunehmen, wie sie sich in der früheren Literatur vorfinden, und die exakten Messungen sagen ebenso. Es mögen nun einige der ermittelten Schnelligkeitswerte hier Platz finden.

Der Sperber besitzt eine Eigengeschwindigkeit von 11,5 Sekundenmetern, ergibt für die Stunde 41,4 km.

Die Heringsmöwe für die Sekunde 13,8 m, für die Stunde 49,6 km.

Die Nebelkrähe und die Mantelmöwe zeigen gleiche Eigengeschwindigkeit, nämlich 13,9 m für die Sekunde und 50 km für die Stunde, also die Schnelligkeit eines gewöhnlichen Eisenbahnzuges. So kann man auch beim Fahren mit der Eisenbahn beobachten, daß eine zufällig nebenher fliegende Krähe Strich hält. Von Nebelkrähen konnte ich ganze Serien von Messungen vornehmen. Eine Eigengeschwindigkeit von 13 bis 14 m bei vier Flügelschlägen pro Sekunde scheint diesen Vögeln am geläufigsten zu sein.

Die Saatkrähe 14,5 m für die Sekunde und 52,2 km für die Stunde.

Finken mit 14,6 m in der Sekunde und 52,5 km in der Stunde.

Wanderfalke mit 16,4 m in der Sekunde und 59,2 km pro Stunde.

Man wird sich über die geringe Schnelligkeit dieses Königs unter den Fliegern wundern, ebenso über die vorhin genannte noch geringere des gewandten Sperbers, aber ich bitte zu bedenken, daß es sich eben um den Zugflug handelt. Ich sehe den Wanderfalken hier bei Ulmenhorst nie anders ziehen als mit unruhigen, schnell aufeinanderfolgenden Flügelschlägen vorwärts strebend. Verfolgt man so einen Vogel soweit das Auge reicht, eine Übung, die zur Schulung des Blickes nicht warm genug empfohlen werden kann, so würde man dieses in der Ferne flatternd erscheinende Tier kaum für einen stolzen Wanderfalken halten, wenn man ihn nicht eben aus der Nähe am schön leuchtenden Bartstreifen sicher angesprochen hätte.

Ganz anders gestaltet sich das Bild, wenn es diesem Räuber mal einfällt, während der Reise auf Beute zu stoßen. O, wie da der Flügelbug eingeknickt wird, und wie der Vogel einem abgeschossenen Pfeile gleich dahinschießt. Da bleibt es nicht bei 16 m in der Sekunde, und die Wildtauben fallen wie die Steine aus der Luft herunter, um sich im Ulmenhorstwäldchen ängstlich an die Stämme zu drücken.

Den Sperber-Zugflug habe ich schon in einem früheren Kapitel besprochen.

Die Kreuzschnäbel mit 16,6 m in der Sekunde und 59,7 km pro Stunde.

Die Dohle mit 17,1 m pro Sekunde und 61,5 km pro Stunde.

Der Star mit 20,6 m pro Sekunde und 74,1 km pro Stunde. Der Star besitzt von allen bisher untersuchten Vogelarten die größte Fluggeschwindigkeit, was schon äußerlich bei der Beobachtung sofort in die Erscheinung tritt. Bei den Starschwärmen kann man von einem förmlichen Dahinsausen reden. Kaum hat so ein Schwarm den ersten Beobachtungsposten überflogen, da bekommt man schon von der zweiten Station das Telephonzeichen, daß er dort angelangt ist.

Die angeführten ermittelten Schnelligkeitswerte lassen erkennen, daß die früher angenommenen enormen Geschwindigkeiten von fast 100 m in der Sekunde und dergleichen, wie sie in der Literatur ihr Wesen trieben, ins Reich der Fabel gehören. So etwas gibt es nicht.

Wenn ich mit Interessenten über die Schnelligkeit des Wanderfluges der Vögel spreche und dabei der Überzeugung Ausdruck gebe, daß man dabei nicht an übergroße Geschwindigkeit denken darf, so höre ich stets den Einwand: „Ja, aber die Schwalben!" Man scheint also der Meinung zu sein, daß diese Meisterflieger alle ihre gefiederten Mitreisenden an Schnelligkeit weit übertreffen. Ich glaube, da irrt man sich. Über den Zugflug der Turmschwalbe habe ich mich schon an anderer Stelle ausgelassen und habe zu schildern versucht, wie sich diese Segler ohne große Eile Insekten fangend vorwärts bewegen, und wie auch die zweite Art des Zuges, die ich kenne, niedrig über die Kiefernkusseln oder über den Spiegel des Kurischen Haffs hinweg, nicht den Eindruck übergroßer Geschwindigkeit macht. Von den anderen eigentlichen Schwalbenarten habe ich bei Ulmenhorst auch zwei Zugarten kennengelernt: entweder in 20 bis 60 m Höhe, teilweise auch kreisend und insektenfangend wie die Mauersegler, oder ganz niedrig über die weiten flächen der Wanderdünen hinweg. Die letzte Art des Ziehens wird man nur aus nächster Nähe gewahr, weil sich die kleinen Vogelkörper von der grau flimmernden Ebene wenig abheben, besonders, wenn es sich um Uferschwalben mit ihren graubraunen Rücken handelt. In beiden fällen ist mir aber nie eine außergewöhnliche Geschwindigkeit aufgefallen. Jedenfalls macht ein dahinsausender Starenschwarm für den Beobachter einen viel schnelleren Eindruck.

Exakt gemessen habe ich den Schwalbenzug allerdings noch nicht, weil das gar nicht leicht ist. Die Vögel fliegen so unregelmäßig und treffen die abgesteckte Versuchsstrecke selten, und auf den Wanderdünen habe ich keine Apparate stehen. Vielleicht gelingen mir aber auch diese Messungen einmal.

Zu diesen wirklichen Messungen von Zuggeschwindigkeiten, wie ich sie vorhin geschildert habe, treten nun als willkommene wertvolle Ergänzung die durch das Vogelberingungsexperiment gewonnenen Resultate hinzu. Es liegt ja klar auf der Hand, daß dieses Experiment solchem Zwecke sehr gut dienen kann, denn wenn ich einen markierten Vogel an einer bestimmten Stelle auflasse, und der Zufall will es, daß er schon sehr bald darauf irgendwo anders in größerer Entfernung wieder angetroffen wird, so habe ich die Grundlage für eine aufzustellende Berechnung, und mag auch der Erbeutungstag mit dem Ankunftstage an der betreffenden Stelle natürlich nicht immer zusammenfallen, so eröffnen doch immerhin solche Berechnungen recht klare Einblicke in die Art und Weise, mit welcher Schnelligkeit unsere Zugvögel reisen. Im Laufe der Jahre hat sich eine ganze Anzahl solcher fälle auf der Vogelwarte angesammelt, von denen einige hier aufgeführt seien. Bleiben wir zunächst bei den Staren. Da waren einst am 1. und 2. Juni zwei junge Stare in Livland im Neste beringt worden. Die Tiere sind dann ausgeflogen, haben sich mit ihren ungen Artgenossen zu Schwärmen zusammengeschlagen, um nach Südwesten abzuwandern, wie das so üblich ist. Der eine von diesen beiden Staren wurde am 26. Juni im Kreise Pr.-Holland in Ostpreußen angetroffen, der zweite am 16. Juli in Rödemis-Husum in

Schleswig-Holstein. So sind also die Starschwärme, denen diese beiden Vögel angehörten, nach 24 Tagen 520 km von ihrer Brutheimat entfernt gewesen, und wieder nach 20 Tagen 680 km entfernt von der ersten Erbeutungsstelle. Also haben die Starschwärme 20 Tage gebraucht, um 680 km zurückzulegen. Da kommen auf den Tag 34 km. Nun nehmen wir unsere bei Ulmenhorst ermittelten Werte zum Vergleich zu Hilfe. Der Star fliegt rund 20 m in der Sekunde, also rund 74 km in der Stunde. So hätten die Stare die

Der auf der Vogelwarte gehaltene Seeadler „Pluto".
(Wird nicht zur Jagd abgetragen.)

„Pluto" will ins Bad steigen.

angegebene Strecke in 9,3 Stunden durchfliegen können, also etwa an einem Tage, und zwanzig Tage haben sie gebraucht! Man sieht, wie gemächlich die betreffenden Starschwärme, die Küste als Richtschnur haltend, nach Westen gewandert sind, immer die vorhandenen Nahrungsquellen ausnutzend.

Oder ein anderer Fall: Da wurde am 22. Februar 1924 bei Collioure in den östlichen Pyrenäen ein beringter Star erbeutet, der aus Gimmel im Kreise Oels in Schlesien stammte. Der Star befand sich ohne Zweifel auf dem Rückzuge nach seiner schlesischen Heimat, denn der Erbeuter, ein Franzose, wies ausdrücklich darauf hin, daß die betreffenden Starschwärme von den Küsten Spaniens kamen und nach Norden flogen. Bis nach Gimmel in Schlesien hatten die Stare noch 1500 km zurückzulegen. Da der Star eine Eigen=

geschwindigkeit von etwa 74 km in der Stunde besitzt, so hätten die Schwärme in rund 20 Stunden oder bei einer Flugzeit von täglich sechs Stunden in drei Tagen, also am 25. Februar, im Kreise Oels sein können. Nach eingezogenen Erkundigungen trafen aber die Hauptmassen der Stare erst am 15. März in Gimmel ein, das wäre nach 22 Tagen. Also wieder langsames, gemächliches Ziehen! Denn das eine steht fest, daß ein Star, der am 22. Februar noch 1500 km von seiner Heimat entfernt war, im Frühjahr nicht eilig in einem Dauerfluge losgezogen ist.

Noch ein Starbeispiel. Am 6. November 1922, abends $^1/_26$ Uhr, wurde ein Star in Laubach in Hessen in einer Bruthöhle gefangen. Der Fänger nahm an, daß die dort anwesenden Stare sich auf dem Zuge befanden.

Acht Tage später schießt ein französischer Vogeljäger in Annonay, Südfrankreich, in einen etwa hundertköpfigen Starschwarm hinein, und siehe da, der einzige Vogel, der fällt, ist jener hessische Ringstar. Da er bei völliger Dunkelheit im Nistkasten gefangen und beringt war, ist anzunehmen, daß er nicht noch an demselben Tage mit seinen Artgenossen weiter gewandert ist, sondern voraussichtlich erst am folgenden Tage. So kämen für die 680 km lange Strecke sieben Tage in Betracht, je Tag 97 km, und dabei hätten die Stare bei einem Dauerfluge in neun Stunden in Annonay sein können. Also wieder gemächlicher Zug!

Ein Rotkehlchen markierte ich beim Durchzuge durch Rossitten am 2. Oktober 1920, und 22 Tage später hing es in einer Drosselschlinge 1135 km entfernt bei Lüttich in Belgien. Ergibt für die Zugnacht rund 51 km.

Einen etwas schnelleren Flug weist ein Bläßhuhn auf, das in zwei Tagen 525 km durchflogen hat, quer durch Ungarn aufs Schwarze Meer los. Zugstrecke pro Tag 263 km.

Auch die Schnelligkeit, mit der die Störche ihre weiten Reisen nach Afrika zurücklegen, ist uns durch das Beringungsexperiment bekannt geworden. Sie ziehen Ende August in Ostpreußen los und sind gegen Mitte November in Südafrika, brauchen also für diese rund 10 000 km lange Strecke etwa drei Monate.

Man hat sich also nach den vorliegenden Messungen, Berechnungen und Beobachtungen den Vogelzug nicht als ein ununterbrochenes Dahinsausen über weite Länderstrecken vorzustellen, sondern wohl mehr als ein gemächliches Ziehen, wobei die vorhandenen Nahrungs= quellen bestimmend und regulierend wirken. Die Vögel sind auch nicht den ganzen Tag über ziehend in der Luft unterwegs, sondern gewöhnlich nur eine Reihe von Stunden; wie ich in Ulmenhorst fest= stellen kann, vielleicht sechs bis acht Stunden. Ausnahmen sind natür= lich zu verzeichnen. Es kann auch vorkommen, daß frühmorgens nur zwei bis drei Stunden lang ganz toller Zug stattfindet, worauf den ganzen Tag Ruhe und Totenstille herrscht, auch bei fortdauerndem guten Zugwetter.

Die Höhe des Vogelzuges.

Über die Höhe des Wanderfluges der Vögel sind wir im Laufe der letzten Jahre recht gut aufgeklärt worden, und zwar durch die Motorflugzeuge. Ich muß jetzt manchmal darüber lächeln, welche Umstände ich mir früher in den ersten Jahren des Bestehens der Vogelwarte bereitet habe, um der Lösung der Frage nach der Höhe des Vogelzuges etwas näherzukommen und von bloßen Schätzungen unabhängig zu werden. Da hatte ich mir auf den hohen Dünen bei Rossitten an langen Stangen ausgestopfte Vögel aufgehängt, die mit ausgebreiteten Flügeln die Flugstellung zeigten. Dann maß ich mir von da aus bestimmte Entfernungen ab und suchte festzu= stellen, bei welcher Entfernung die ausgestopfte Krähe oder der Bussard oder der Buchfink noch deutlich sichtbar waren, und wann sie dem Auge entschwanden. So trachtete ich danach, Anhaltspunkte zu be= kommen, um beurteilen zu können, wie hoch die Vögel waren, die über mich hinwegzogen. Und jetzt? Jetzt setzt sich der Mensch ins Flugzeug, fliegt hinauf und stellt fest, daß da oben in den Regionen, die von der Erde aus für die menschlichen Sinne unerreichbar sind, kein regelmäßiger Vogelzug stattfindet, wie man früher annahm. Was sind die Menschen während der Kriegsjahre in der Luft herumgeflogen! — und wie selten haben sie Vögel in großer Höhe, die ich von etwa tausend Meter an rechne, beobachtet! Diese Fälle lassen sich an den Fingern herzählen. Nie sind unsere Flieger etwa in Zugketten hineingeraten, wie sie hier bei Ulmenhorst regelmäßig zu beobachten sind. Wie wir also mit der Ansicht über die fabelhafte Schnelligkeit des Vogelzuges brechen müssen, so auch mit der Annahme einer märchenhaften Höhe von etwa 10 000 m und darüber. Auch das gibt es nicht.

Hier bei Ulmenhorst findet der Hauptvogelzug in der Zone zwischen etwa 3 m bis 300 m statt. 300 m rechne ich schon recht hoch, denn meist wird die Höhe überschätzt. Ich lasse hier ab und zu an guten Zugtagen einen Drachen steigen, an dem eine in Flugstellung ausgestopfte Krähe befestigt wird, und bin dann jedesmal wieder überrascht, wie hoch die Krähe erscheint, und wie hoch auch die dicht daneben ziehenden Krähen erscheinen, während sie in Wirklichkeit 60 bis 80 m hoch fliegen. Für die geringen Höhen hat man ja als Jäger seine bestimmten Anhaltspunkte: Hört man das Flügelrauschen oder kann man die Zeichnung des Bauchgefieders erkennen, dann darf man schießen, dann beträgt die Höhe 30 bis 40 m; bei 50 m gestaltet sich das Schießen schon unsicher, und darüber ist von Übel.

Es ist übrigens für die Wissenschaft mehr oder weniger gleichgültig, ob der Vogelzug in Höhe von 50 oder 100 oder 300 oder 500 m stattfindet, nur darauf kam es an, die alte Ansicht zu beseitigen, daß die Zugvögel ganz hoch oben geheimnisvoll und unbeobachtet ihre Straße zögen, und diesen aufklärenden Dienst haben unsere Flugzeuge geleistet, eine Märchenwelt zerstörend, aber der Wissenschaft nützend. Ja, unsere großen Errungenschaften der Neuzeit in den Dienst der Vogelzugforschung gestellt! das ist ein Zukunftsbild, mit dem ich so gern liebäugele und worauf ich noch besonders zu sprechen komme. Das würde ungeahnte Fortschritte geben.

Reguliert wird die Höhe des Vogelzuges durch die Witterung,

und zwar besonders durch Nebel und Wind. Darüber stehen mir eine Fülle von Beispielen aus meinen Ulmenhorstbeobachtungen zur Verfügung. Einbrechender Nebel drückt die Vögel zur Erde herunter, schwindet der Nebel, dann rücken die Zugketten wieder höher hinauf. Bei Nebel trete ich hinter die Birken bei Ulmenhorst, um die Wildgänse zu erwarten, die eben noch hoch oben am Himmel zogen und jetzt dicht über die Baumwipfel hinweg ihren Weg suchen. Immer scheint bei den Zugvögeln das Bestreben vorzuliegen, die Erde im Auge zu behalten. Drum habe ich hier bei Ulmenhorst in den langen Jahren nur ein- oder zweimal beobachtet, wie ziehende Vögel hinter dichten Wolken verschwanden. Es war am 5. November 1909. Bedeckter Himmel, aber sehr klare Luft, NNO mit 3,4 m pro Sekunde. Dicke Wolken ziehen verhältnismäßig niedrig in der Richtung des am Erdboden wehenden Windes. Da kam in großer Höhe von Norden nach Süden ein Trupp Wildgänse gezogen, der plötzlich hinter einer Wolke verschwand, um bald danach wieder hervorzukommen. In dem Falle waren also Zugvögel über den Wolken gezogen, wobei allerdings zu berücksichtigen ist, daß das Verschwinden nur kurze Zeit anhielt. Jedenfalls ist solcher Fall nicht als Beweis dafür zu benutzen, daß über den Wolken, der Erde entrückt, regelmäßiger Vogelzug stattfände. Das ist sicher nicht der Fall. Die ganze Frage ist von Wichtigkeit, wenn wir Erwägungen darüber anstellen, ob die Vögel einen Orientierungssinn besitzen oder nicht.

Auch starker Gegenwind drückt die Vögel zum Erdboden herunter, und da kann es vorkommen, daß die Krähen dann die kleinen Dünenhügel und Täler im Kupstengebiet förmlich ausfliegen. Auch ist der Wind imstande, die Zugketten zu verlegen, indem die Vögel einmal mehr an der Vordüne, das andere Mal an der hohen Wanderdüne ihren Weg suchen.

Nach oben dagegen werden die Vögel geführt durch Nackenwind und durch Windstille, überhaupt durch ruhiges, schönes Wetter. Als kleine Pünktchen sieht man sie dann zuweilen an schönen Frühlingstagen hoch oben am blauen Himmel ihre Straße ziehen oder hört ihre Rufe. Es können Tage vorkommen, wo die Menschen hier unten auf der Erde recht wenig oder nichts vom Vogelzug merken, obgleich solcher in größeren Höhen stattfindet. Das sind dann aber keine märchenhaften zehntausend, sondern mehrere hundert Meter. Dieses Heimliche am Vogelzuge suche ich immer wieder zu betonen, denn es ist eine von den Erklärungen, die ich für einen existierenden „geheimen Vogelzug", auf den ich noch zu sprechen komme, aufbringen kann.

Die Wetterlage und die Größe und Widerstandsfähigkeit der Vögel können es auch mit sich bringen, daß an manchen Tagen der Vogelzug in mehreren Etagen vor sich geht. Das gibt dann eigenartige Bilder. So zum Beispiel am 6. Oktober 1915, der im Tagebuche folgende Aufzeichnungen aufweist: Mäßiger Nordwind. Krähen ziehen bei diesem Nackenwinde hoch — mehrere hundert Meter hoch — normalerweise nach Süden. Stoßen nicht auf den Uhu.

Neben dieser hohen Zugstraße ist heute noch eine ganz niedrige in Höhe von 1 bis 20 m zu beobachten, und zwar von Kleinvögeln, namentlich Buchfinken, die Trupp auf Trupp verkehrt nach Norden fliegen, dem Winde entgegen.

Oder ein Beispiel aus dem Frühjahre, vom 14. April 1917. Da zogen bei schwachem Südostwinde und Sonnenschein die Krähen mehrere hundert Meter hoch nach Norden und die Kleinvögel 30 bis 50 Meter hoch verkehrt zurück nach Süden.

Ein merkwürdiger Tag war weiter der 4. Oktober 1923. Die Tagebuchnotizen lauten wörtlich folgendermaßen: „Heute ist wieder einmal das Schauspiel des Rückzuges zu beobachten. Der Zug geht in zwei Etagen vor sich.

Früh bedeckt, aber noch einigermaßen klar, ohne Sonnenschein, Ostwind Stärke 4. Man merkt, daß schlechtes Wetter kommen wird. Starker Kleinvogel-Rückzug nach Norden in Höhe von 5 bis 30 Metern, und oben in etwa 100 m Höhe ziehen Krähen und große Flüge von Wildtauben normal nach Süden. Um 10 Uhr vormittags aller Zug vorbei, Regen den ganzen Tag."

Der Zug getrennt nach dem Alter.

Der Erforschung der Frage, ob bei gewissen Arten die jungen und die alten Vögel getrennt ziehen, stellen sich zwei große Schwierigkeiten entgegen. Erstens sind bei vielen Vogelarten die Jungen und die Alten schwer zu unterscheiden, und zweitens muß man, wenn man der Frage auf den Grund gehen will, recht viel Vögel der betreffenden Spezies sich durch die Hände gehen lassen, d. h. man muß recht viel Exemplare schießen, und das hat immer seinen Haken, und je älter man wird, um so weniger gern schießt man Vögel. Wenn es erst gelungen sein wird, den Massenfang von Vögeln zu wissenschaftlichen Zwecken in Deutschland mehr auszubilden, wie es in Amerika bereits geschieht, dann werden diese Schwierigkeiten mehr schwinden. Ich möchte in diesem Buche gleichsam als Musterbeispiel nur eine Vogelart behandeln, über deren Zug ich mich recht gut unterrichten konnte, und zwar einfach deshalb, weil ich in jeder Zugzeit Gelegenheit habe, diese Vögel massenweise zu untersuchen: das sind die Nebelkrähen, die, wie ich schon berichtete, von den Nehrungern massenweise zu Speisezwecken gefangen werden. Da ist die Regel einfach die: Im Herbst ziehen zuerst die Jungen und dann die Alten, und im Frühjahr umgekehrt erst die Alten und dann die Jungen, und so ist es bei einer ganzen Reihe von Vogelarten. Diese Verhältnisse kennen die Krähenfänger ganz genau und verwenden im Herbst die zuerst gefangenen Krähen am liebsten im eigenen Haushalt, während sie die später erbeuteten weggeben; im Frühjahr umgekehrt. Auch als Jäger kann man diese Trennung leicht feststellen, wenn man die Tiere auf ihr Vertraut- und Scheusein hin prüft. Die Krähen, die Ende September oder Anfang Oktober hier durchziehen, sind arglose junge Tiere, die sich leicht erbeuten lassen; aber dann kommen die gerissenen alten blankfederigen Frostkrähen, wie sie von den Nehrungern genannt werden. Man darf sich aber ja kein schablonenmäßiges Abwickeln solcher Trennung vorstellen. Unter den jungen Vögeln sind alte, und unter den alten sind junge, so habe ich es immer in Ulmenhorst gefunden, wenn ich Stichproben herausschoß. Hier mögen die Aufzeichnungen von ein paar Zugperioden folgen, damit sich der Leser ein Bild von dem nach dem Alter getrennten Nebelkrähenzuge machen kann. Die Krähen sind alle aus den über Ulmenhorst hinwegziehenden Schwärmen herausgeschossen, wenn sie auf den Uhu haßten.

Zunächst der

Herbstzug 1916:

Am 8. Oktober sind 8 geschossene Exemplare, lauter junge.
" 9. " unter 21 geschossenen Stücken 15 junge, 6 alte.
" 12. " 25 junge, 5 alte.
" 14. " 90 geschossene, lauter junge.
" 16. " 4 junge, 2 alte.
" 17. " 36 „ 4 „
" 18. " 15 „ 3 „
" 19. " 4 „ 5 „
" 20. " 30 „ 9 „
" 22. " 11 „ 1 „
" 23. " 21 „ 9 „
" 24. " 19 „ 9 „
" 25. " 4 „ 5 „
" 26. " 5 „ 5 „
" 27. " 5 „
" 1. November 1 „ 9 „

Die Grenze für den Zug der beiden Altersstufen ist diesen Herbst ungefähr der 30. Oktober. Das ist ziemlich spät.

Es folgt der

Frühjahrszug 1917:

Am 26. März 4 alte.
" 19. April 8 junge.
" 26. " 11 „
" 29. " 11 „

Herbstzug 1917:

Am 6. Oktober 2 alte.
" 11. " 3 junge, 15 alte!
" 13. " 4 „
" 14. " 33 „ 9 „
" 15. " 3 „

Am	16. Oktober	5 junge	13 alte.
„	17. „	8 „	20 „
„	18. „	4 „	4 „
„	23. „	1 „	8 „
„	24. „	4 „	3 „
„	25. „	17 „	10 „
„	27. „	7 „	2 „
„	28. „	9 „	7 „
„	29. „	1 „	8 „

Frühjahrszug 1918:

Am 16. März   4 alte.

Herbstzug 1918:

Am	16. Oktober	4 junge,	10 alte.
„	17. „	6 „	1 „
„	21. „	1 „	1 „
„	24. „	7 „	4 „
„	25. „	5 „	5 „
„	26. „	7 „	5 „
„	27. „	5 „	1 „
„	28. „	1 „	3 „
„	1. November	1 alte.	
„	2. „	1 junge.	
„	3. „	1 alte.	

Diese Listen zeigen deutlich, daß keine scharfe Grenze zwischen dem Zuge der jungen und alten Nebelkrähen zu ziehen ist. Es sei z. B. auf den Herbstzug 1917 verwiesen, wie da gleich schon im Anfang viel alte Krähen zogen.

Witterung und Vogelzug.

Auch in der Behandlung und Beurteilung der Frage nach dem Verhältnis zwischen dem Wetter und dem Vogelzuge hat sich in den letzten Jahren eine Wandlung vollzogen. Früher strebte man danach, dieses gegenseitige Verhältnis in eine bestimmte Schablone zu bringen. Das wird man nie erreichen, weil die Fragestellung dabei nicht richtig ist. Ich entsinne mich noch, als im Jahre 1908 die Beobachtungshütte Ulmenhorst draußen in der Vogelzugstraße erbaut war, mit welcher Begeiste-

Ein gezähmter Waldkauz in Abwehrstellung.

rung ich dieser Frage näherzutreten suchte. O, nun wollen wir's bald haben! dachte ich. Jetzt wird an jedem Tage das Wetter genau notiert; womöglich stündlich werden die Instrumente abgelesen; von den gleichzeitig stattfindenden Zugerscheinungen kann dir hier draußen keine einzige entgehen — da wird es nicht lange dauern, bis sich die schönsten Regeln ergeben. O weh! Je länger man beobachtete und notierte, um so schwieriger wurde die Sache. Immer wieder stand man vor Rätseln.

Da versuchte ich einmal die Probe auf das Exempel zu machen, und zwar in folgender Weise*). Ich sagte mir so: In jeder Zugperiode finden sich bestimmte Haupttage, an denen offensichtlich in die Erscheinung tritt, daß eine ganz besonders starke Bewegung und Verschiebung innerhalb der Vogelwelt stattgefunden hat. Da müssen doch auch ganz bestimmte Gründe und treibende Kräfte irgendwo vorliegen, die solche Massenbewegung auslösen, und die sind wahrscheinlich in

---

*) Siehe auch meinen Artikel in der bei Gräfe & Unzer, Königsberg, 1924 erschienenen Jubiläumsschrift: Beiträge aus der Tierkunde. D. Verf.

der Witterung zu suchen. Es genügt aber nicht, daß dabei nur die örtlichen meteorologischen Verhältnisse am Sitze des Beobachters in Betracht gezogen werden, sondern auch die Gegenden, woher die Vögel kommen und wohin sie ziehen. Für die Feststellungen hierüber erschien mir das preußische Meteorologische Institut in Berlin maßgebend, wo alle Fäden über die allgemein beobachtete Wetterlage zusammenlaufen.

Auf meine Bitte hin zeigte diese Behörde in dankenswerter Weise das größte Entgegenkommen, und so schickte ich eine Liste der genannten Haupttage aus den Jahren 1906 bis 1922, also von 17 Jahren, an das Meteorologische Institut ein. Diese Liste enthielt auch eine Reihe bemerkenswerter Rückzugstage aus dem Frühjahr, wenn die Vögel, anstatt nach Norden weiterzufliegen, plötzlich umkehren und nach Süden zurückwandern. Auch beschrieb

Derselbe Kauz in Schutzstellung.

ich auf Grund der vorliegenden Schnelligkeitsmessungen die Zone, die die Zugvögel an einem Tage bei höchst angenommener Schnelligkeit zu durchfliegen vermögen und die also für Prüfung der meteorologischen Verhältnisse in Betracht kommt. Wenn wir von Rossitten aus nach Nordosten und Südwesten auf der Karte Kreisbogen mit einem Radius von etwa 600 km schlagen, so dürften wir das Zuggebiet erfassen, in dessen Grenzen sich die Zugvögel an dem Tage bewegen, wo sie bei Ulmenhorst beobachtet werden. Die Grenze nach Nordosten stellen dann ungefähr die Städte Narwa, Pskow und Witebsk dar, nach Südwesten etwa Schwerin, Potsdam und Görlitz.

Nachdem die Untersuchungen in Berlin abgeschlossen waren, ging mir folgendes Schreiben vom Meteorologischen Institut zu.

„An der Hand der Wetterkarte wurden die Witterungsverhältnisse an den von Ihnen benannten Tagen für die dortige Gegend und unter Zugrundelegung mittlerer Zuggeschwindigkeiten auch für die Ausgangsgebiete der Vögel in der vorhergehenden Zeit geprüft. Dabei haben sich trotz aller Bemühungen keine klaren Beziehungen zwischen Vogelzug und Witterung ergeben. In einigen Fällen scheint ja für den Aufbruch der Vögel nach Süden der Eintritt stärkeren Frostes im Ausgangsgebiet die Veranlassung gegeben zu haben, dem stehen aber genug andere Fälle gegenüber, in denen kein Frost herrschte, und daneben gab es auch Frostperioden, in deren Gefolge keine Massenwanderung der Vögel beobachtet wurde. Lediglich die Rückkehr der im Frühjahr vorzeitig nach Norden gewanderten Vögel läßt sich durch stärkeren Frost im Norden deuten. Auch die Betrachtung der übrigen Witterungsverhältnisse, beispielsweise der Luftbewegung, führte zu keinem greifbaren Resultat. Für die Frühjahrswanderung nach Norden, die mitunter ins Frostgebiet hinein stattgefunden haben muß, ließen sich meteorologische Ursachen ebensowenig ergründen. Nach allem gewinnt man den Eindruck, daß die Witterungszustände zum mindesten nicht die Hauptursachen für den Massenaufbruch der Vögel sein werden."

Ich muß gestehen, daß ich nach meinen jahrzehntelangen Beobachtungen keine andere Antwort erwartet hatte, wenn ich auch etwas niedergeschlagen war, daß meine mit besonderer Sorgfalt notierten Haupttage, aus denen ich noch mal etwas zu machen hoffte, nichts von Aufklärung gebracht hatten, wenigstens nicht nach der positiven Seite hin. Mir scheint das Urteil dieser unbefangenen Meteorologen besonders wertvoll. Wenn man nämlich als beobachtender Ornithologe selbst die Meteorologie zu Rate zieht, dann ist man nur zu leicht geneigt zu glauben, man müsse Regeln finden.

Also nur die Rückzugstage im Frühjahr können meteorologisch einigermaßen erklärt werden. Das merkt man auch hier in der Zugstraße; denn wenn die Vögel massenweise zurückfluten, dann ist fast immer Wetterumschlag zum Schlechten zu erwarten; aber auch da kommen Ausnahmen vor. Die Witterung ist also nach den Untersuchungen des Meteorologischen Instituts nicht ausschlaggebend, und so scheint es auch müßig, etwa darüber zu streiten, ob die Vögel mit dem Winde oder gegen den Wind ziehen. Ich sehe sie hier bei jedem Winde ziehen, er darf nur nicht zu stark sein.

Es lag mir ferner daran, auch die Ansichten der hiesigen Krähenfänger in dieser Sache zu hören, denn man darf meiner Ansicht nach das Urteil solcher einfachen Naturmenschen nicht unterschätzen. Sie betreiben den Krähenfang nun schon seit Generationen, und es muß ihnen sehr darauf ankommen, über den Verlauf des Zuges genau Bescheid zu wissen, denn ein verlorener Tag ohne Beute bedeutet für sie immer den Verlust des Tagelohnes. Nichts gefangen und das Arbeitslohn „verspielt", so heißt es hier im Volksmunde. Wenn ich nun diese Fänger nach dem passenden Wetter für den Vogelzug frage, dann wünscht der eine diesen Wind, der andere jenen, und wenn der ersehnte Wind dann wirklich eintritt, und die Vögel erscheinen doch nicht, dann will man mich ausforschen, woran das liegt, und ich weiß es dann auch nicht. Also keine feste Regel! Keine Schablone! Darauf wird man immer wieder hingewiesen. Das Wetter allein treibt die Vögel nicht zum Aufbruch.

Nun darf man aber nicht sagen, daß die Witterung gar keinen Einfluß auf den Vogelzug habe, oder daß das Wetter dem ziehenden Vogel ganz gleichgültig sei oder ähnliches. Das wäre falsch. O, das Wetter hat einen sehr großen Einfluß auf den Zug. Man beachte, wie Wind und Nebel regulierend auf die Höhe des Vogelzuges einwirken, wovon wir ja in einem früheren Kapitel gesprochen haben. Wind von vorn: niedriger Zug. Schwacher Nackenwind: Zug hoch. Dunstige Luft: die Vögel streben nach dem Erdboden. Klares, ruhiges Wetter: die gefiederten Wanderer suchen größere Höhen auf und dergleichen mehr. Auch kann man immer negativ sagen, bei welchem Wetter die Vögel nicht ziehen, oder besser gesagt, bei welchem Wetter man keine Vögel zu sehen bekommt, nämlich nicht bei Regen, Sturm, Kälte, aber man muß sich nur von der Ansicht fernhalten — worauf ich schon hinwies —, daß schablonenmäßig bestimmte Wetterlagen den Vogel zum Ziehen zwingen, und daß das Wetter die einzige Triebfeder sei, die den Aufbruch veranlaßt. Nein, da sind noch andere Kräfte wirksam, und die liegen — im Vogel, und darum kommt die Forschung schwer an sie heran. Ein unwiderstehlicher Trieb zwingt den Vogel vorwärts. Und wie mächtig kann dieser Trieb sein! Wie vermag er alle anderen Regungen zu übertäuben, so daß dann die Wildtauben dicht neben ihren Erzfeinden, den Wanderfalken, dahinziehen und die Finkenhabichte neben den Finken, und daß auch körperliche Gebrechen die gefiederten Wanderer vom Zuge nicht zurückhalten können. Vögel mit lückenhaften Schwänzen und Flügeln sehe ich dann über Ulmenhorst dahineilen. Immer vorwärts! heißt die Losung. Ja, es ist etwas Wunderbares um diesen Trieb.

Interessant war nach der Richtung hin eine Beobachtung aus dem Januar und Februar 1917. Da häuften sich mit einem Male die Rückmeldungen und Rücklieferungen von beringten Lachmöwen auf der Vogelwarte, und zwar trafen die meisten von der Elb- und Wesermündung hier ein. Die Tiere waren in erschöpftem Zustande an den unmöglichsten Stellen oft in Gemeinschaft von ebenfalls entkräfteten Artgenossen aufgefunden worden. Woran lag das? An der furchtbaren Kälteperiode, die damals überall herrschte. Die See zeigte sich bis weit hinaus zugefroren, die Möwen konnten nicht an ihre gewohnte Nahrung heran und gerieten in große Not: ein allgemeines

Möwensterben fand dort an der Elb- und Wesermündung statt, aber — und das ist das Wunderbare an der ganzen Erscheinung: trotzdem hielten die gequälten Vögel aus und dachten nicht ans Fortziehen.

Allgemein ausgedrückt: Eine Vogelart, die allerdings nicht zu den ausgeprägten Zugvögeln gehört, die aber, wie das Beringungsexperiment zeigt, sehr weite Winterreisen unternimmt, harrt bei ungünstigster Witterung und unter den schwierigsten Lebensbedingungen an den Gestaden der Nordsee aus, ja, geht lieber elend zugrunde, ehe sie sich zum Fortziehen in südlichere Gegenden entschließt.

Muß man da nicht sagen: Die betreffenden Vögel konnten nicht fort. Der Zugtrieb war bei ihnen nicht ausgelöst. Und der Aufbruch zum Zuge geht instinktmäßig vor sich.

Ich kann mir nicht helfen, aber ich komme immer wieder darauf, den Vogelzug mit einem Zweige des Jagdbetriebes in Vergleich zu setzen, nämlich mit der Hüttenjagd. Da steht man auch dauernd vor Rätseln. Es soll mir ein Jäger sagen, bei welchem Wetter man hinausgehen muß, um Erfolg zu haben, das heißt bei welchem Wetter die Krähen und Raubvögel auf den Uhu stoßen, vor allem bei welchem Winde? Der eine sagt so, der andere so. Wohl kann man wie beim Vogelzuge ohne weiteres negativ sagen, wann die Vögel nicht stoßen, und kein Jäger wird sich bei Sturm, Kälte und Regenwetter in die Krähenhütte setzen, aber niemals wird es gelingen, schablonenmäßig eine bestimmte Wetterlage festzulegen, die das Hassen und Stoßen auslöst. Wenn man aber beim Gang nach der Hütte oben aus der Luft plötzlich einen krächzenden Laut hört und beim Hinaufblicken wahrnimmt, daß da eine Krähe mit einem Sperber spielt, dann steigt mit Recht Hoffnung auf Erfolg in der Jägerseele auf: Die Vögel werden stoßen. Jene Krähe und jener Sperber haben ja Lust zu spielen. Man sieht ihnen die Lust förmlich an. Lust- und Unlustgefühle kommen auch hier in Betracht, gerade wie beim Vogelzuge.

Als weiterer Beweis dafür, daß das Wetter nicht allein maßgebend ist für das Stoßen und Hassen der Vögel auf der Krähenhütte, sollen hier noch meine Erfahrungen bei Ausübung der Hüttenjagd mitten in der Zugstraße bei Ulmenhorst angeführt werden. Da steht an einem guten Zugtage der Uhu an seinem gewohnten Platze. Ungezählte Krähen fliegen darüber hin, aber keine nimmt Notiz. Vorwärts! Vorwärts! heißt es für die Vögel. Da plötzlich schwenkt eine Krähe ein, und in kurzer Zeit ist die Luft über dem Uhu schwarz von hassenden Krähen, und die Spitzen der umstehenden Birken biegen sich unter der Last der aufbäumenden Vögel. Jetzt ist es Zeit, Jäger, wenn du Beute machen willst! Aber siehe da, nach Verlauf einer Stunde oder einer noch viel kürzeren Spanne Zeit ist der Spektakel vorüber, und die Krähen ziehen wieder ruhig ihre Straße, ohne den Uhu zu beachten. Da steht man dann und fragt sich erstaunt: Was war das? Das Wetter war während dieser kurzen Zeit dasselbe geblieben, auch der Uhu war derselbe, und die Umgebung war dieselbe, und doch im Benehmen der Vögel ein so gewaltiger Umschwung! Da kann der Anreiz nur im Vogel selbst gelegen haben.

Die Physiologen müßten sich einmal daran machen, den Zugtrieb künstlich zu erzeugen, überhaupt werden Forschungen über den Vogelzug auch ins Laboratorium verlegt werden müssen. Viel spricht sicher beim Aufbruch der Zugvögel auch der Nachahmungstrieb mit. Einer macht es vor, und die anderen machen es nach. Im kleinen kann man ja solche Vorgänge hier in der Vogelzugstraße oft genug beobachten. Man geht während der Zugzeiten gegen Abend durch die Felder oder über die Palwen. Alles still ringsum. Da steigt plötzlich in tanzendem Fluge eine Bachstelze oder ein Pieper oder eine Drossel hoch und stößt bestimmte Lockrufe aus. Eine zweite folgt, eine dritte schließt sich an, und plötzlich ist ein ganzer großer Flug oben in der Luft in Bewegung. Das ist der Aufbruch zur Reise. Aber so etwas bekommt man nicht etwa oft zu sehen, woraus ich schließen möchte, daß die Zugvögel auch noch in anderer Weise ihre Reise antreten. Um nach der Richtung hin vielleicht Einblicke in das verborgene Tun und Treiben der Zugvögel zu bekommen, schlug ich folgendes Verfahren ein. Ich stellte mich an Herbstabenden, wenn den Tag über reges Vogelleben in den Büschen geherrscht hatte, südlich von Ulmenhorst quer auf der Nehrung vor und hörte zu, wie das Vogelleben rings um mich herum nach und nach erstarb. Die Rotkehlchen und Rotschwänzchen waren gewöhnlich die letzten, die noch ganz in der Dunkelheit ihr Schnickern vernehmen ließen. Dann war alles still. Waren nun die Vögel in der Dunkelheit zur Fortsetzung ihrer Reise abgezogen? Oder waren sie schlafen gegangen? Zunächst kehrte ich in die Hütte zurück, um gegen Mitternacht mit

Zahmer Kranich.

meiner Blendlaterne loszuziehen, um die Büsche zu untersuchen. Was habe ich da manchmal für interessante Erlebnisse gehabt, und welche Poesie lag auf diesen nächtlichen Gängen! Eulen umschwärmten mich, wobei mir nicht klar geworden ist, ob sich diese Tiere auf dem Zuge oder auf der Nahrungssuche befanden. Ich glaube, um Nahrung zu finden, war es zu dunkel, denn ich bin in stockfinsteren Nächten gegangen. Lerchen standen vor mir vom Erdboden auf, und nun kam ich einst an ein Gebüsch, das zur Hälfte von der Wanderdüne bereits verschüttet war, etwa 3 qm groß und ganz abseits von allem Buschwerk am Fuße einer großen Wanderdüne gelegen, also vollständig ungeeignet zum Beherbergen von Vögeln. Und was scheuche ich daraus empor? Gegen 20 Kleinvögel, meist wohl Laubsänger. Sie hatten also bei ihrem Zuge auf einem ganz ungeeigneten Platze, wo sie sich gerade befanden, Nachtquartier bezogen. Gewundert habe ich mich immer, wie ungeschickt diese Nachtzieher in der Dunkelheit flogen. Auch mit der Hand gegriffen habe ich Kleinvögel, wenn sie schlafend auf den Zweigen saßen.

Wie das Abziehen, so bekommt man auch das Ankommen der bei Nacht ziehenden Vögel selten zu Gesicht. Ein nach der Richtung hin interessantes Erlebnis hatte ich am 9. September 1910 in Ulmenhorst. Früh ¹/₄5 Uhr beim Hellwerden bin ich draußen, da höre ich ein Sausen in der Luft wie von einer Rakete und sehe, wie Drosseln herabstürzen, ähnlich wie die Stare in die Rohrbestände zum Schlafen. Ich hatte dieses Geräusch schon an den vorhergehenden Tagen im Laufe des Vormittags gegen 9 Uhr vernommen, wußte aber nicht, was das bedeutete. Es konnte auch nicht festgestellt werden, aus welcher Höhe die Drosseln herabkamen, denn alles ging zu schnell vor sich. Und wiederum sagte ich mir, daß es doch wohl noch eine andere Art des Ankommens geben muß, da man solche Vorgänge so selten sieht.

Von nächtlichem Vogelzuge merkt man hier bei Ulmenhorst wenig. Man hört zuweilen Drosseln oben in der Luft zirpen, oder Bläßhühner rufen, auch fliegen an den Leuchtturm in Nidden Vögel an — alles Zeichen dafür, daß da oben in normaler Weise regelmäßiger Zug stattfindet. Wie oft habe ich in solchen Zugnächten die Mondscheibe nach vorüberziehenden Vögeln mit dem Glase abgesucht, aber ich habe nie etwas gesehen.

Auf Grund meiner persönlichen Erlebnisse möchte ich hier einige Bemerkungen über die interessante Frage einflechten, ob die Vögel die bevorstehende Witterung vorausahnen. Von den älteren Forschern wurde dieses Ahnungsvermögen sicher überschätzt, ja, man stellte die Vögel als die reinen Wetterpropheten hin. Das ist übertrieben. Die Menschen sind auch jetzt noch leicht geneigt, aus dem

Ziehen oder Nichtziehen der Vögel auf die bevorstehende Witterung zu schließen, ob es zum Beispiel einen kalten Winter oder ein zeitiges Frühjahr gibt und dergleichen. Dabei muß man mit seinen Schlüssen sehr vorsichtig sein, wenn man nicht große Enttäuschungen erleben will.

Ich werde hier nur von meinen Erfahrungen sprechen, die ich beim Wohnen in Ulmenhorst mitten in der Zugstraße im Laufe der langen Jahre gesammelt habe. Und da muß ich allerdings sagen, daß ich dort das Eintreten oder Fehlen des Vogelzuges sowie das Benehmen der ziehenden Vögel praktisch oft genug zum Vorausbestimmen des Wetters benutzt habe, allerdings nur für kurze Zeitspannen, und auch in beschränktem Maße, denn wenn man diese Dinge preßt und zu sehr verallgemeinert, dann gerät man sofort in Verlegenheit, denn wie will man dann erklären, daß die Vögel oft blindlings über See fliegen, in ungünstiges Wetter geraten und zu Tausenden zugrunde gehen?

Nun meine Ulmenhorstbeobachtungen: Man tritt frühmorgens aus der Hütte. O weh, schlechtes Wetter! Leichter Regen, der ganze Himmel bezogen; die richtige Witterung, wie sie für den Vogelzug nicht paßt. Aber trotzdem in der Luft einige Vögel ziehend. Hier ein paar Krähen, dort mehrere Sperber und Kleinvögel. Da bekommt man Hoffnung, und siehe da, im Laufe des Tages klärt sich das Wetter auf, es wird ein schöner Tag. Daß die ziehenden Vögel etwa schon so zeitig am Morgen aus fernen Gebieten kommen, wo bereits gutes Wetter herrschte, das ist nicht anzunehmen.

Oder umgekehrt: Frühmorgens das herrlichste Zugwetter, aber Totenstille in der Luft. Kein Vogel zu sehen. Rasch ans Barometer: Es fällt, und bald tritt Wetterumschlag zum Schlechten ein. Solche Erfahrungen habe ich unzählige Male gemacht. Oder die Vögel ziehen gegen Abend mit ungewohnter Hast. Man sieht ihnen an, daß sie es sehr eilig haben. Wollen sie die guten Stunden vor Eintritt eines Wetterumschlages zum Vorwärtskommen ausnützen? Ja! Am anderen Morgen ist das schlechte Wetter da. Sturm und Regen pfeifen uns um die Ohren, wenn wir die Hütte verlassen.

Hier möchte ich auch wieder meine lieben Krähenfänger als Zeugen anführen. Von ihnen hört man fortwährend die Redewendung: „Die Vögel haben schlechtes Wetter im Kopfe." Dann stellen sie plötzlich den Zug ein oder vermeiden es, an den Fangplätzen einzufallen, oder ziehen zu eilig und dergleichen. Jedenfalls wird man bei einem Daueraufenthalte in der Zugstraße den Eindruck nicht los, daß die Vögel gegen Witterungsveränderungen, besonders aber gegen veränderten Luftdruck, sehr empfindlich sind. So ist ja durch neuere Untersuchungen festgestellt worden, daß steigender Luftdruck auch die Sangeslust der Vögel erhöht. Bei allen diesen Dingen spielt das Gefühl eine große Rolle. Menschen, die sich viel im Freien aufhalten, fühlen, daß schlechtes Wetter kommt; wenn man sie aber fragt: Woran? Wodurch? Wie? dann bleiben sie die Antwort schuldig.

Von den vielen Aufzeichnungen, die sich in meinen Tagebüchern über dieses Vorausahnen der Witterung finden, mögen hier nur die Beschreibungen von zwei Tagen folgen, vom 14. und 15. Oktober 1913: „Am 14. Oktober bei südwestlichen Winden und fallendem Barometer meist bedeckter Himmel, zuweilen Sonnenschein. Frühmorgens noch schönes Wetter, trotzdem ganz wenig Zug.

Gegen 10 Uhr ist schon aller Zug vorbei. Es wird kaltes, unfreundliches Wetter, und das ist der Grund, daß die Vögel in den ersten Vormittagsstunden, als es noch schön war, nicht gezogen sind. Sie wollten nicht in das schlechte Wetter hineinfliegen. Morgen wird wohl schlechtes Wetter sein."

„Der 15. Oktober. Das schlechte Wetter ist da nach meiner gestrigen Vermutung: bedeckt, Regen, kalt, starker Wind, nichts von Vogelzug. Ein sehr interessanter Fall für Beurteilung des Verhältnisses zwischen Vogelzug und Witterung: Gestern war das Wetter so, daß die Vögel noch gut hätten ziehen können, besonders in den Vormittagsstunden, aber es zog fast nichts. Da nahm ich an, daß etwas Besonderes mit der Witterung vorgehen würde, und siehe da, die Vermutung traf ein: das schlechte Wetter ist heute da. Das Barometer ist von gestern nachmittag 2 Uhr 45 bis heute 2 Uhr 45 20 mm gefallen."

Die Orientierung der Zugvögel.

Was leitet den Zugvogel auf seinen weiten Wegen? Wie oft wird gerade diese Frage von den Vogelwartenbesuchern an mich gestellt, woraus ersichtlich ist, welches große Interesse sie für sich in Anspruch nimmt. Ist aber auch interessant! Da schlüpft ein junger Storch auf einem ostpreußischen Insthause aus dem Ei, und unterm

Kranich trinkend.

Dache wird eine Schwalbe ausgebrütet, und beide ziehen dann los über Länder und Meere nach Afrika, zehntausend Kilometer weit und darüber. Und im Frühjahr kehren sie zurück und finden mit unfehlbarer Sicherheit das heimatliche Dorf und brüten dann später womöglich in demselben Neste, oder in der näheren Umgegend. Wie haben sie den Weg gefunden?

Die Wissenschaft ist bestrebt gewesen, die verschiedensten Erklärungen dafür aufzustellen, aber der Leser erwarte ja nicht, daß ich hier eine erschöpfende Antwort auf die Frage gebe. So weit ist die

Forschung noch nicht. Ich möchte hier nur kurz darzulegen versuchen, wie ich in den langen Jahren meines hiesigen Aufenthaltes mitten in der Zugstraße über diese dunkle Frage zu urteilen gelernt habe, und was die Vogelwarte selbst unternommen hat, ihr etwas nachzugehen.

Soviel läßt sich ohne weiteres sagen, daß verschiedene Dinge bei Beantwortung der Frage in Betracht gezogen werden müssen, nicht nur ein einzelnes Moment. Zunächst Orientierung durch das Auge. Ich glaube, wir Menschen können uns nur schwer einen Begriff von der Schärfe eines Vogelauges machen, ebenso wie uns die Beurteilung der Hundenase immer wieder Schwierigkeiten bereitet. Ich hatte bei meinem in einem früheren Kapitel beschriebenen Fluge in der Vogelzugstraße über die Kurische Nehrung so recht schön Muße, über diese Dinge nachzudenken. Wie unendlich weit vermag sich der Vogel dort oben zu orientieren! Das Land liegt ja weithin ausgebreitet vor ihm, und er ist sicher imstande, hervorstechende Landmarken sich einzuprägen, ja, ich kann mir wohl denken, daß den ziehenden Vogelscharen auch bei Nacht die Kurische Nehrung wie ein dunkles Band da unten erscheint, nach dem sie sich richten können. Die roten Ölkugeln in der Netzhaut der Vögel sollen ja das deutliche Sehen noch erleichtern. So können die Vögel sicher Erinnerungsbilder in sich aufnehmen, und wir haben ja bei der Betrachtung über die Höhe des Vogelzuges gesehen, daß die Vogelscharen zur Erde herabkommen, wenn ihnen durch dunstige Luft die Aussicht auf die Erde erschwert wird: sie wollen freie Umschau halten.

Nun kommt uns aber wieder das Beringungsexperiment mit seinem unanfechtbaren Tatsachenmateriale zu Hilfe und weist uns auf etwas hin, was meines Erachtens bei der ganzen Orientierungsfrage noch viel zu wenig berücksichtigt wird: Das ist die Tatsache, daß die Zugvögel immer und immer wieder dieselben Straßen ziehen oder dieselben Gebiete durchwandern. Ich muß sagen, seitdem ich das weiß, sehe ich die hier durchkommenden Vögel mit ganz anderen Augen an. Wenn es auf den Triften von Steinschmätzern wimmelt, dann möchte ich ihnen zurufen: „Ihr seid ja dieselben Vögel, die schon im vorigen Jahre und vor zwei Jahren hier auf diesen selben findlingsblöcken saßen, wo ich euch heute sitzen sehe." Und wenn ich Alpenlerchen beobachten will, dann gehe ich auf ein bestimmtes Ackerstück der Feldflur, und wenn ich Rohrammern zu Gesicht bekommen will, dann begebe ich mich auf den Weg nach Kunzen, wo sie in jedem Jahre sitzen. Das sind ja teilweise immer dieselben Vögel, das Experiment sagt es uns ja.

Und da steht mein Uhu nun schon seit bald 20 Jahren während der Zugzeiten immer an derselben Stelle hinter dem Wäldchen bei der Ulmenhorsthütte, und Tausende und aber Tausende von Krähen sind in jedem Jahre über ihn hinweggezogen und haben sich über seine Grimassen erbost. Wenn er nun einmal zufällig nicht dastand, dann ist es vorgekommen, daß die Krähen die leere Stelle durch Warnungsgeschrei und Schwenkungen markierten. Da bin ich dann verschiedene Male hingelaufen, um nachzusehen, ob etwa eine geschossene Krähe von gestern auf den Bäumen hängengeblieben ist, oder ob viele abgeschossene Federn herumliegen, ich konnte aber nie etwas entdecken und stellte dann die Frage an mich: Ob wohl die Krähen diesen angestammten Platz ihres Feindes aus der Erinnerung kennen und markiert haben? Ich vermochte nicht ohne weiteres „Nein" zu sagen, denn es sind ja doch immer dieselben Krähen, die hier durchziehen, worauf der Versuch hinweist. Müssen denn auf diese Weise unsern Zugvögeln die Wege nicht nach und nach durchaus bekannt werden?

Es mögen nun einige hierher passende Beispiele aus den Ergebnissen des Beringungsversuches folgen:

Im Hafen von Genf sind beringte Lachmöwen eine ganz bekannte Erscheinung. Ich bekomme von dort immer Nachricht, wann die ersten eintreffen, wann sie wieder abziehen und dergleichen. Nun hatte im Winter 1917/18 eine von diesen markierten Lachmöwen — mit einem Ringe der Rossittener Form, wie mir geschrieben wurde — ganz besondere Gewohnheiten angenommen. Sie hatte sich als Ruhepunkt die Mastspitze eines im Hafen liegenden Schiffes gewählt. Hier saß sie ständig und verteidigte ihren Sitzplatz gegen alle Artgenossen. Gegenüber an der Hafenmauer hatte eine Zeitungsfrau ihren Standort, die mit der beringten Lachmöwe in bestem Einvernehmen lebte. Sie legte dem Vogel Leckerbissen auf die Hafenmauer, die gern angenommen wurden — kurz, diese beringte Lachmöwe von der Mastspitze war im Hafen von Genf eine bekannte Erscheinung, und das Spiel ging so vom 15. Oktober 1917 bis zum 15. März 1918. Da verschwand die Möwe plötzlich, und wir müssen annehmen, daß sie nach ihrer heimatlichen Brutkolonie, wahrscheinlich nach Rossitten, geflogen ist, um zu brüten.

Am 3. November 1918 war sie plötzlich wieder im Hafen von Genf, saß wieder auf ihrer Mastspitze, und das gute Einvernehmen mit der Zeitungsfrau nahm seinen Fortgang, bis der Vogel am 25. Mär 1919 abermals verschwand.

So steht also fest, daß diese Möwe in Gemeinschaft mit ihren Artgenossen in jedem Herbst und Frühjahr den Weg nach Genf und zurück geflogen ist. Und so muß doch diesen Möwen der Weg nach und nach ganz bekannt und geläufig werden.

Auch noch etwas anderes geht einem durch den Sinn, wenn man sich diesen Fall vergegenwärtigt. Man bedenke, was für ein gewaltiger Unterschied zwischen dem Sommer- und Winterleben der Möwen besteht. Im Sommer in der freien Natur draußen über einem See oder Bruch umherfliegen, Junge großziehen, den Menschen als ärgsten Feind betrachten und von oben bespeien und dann plötzlich im Winter in die Großstadt einziehen, den Menschen als besten Freund und Nahrungsspender ansehen und bei einer Zeitungsfrau zu Gaste gehen! Diese Anpassungsfähigkeit!

Ein weiteres Beispiel: Da wurden zwei Stare am 3. und 5. Juni 1916 im Kreise Talsen in Kurland beringt und in den Jahren 1917 und 1919 in Irland wieder erbeutet, und zwar an zwei Orten, die nur etwa 21 km auseinanderliegen.

Die Vögel aus ein und derselben Brutheimat haben also immer dieselbe Winterherberge aufgesucht. Muß ihnen da der Reiseweg von Kurland nach Irland nicht nach und nach ganz bekannt und müssen ihnen die Verhältnisse in den Winterherbergen nicht ganz und gar vertraut werden, und sollte es dann so schwierig sein, den Weg zu finden?

Ich möchte hier auch auf die niedlichen Geschichten von zwei Rotschwänzchen hinweisen, die ich in meinen Jahresberichten näher behandelt habe. Ein Gartenrotschwanz wurde am 16. Mai 1919 in Hermsdorf bei Berlin eingefangen und beringt und in den darauffolgenden Jahren 1920 und 1921 immer wieder in demselben Garten beobachtet und zur Kontrolle der Ringnummer auch eingefangen.

phot. Dr. Kobbert.
Ein Teil der Storchherde vom Jahre 1926.

Ebenda erhielt ein Hausrotschwanz am 25. April 1919 als Jungvogel seinen Ring und fand sich in den nächsten fünf Jahren im Frühjahr immer wieder in seinem heimatlichen Garten ein. Wie bekannt müssen diesen Tieren nicht nur die heimatlichen Gefilde, sondern auch die weiten Reisewege werden!

Nun kann man mir ohne weiteres entgegenhalten, daß diese Theorie wohl für alte angelernte Vögel passen könne, aber wie steht es mit den jungen Vögeln, die von den alten getrennt auf die Reise gehen und den Weg zum ersten Male machen? Und wie steht es weiter mit den Vögeln, die überhaupt mehr einzeln ziehen, wobei gewöhnlich Kuckuck und Wiedehopf angeführt werden. Darauf erlaube ich mir zu erwidern, daß ich über den nach dem Alter getrennten Zug meine eigenen Gedanken habe. Sind unter den Jungvogelscharen wirklich nie alte Vögel, die die Führung übernehmen könnten? Wir haben ja in einem früheren Kapitel gesehen, wie wenig scharf die Trennung bei den Nebelkrähen war, und ähnliche Verhältnisse habe ich auch bei anderen Vögeln gefunden. Diese alten Vögel könnte man sich als solche Stücke denken, die in dem betreffenden Sommer nicht gebrütet haben. Solchen herumschwärmenden Vögeln während der Brutzeit wird überhaupt erst seit neuerer Zeit mehr Interesse entgegengebracht. Man erlebt nach der Richtung hin manchmal sonderbare Erscheinungen draußen in der Natur, die man sich zunächst nicht erklären kann. Was aber die Einzelzieher, z. B. Kuckuck und Wiedehopf, anbelangt, so bin ich nicht davon überzeugt, daß diese Vögel ohne jede Fühlung mit Artgenossen ziehen. Wenn hier bei Rossitten Kuckucke durchziehen, dann sehe ich meist oder wenigstens sehr oft gleich mehrere Exemplare beisammen. Und wie steht es mit dem Wiedehopfe? Ich habe diese Art bis jetzt nur ein einziges Mal in den langen Jahren bei Ulmenhorst in der Luft wirklich ziehen sehen, aber da waren es auch gleich drei Stück, erst einer, dann zwei zusammen. Am 16. April 1924 war's. Wie unglücklich schienen sich diese possierlichen Vögel oben in der Luft allein zu fühlen, als sie vor Verlegenheit quarrend vorwärts strebten. Ich mußte unwillkürlich an einen Menschen denken, der die Platzfurcht hat.

Weiter möchte ich noch etwas anführen, was mir immer durch den Sinn geht, wenn ich über die Orientierung der Zugvögel nachdenke. Ist es denn erwiesen, daß nur Artgenossen sich gegenseitig führen können? Wenn im Herbst und Frühjahr alles nach einer Richtung strebt, sollten da nicht auch artlich verschiedene Vögel gegenseitig aufeinander achten und sich leiten lassen? Wer viel mit Tieren verkehrt, der weiß, wie fein ausgebildet die Verständigung der Tiere untereinander ist, und der kennt vor allem die wunderbare Beobachtungsgabe der Tiere.

Den Schnepfenjägern ist weiter bekannt, wie empfindlich die Waldschnepfe gegen Veränderungen ist, die in den von ihr auf dem Zuge besuchten Revieren vorgenommen werden. Ein treffendes Beispiel darüber erlebte ich einst in Ulmenhorst. Da war an den verstreut liegenden Wäldchen, in denen regelmäßig Schnepfen lagen, einst ein wenig ausgeholzt worden, und sofort mieden die Schnepfen diese Wäldchen mehr oder weniger, wobei die Vermutung naheliegt, daß die Vögel diese Gebüsche vorher doch gekannt haben müssen. Und nun rechne man zu all dem Gesagten noch die uralte Überlieferung hinzu, die ganz besonders betont werden muß. In jedem Herbst und Frühjahr dieses allgemeine Streben Tausender und Millionen gefiederter Wanderer nach einer Richtung, und zwar nicht auf eng begrenzten Straßen, sondern auf weiten Gebieten, ja schließlich überall! Und da sollte es möglich sein, daß Vögel darunter sind, die sich nicht zurechtfinden? Ich weiß wohl, daß das alles keine präzise formulierten wissenschaftlichen Erklärungen sind, aber ich will ja hier nur sagen, wie ich auf Grund der langen Beobachtungen über unsere Frage vorläufig denke. Und wird die Wissenschaft jemals sagen können: „Hier, das ist der eine Grund!"? Nein, es werden immer verschiedene Dinge bei der Erklärung in Betracht gezogen werden müssen.

Noch ein Beispiel, das mir recht bemerkenswert erscheint: Da ließ sich Dr. Heinroth in Berlin im Sommer 1918 zwei ganz junge, noch nackte Mauersegler aus Braunschweig schicken, um sie für seine Studien aufzuziehen. Am 17. Juli 1918 wurden die beiden Vögel, nachdem sie flugbar geworden waren, auf dem Dache beringt losgelassen, und am 9. Mai 1920 geriet einer von ihnen in Spandau wieder in Menschenhände. Die beiden Mauersegler sind also an die Stelle zurückgekehrt, wo sie in erwachsenem Zustande freigelassen, das heißt ausgeflogen waren, denn Spandau und Berlin darf man natürlich für einen flugbegabten Mauersegler als eins rechnen. Wenn die beiden Vögel in Braunschweig geblieben und dort ausgeflogen wären, so wären sie unfehlbar nach Braunschweig zurückgekehrt, denn gerade der Mauersegler hat sich nach den Resultaten des

Beringungsversuches als ungemein heimattreu erwiesen. So müssen doch diese beiden Vögel nach dem Ausfliegen in Berlin Erinnerungsbilder in sich aufgenommen haben, die sie zur Rückkehr dahin veranlaßten, oder sie müssen sich an Berliner Artgenossen angeschlossen haben, und das Auffinden der Heimat von seiten der Zugvögel scheint nicht durchweg instinktmäßig vor sich zu gehen, sondern es scheint auch auf Orientierung zu beruhen. Solches Verpflanzen beringter Zugvögel müßte häufiger vorgenommen werden. Das ist auch ein Experiment, das Aussicht auf Erfolg besitzt.

Um einen angeborenen Orientierungs= und Richtungssinn kommen wir nicht herum. Wir wissen, in welch ausgezeichneter Weise sich die Naturvölker zu orientieren vermögen. Da las ich erst kürzlich wieder eine Geschichte von einem Grönlandreisenden, der mit Eskimos in einem Holzboot über einen gefährlichen Eisfjord fuhr. Dichter Nebel trat auf, und man kam den Eisbergen zu nahe, weil man sie nicht sah. Dauernd lief man Gefahr, unter solch einem Eisberge begraben zu werden. Da fragte der Reisende den Steuermann, wie er bei dem dichten Nebel den Kurs ohne Kompaß halten könnte. Dieser Naturmensch zeigte auf seine Stirn und sagte: „Hier Kompaß." Und nach Verlauf von fünf Stunden kam das Boot wirklich trotz des Nebels an dem gesteckten Ziele an.

Aber wir brauchen gar nicht so weit zu gehen, um solche Geschichten zu erleben. Es war im Januar 1900. Da fuhren wir von Rossitten auf's zugefrorene Haff hinaus, um uns die Eisfischerei anzusehen. Zunächst herrschte schönes Wetter, und es war eine herrliche Fahrt. Dann erhob sich plötzlich starker Wind, der sich zum Schneesturm steigerte. Man konnte die Hand nicht vor Augen sehen. Meilenweit waren wir draußen auf dem Haff, und nun hieß es zurückkehren. Wir hatten uns beim Besuch der Fischer an ihren Fangstellen mehrmals mit dem Schlitten gedreht, und ich für meine Person hatte keine Ahnung, welche Richtung wir einschlagen mußten, um heimzukehren. Als Fuhrmann hatten wir einen alten Litauer, der am Haff aufgewachsen war. Der sah bei der Abfahrt seelenruhig nach seiner Uhr und meinte: „Wenn wir einhalb drei Uhr nicht an Land sind, dann haben wir uns verfahren." Nun ging's los, und siehe da, nach langer Fahrt tauchten gegen einhalb drei die Häuser von Rossitten bei dem Schneegestöber dicht vor unseren Augen auf. Der Leser wird nun sagen, daß die Pferde geführt haben. Nun wohl, dann haben eben die Pferde den Orientierungssinn gehabt.

Um nun diesem Orientierungssinne etwas nachzugehen, hat die Vogelwarte seit dem Jahre 1926 Versuche unternommen. Ich stellte folgende Frage: Was geschieht, wenn man Zugvögel, und zwar solche, die in dem betreffenden Jahre erbrütet sind, während der Zugzeit künstlich zurückhält, wenn man sie hindert, vorbereitende Ansammlungen und Verständigungen mit Artgenossen durchzumachen, und wenn man sie erst aufläßt, nachdem sämtliche Artgenossen im Herbste abgezogen sind, so daß sie ganz auf sich angewiesen sind. Als Versuchsobjekte wählte ich junge weiße Störche, vor allem deshalb, weil man die Zugstraße der Störche von Ostpreußen bis Südafrika durch das Beringungsexperiment ganz genau kennt, so daß jede kleine Abweichung sofort zu merken ist. Nun hieß es, junge Neststörche besorgen. Das ist gar nicht so einfach, aber die Vogelwarte fand in allen Teilen Ostpreußens so freundliche Unterstützung, daß sie im Jahre 1926 siebenundzwanzig Stück und im Jahre 1927 fünfundsiebzig Stück in einer schönen großen Teichanlage unterbringen konnte. Allen den freundlichen Helfern und Helferinnen sei für ihre große Mühe auch an dieser Stelle herzlichst gedankt.

Die ankommenden jungen Tiere wurden zunächst frei an das Teichufer gesetzt, wo ich eine Schicht trockenes Genist ausgebreitet hatte, das sie als ihr Nest betrachteten. Hier wurden sie mit Fischen (Plötzen), ihrer Lieblingsnahrung, gefüttert, dazu noch mit Tausenden von Fröschen, die von der Dorfjugend gesammelt wurden. Sie gediehen prächtig. Keiner ist krank geworden, keiner ist eingegangen. Was ist der Storch für ein lieber Vogel in der Gefangenschaft! Dieses Vertrautsein! Diese leichte Futterannahme! Man muß den Tieren gut sein!

Um das Überfliegen der Drahtumzäunung zu verhindern, benutzte ich als Notbehelf beim ersten Versuch die bekannten Geflügelklammern, die dann abgenommen wurden. Später habe ich einen Teil des Teiches nebst angrenzendem Ufer mit Netzen überspannt, und wenn dann die jungen Störche soweit herangewachsen waren, daß sie zu fliegen begannen, dann wurden sie in den überdachten Teil hineingetrieben, wo sie aufwuchsen und sich zu schönen kräftigen Tieren entwickelten. Ich denke, die beigegebenen Abbildungen zeigen diese Verhältnisse deutlich. Im Jahre 1926 haben die 27 Störche rund 13 Zentner Fische aufgefressen, und im Jahre 1927 brauchten meine 75 Pflegebefohlenen rund 28 Zentner. Das Nahrungsbedürfnis der Störche scheint übrigens mit zunehmendem Alter geringer zu werden.

Das Aufwachsen der jungen Tiere bot manches Interessante. So habe ich mich immer darüber gewundert, welches Wasserbedürfnis bei diesen jungen Vögeln, die doch sonst noch im Nest gesessen hätten, vorlag. Immer wurde eifrigst gebadet und getrunken. Ja, von einem Teile der jungen Störche wurde immer die Nacht am liebsten im Teiche stehend verbracht, während sie doch sonst noch oben auf dem Dache im Nest gesessen hätten. Als die Störche älter wurden, fütterte ich anders, indem ich die Fische in der großen Teichanlage verstreute, teilweise

Meine kleinen nachbarlichen Froschlieferanten. —
„Wieviel bringt ihr denn Frösche?"
„Einen!" „Das ist ein bißchen wenig für 75 Störche."

Die Teichanlage. Im Hintergrunde das Winterhaus. — Die Versuchsstorchherde vom Jahre 1927.

versteckt, und indem ich die Frösche ins seichte Wasser hinein=
ließ. Da gingen dann meine Störche auf die Nahrungssuche genau
wie in der freien Natur draußen. Also mit dem späteren Nahrungs=
finden, da hat es keine Not. Das sah man jetzt schon.

Was haben meine schmucken Storchherden den Vogelwarten=
besuchern oft für Freude bereitet, namentlich wenn die Leute aus

Ein junger Storch macht Flugübungen.

Gegenden Deutschlands kamen, wo sie noch nie einen Storch zu
Gesicht bekommen hatten. Manche Besucher konnten sich von dem
interessanten Bilde, das sich bot, gar nicht wieder trennen. Gewundert
habe ich mich immer darüber, wie wenig bekannt im Volke ist, daß
die Störche in der Jugend nicht rote, sondern schwarze Schnäbel
und Beine haben.

Nun kam die Zugzeit heran. O, wie war das interessant zu
beobachten, wie ein anderer Geist in die Storchherde hineinfuhr.
Diese Unruhe, dieses Flügelschlagen und Fliegen, dieses Laufen!

Während der Vormittagsstunden war die Unruhe immer am stärksten, und zwar gerade an den Tagen, wo draußen in der Provinz die Störche abzogen. Es fand da oft eine ganz merkwürdige Übereinstimmung statt, denn ich stand mit den Gütern und Dörfern, woher die Störche stammten, immer in brieflicher und telephonischer Verbindung.

Bei dem Versuche im Jahre 1927 hatte ich als Parallelversuch 14 Störche frei am Teiche aufwachsen lassen, um zu sehen, wie sich diese beim Herannahen der Zugzeit verhalten würden. Auf der Abbildung sieht man sie auf den Stangen der Umzäunung und am Teichufer sitzen. Sie sind am 30. August, einem herrlichen Herbsttage, normalerweise abgezogen. Am Vormittag standen sie auf einem Felde nicht weit vom Dorfe, erhoben sich plötzlich und zogen geschlossen nach Süden los, und zwar übers Haff, nicht die Nehrung entlang nach Südwesten, in einer Höhe von etwa 40 bis 50 m. Wo mögen die jetzt schon sein!

Von den Besuchern meiner Teichanlage wurde stets der Einwand erhoben, ob die eingepferchten Störche auch werden fliegen können, um die weite Reise nach ihrer Winterherberge zurückzulegen. Die Frage hat gewiß ihre Berechtigung, aber man braucht, wie die Erfahrungen gezeigt haben, keine Befürchtungen zu hegen. Erstens können die Tiere auch in der Umzäunung mit den Flügeln schlagen soviel sie wollen, um ihre Brustmuskulatur zu kräftigen, ja, sie können sogar umherfliegen und machen von dieser Freiheit eifrigst Gebrauch. Und zweitens muß man überhaupt nicht denken, daß ein junger Vogel, der im Neste sitzt, wenn er reif zum Ausfliegen ist, dann nicht gut fliegen könnte. Man öffne doch einmal einen Starkasten, in dem flügge Junge sich befinden. Wie diese Tiere sofort nach allen Seiten auseinanderstieben, obgleich sie vorher nicht einen Flügelschlag getan haben! Natürlich werden sich alle ausgeflogenen Jungen zunächst noch im Fliegen üben, aber das können ja meine Störche, wenn sie aufgelassen sind, auch tun, und der Erfolg spricht dafür, daß meine Versuchsstörche weite Reisen unternehmen können, denn es liegt bereits ein Resultat vor. Von den im Jahre 1926 aufgelassenen Versuchsstörchen, die am 18. September von Rossitten loszogen,

Die aufgelassenen Versuchsstörche rasten auf den Dächern.

wurde in den ersten Dezembertagen 1926 ein Stück aus Athen in Griechenland zurückgemeldet. Es war an der Bahnstrecke Athen—Laurion in Menschenhände gelangt. Der Erbeutungstag ließ sich bis jetzt nicht genau ermitteln. Auch der Ring ist mir wieder zugeschickt worden, nachdem er von der griechischen Polizei ohne mein Zutun auf Betreiben einer griechischen Jagdgesellschaft, der ich für Beschaffung der nötigen Notizen viel zu danken habe, beschlagnahmt worden war. Der glückliche Finder hatte eigentlich die Absicht, dieses Stückchen Metall als Talisman und kostbaren Glücksbringer für sich und seine Familie zurückzubehalten. Wieder einmal — wie öfter — Aberglaube mit dem Beringungsexperiment verbunden!

Die Storchherde von 1927 war bei Abfassung des Manuskriptes zur ersten Auflage dieses Buches noch in Rossitten. Jetzt kann ich einiges nachtragen. Das gesamte von auswärts eingelaufene Beobachtungsmaterial muß ich aber erst sichten. Die zweite Auflage kommt mir etwas plötzlich über den Hals. Am 14. September 1927 ließ ich meine Störche frei. Alles glückte gut; sie stiegen sofort hoch und blieben gleich über eine Stunde lang kreisend in der Luft, konnten also gut fliegen. Vielleicht hat dieses Kreisen bereits der Orientierung gegolten. Dann ließen sie sich auf den Dächern nieder, was einen herrlichen Anblick gewährte, und besuchten auch teilweise die umliegenden Felder. Ich habe die ganze Storchherde vor dem Aufsteigen sowie beim Auffliegen und Kreisen im Film festgehalten. Gegen Abend kehrten sie auf die Dächer zum Übernachten zurück. Einundsechzig Störche auf drei oder vier Hausdächer verteilt! Ein seltenes Naturschauspiel! Am nächsten Tage wurden sie noch auf der Rossittener Feldflur Frösche fangend beobachtet, und gegen Mittag sind sie hochgestiegen, um geschlossen, Kreise beschreibend, abzuziehen, und zwar ebenso wie die vorjährige Storchherde nach Süd=Süd=Osten übers Haff, nicht die Nehrung entlang. Das Haff ist an dieser Stelle 34 km breit. Am 19. September kam der Regierungsdampfer „Bismarck" von Labiau nach Rossitten und meldete mir, daß die Mannschaft vier von meinen Störchen an der Deimemündung, nicht weit von

In der Teichanlage: Schwarze Störche und Kranich.

Labian, beobachtet habe. Die Herde hat sich also schon verteilt, und am 22. September bekam ich von der Herrschaft Oberbeltsch, Kreis Guhrau in Schlesien, die Nachricht, daß fünf Versuchsstörche beobachtet wurden. Sie trieben sich als auffallende Erscheinung zu so vorgerückter Jahreszeit Nahrung suchend auf den Wiesen umher und fielen abends zum Übernachten auf den Dächern und Schornsteinen ein, wo sie durch Dachluken bei etwa 10 m Entfernung auf die anhaftenden Fußringe genau kontrolliert werden konnten. Die Ringe wurden festgestellt. So sind rund 500 km in sieben Tagen zurückgelegt worden, macht pro Tag rund 72 km.

In der dritten Auflage dieses Buches kann ich nun den Versuch vom Jahre 1928 nachtragen, der besonders günstige Resultate geliefert hat, und zwar, wie wir sehen werden, durch Anwendung eines modernen technischen Hilfsmittels, des Rundfunks. Sechsunddreißig junge Störche hatte ich diesmal aufgezogen. Zwischen dem 13. und 27. Juli wurden sie in die Teichanlage gebracht. Beim Heranwachsen fiel wieder das auf, was schon bei den früheren Versuchen hervorgehoben worden ist: die Lust zu baden und zu trinken in einem Alter, wo sonst die jungen Neststörche noch gar nicht mit Wasser, außer Regen, in Berührung kommen, ferner das Nachlassen in der Nahrungsaufnahme je näher die Zugzeit heranrückt, und schließlich die Unruhe während der Hauptzugzeit, besonders in den Morgenstunden. Vom 17. August ab fing meine diesjährige Storchherde an unruhig zu werden. Am 22. September erfolgte die Auflassung, nachdem laut eingelaufener Nachrichten alle Störche aus Ostpreußen abgezogen waren, und diese Auflassung ging zu meiner großen Freude diesmal unter ganz besonderen Umständen vor sich: sie wurde durch Radio in alle Welt übertragen. Fast sämtliche Sender Deutschlands hatten sie übernommen. Die Herren vom Ostmarkenrundfunk waren aus Königsberg mit ihren Apparaten herausgekommen nach Rossitten, und da stand ich nun neben meiner Teichanlage am Mikrophon, das an einer in die Erde gesteckten Mistgabel aufgehängt war, und konnte der Allgemeinheit bekanntgeben, was ich mit diesen Versuchen bezwecke. Man hat den Flügelschlag der aufsteigenden Störche draußen

Einer von den frei aufgewachsenen Jungstörchen hoch in den Lüften über der Teichanlage.

gehört, man konnte aufmerken auf diese beringten Versuchsvögel, und meine lieben Rossittener Miteinwohner standen staunend um mich herum. Wie eine Andacht ist es manchen vorgekommen, so wurde mir nachher gesagt. Mir aber kam es immer mehr zum Bewußtsein, daß ich doch nicht unrecht habe, wenn ich immer wieder darauf hinzuweisen suche, daß die Anwendung der großartigen technischen Errungenschaften der Neuzeit, die geeignet erscheinen, Raum und Zeit zu überwinden, der Vogelzugsforschung Vorteil bringen kann. Die folgenden Resultate werden mir recht geben.

Die Störche stiegen alle hoch und kreisten, um sich dann auf den umliegenden Dächern und auf dem Felde niederzulassen, ganz wie sonst. Über diese Verhältnisse ist nichts Neues zu berichten.

Die folgenden Tage brachten bei fallendem Barometer schlechtes Wetter: Regen, starken Wind; die Störche blieben Nahrung suchend auf der Feldflur, um gegen Abend in's Dorf auf die Dächer zurückzukehren. Alles wie bei den früheren Versuchen.

Am 25. September trat eine schwache Besserung in der Witterung ein, das Barometer stieg etwas. Da wurde beobachtet, wie die Storchherde einmal weit über das Kurische Haff hinausflog, dann aber wieder umkehrte.

Am 26. September tritt besseres Wetter ein, aufklärend, auch Sonnenschein, das Barometer steigt. Die Storchherde zieht in den Vormittagsstunden geschlossen los nach Südosten zu. Ich selbst habe sie nicht gesehen. Also wieder bei steigendem Barometer abgezogen.

Nun merkte man den Segen der Rundfunkbekanntmachung. Die Leute draußen müssen mit regstem Interesse aufgepaßt haben.

Am 26. September in den Vormittagsstunden war also meine Storchherde von Rossitten abgezogen, und um 11 Uhr 25 Minuten wurde sie bereits in Lichtenfelde bei Tharau (Ostpreußen), also in direkt südlicher Richtung, beobachtet. 31 Stück. Entfernung von Rossitten etwa 70 km. Die Störche haben auf dem Dache eines Kuhstalles und auf den angrenzenden Weideflächen Rast von einer halben Stunde gemacht und sind dann in südlicher Richtung weitergezogen.

Gegen 3 Uhr 15 Minuten wurde die Herde bei Schmoditten, Kreis Pr.-Eylau in Ostpreußen beobachtet, etwa 90 km von Rossitten entfernt. „30 bis 40 Stück", wie es in der Meldung heißt. Die Herde kreiste über einem Weidegarten, ließ sich aber nicht nieder, sondern zog südwärts weiter und zeigte sich am nächsten Tage (am 27. September) gegen 6 Uhr nachmittags in Swentainen, Kreis Ortelsburg, im südlichen Ostpreußen. 13 Stück. Entfernung von Rossitten etwa 180 km. Ein Storch geriet in Menschenhände; beide Ringe wurden an die Vogelwarte eingeschickt; es war die Nr. 17225. Der zweite Ring ist ein weißer Geflügelring. Ich hatte solche bei dem diesmaligen Versuche meinen Störchen der leichteren Erkennung wegen um den anderen Ständer gelegt. Am nächsten Tage früh gegen 8 Uhr zog die Herde in süd-südöstlicher Richtung weiter.

Nun hat sie Ostpreußen verlassen, und ich will, bevor wir die Reise auf Grund der eingelaufenen Nachrichten weiter verfolgen, erst noch einige Meldungen aus unserer Provinz nachtragen, aus denen hervorgeht, daß sich die Herde schon sehr bald etwas auseinandergezogen hat. Auch der Versuch von 1927 zeigte ja dieses Verteilen und Auseinanderziehen.

Am 26. September wurden drei Störche bei Albrechtshausen, Kreis Wehlau, Oberförsterei Tapiau, gesehen. Der Beobachter, ein staatlicher Revierförster, nimmt an, daß sie zu den Rossittener Versuchsstörchen gehörten, weil seit drei Wochen die Störche aus der dortigen Gegend verschwunden waren.

Am 28. September zwei beringte Störche bei Rogahnen bei Waldau, Kreis Königsberg. Beide Beine beringt, der eine Ring etwas breiter als der andere. Also bestimmt Versuchsstörche. Nach etwa einer Stunde weitergezogen.

Nun gehen wir nach dem Süden der Provinz: Am 27. September gegen Abend acht Störche bei Tannenberg, Kreis Osterode. Da übernachtet und am 28. früh weitergezogen. Ob beringt, konnte nicht festgestellt werden. Außer der vorwärtsstrebenden Hauptherde wurden also in den durchflogenen Gebieten auch noch vereinzelte Versuchsstörche angetroffen.

Jetzt verfolgen wir die Störche weiter über Ostpreußen hinaus, immer direkt nach Süden zu: Am 1. Oktober 5 Uhr nachmittags landeten drei Störche bei Königsfeld in den Waldkarpathen im ehemaligen Ober-Ungarn in einem Tale, das von 1400 bis 1800 m hohen Bergen umgeben ist. Ein Storch verunglückte und geriet in Menschenhände, es war die Nr. 17161. Er flog nach zwei Tagen in südlicher Richtung weiter. Seine beiden Kameraden hatten in Königsfeld nur übernachtet und waren gleich am nächsten Morgen weitergezogen, auch nach Süden zu.

Nun folgt die letzte Nachricht. Am 7. Oktober geriet der Versuchsstorch Nr. 17164 in dem Orte Srebarna, Kreis Durostor, Rumänien, in Menschenhände. Der Ring wird auf dem dortigen Gemeindeamte aufbewahrt. Damit hört vorläufig die Verbindung auf. Der nächste Erbeutungsort nach Süden oder Südwesten zu ist vom Versuche 1926 her Athen in Griechenland. Ich hatte früher angenommen, daß dieser Fundort etwas Besonderes darstelle, gleichsam ein Abweichen von der üblichen Storchzugstraße, die durch Ungarn über den Bosporus durch Kleinasien, Syrien, Palästina nach Afrika hinüber, Niltal aufwärts weiter bis zur Südspitze Afrikas führt, wie die Karte in einem früheren Kapitel dieses Buches zeigt. Aus Griechenland habe ich nämlich in den langen Jahren, ja Jahrzehnten, seitdem ich das allgemeine Beringungsexperiment durchführe, noch nie einen weißen Storch zurückgemeldet bekommen. Jetzt möchte ich meine Meinung etwas ändern. Jetzt achtet man, durch den Storchversuch angeregt, in Griechenland etwas mehr auf durchziehende Störche, und da ging mir Nachricht zu, daß man doch öfter solche beobachtet.

Was dürfen wir nun aus den bisher vorliegenden Resultaten mit aller Vorsicht folgern? Erstens das, daß die Durchführung des Experimentes möglich ist, und das zu erproben war mir zunächst die Hauptsache. Und weiter interessiert ganz besonders die Tatsache, daß diese Versuchsstörche die Südrichtung eingehalten haben. Sie wachsen hier in der Rossittener Oase ohne jede Verbindung mit ihren Artgenossen auf, die Nehrung verläuft nach Norden und nach Süden gleichmäßig weiter, rechts ist Wasser und links ist Wasser, warum ziehen die Störche nach dem Auflassen nicht blöde nach Norden, nach Memel hinauf? Nein, sie schlagen ohne weiteres und ohne jede Führung den Weg nach Süden ein. Das Gefühl für die Südrichtung muß ihnen innewohnen. Und schließlich muß noch darauf hingewiesen werden, daß die Störche immer bei sogenanntem guten Wetter von Rossitten abgezogen sind. Haben sie das Gehege verlassen, und es herrscht schlechtes Wetter, Sturm, Regen, dann warten sie auf der Rossittener Feldflur. Sobald aber gutes Wetter eintritt, namentlich wenn das Barometer steigt, dann ziehen sie los. Für Luftdruck scheinen die Vögel sehr empfindlich zu sein.

Möge auch weiter ein glücklicher Stern über diesen Versuchen walten, damit wir in der Erkenntnis des Vogelzuges vielleicht wieder ein Stückchen vorwärts kommen.

Störche in der Teichanlage.

Der geheime Vogelzug.

Meine Beobachtungen auf der Kurischen Nehrung treiben mich dazu, auf die Unterscheidung eines doppelten Vogelzuges besonders Gewicht zu legen, eines offenen und eines geheimen. Den offenen Vogelzug, wenn in der Luft oder in den Büschen und auf den Triften alles lebendig ist, kann jedermann beobachten, und darüber werden Notizen und Tabellen aufgestellt. Aber wie steht es nun, wenn folgende Verhältnisse eintreten. Ich will hier nur von der Kurischen Nehrung reden. Im Frühjahr finden sehr oft Massenrückzüge nach Süden zu statt. Früher freute ich mich dann, denn ich glaubte, die Vogelscharen müßten nun nochmals vorüberkommen, und ich hätte den Genuß der Beobachtung noch einmal. Weit gefehlt! Die Zugzeit geht vorüber, es ist ungünstiges Wetter, und kein einziger Vogel kommt wieder durch. Wo sind denn diese Scharen geblieben? Über die Nehrung sind sie nicht gewandert, und drüben am Litauischen

Auf der Froschjagd.

Ufer sind sie auch nicht gezogen, denn da habe ich dann immer Erkundigungen eingeholt. Aber anderseits steht fest, daß sie nach Norden an ihre Brutplätze zurückgekehrt sind, denn da kommt der Beringungsversuch mit seinen unumstößlichen Beweisen zu Hilfe. Wo und wie ist dann aber dieser Zug vor sich gegangen, der beim ersten Passieren der Kurischen Nehrung so schön sichtbar war?

Oder ein anderes Bild. Während einer Vogelzugperiode, mag es im Herbst oder Frühjahr sein, herrscht dauernd ungünstiges Wetter, und man sitzt und wartet, und kein Vogel kommt. Der Nichtkenner meint dann, daß sich zum Schluß der Periode alles zusammendrängen müsse, und hofft auf gute Zugtage. Immer vergeblich! Die Zeit geht vorüber, und man hat eben nichts gesehen. Aber durchgezogen sind die Vögel. Sie sind weder im Norden sitzengeblieben, noch haben sie im Frühjahr irgend woanders gebrütet. Wie ist der Zug vor sich gegangen? Oder noch ein anderes Beispiel. Man tritt am Morgen ins Freie. Da wimmelt es von Kleinvögeln, die über Nacht angekommen sind. Man notiert den Fall, beschaut die Wetterlage und glaubt Schlüsse ziehen zu können. Ob das richtig ist?

Wer sagt mir, ob nicht gestern oder vorgestern noch viel mehr Kleinvögel gezogen sind, aber sie haben das Einfallen unterlassen, und wir haben nichts gesehen. Sie müssen unter ganz anderen Bedingungen gezogen sein wie die Vögel, die sich zeigten und die wir notierten. Das heißt mit anderen Worten: der lokale Beobachter bekommt von dem gewaltigen Gesamtvogelzuge nur einen winzig kleinen Teil zu sehen, worüber er seine Notizen machen kann, mag er auch zuweilen an einem guten Zugtage staunend vor den riesigen Vogelscharen stehen, die vorüberwandern oder mag er frühmorgens das Gewimmel der über Nacht eingetroffenen Kleinvögel bewundern. Die Hauptmassen bleiben verborgen, und dauernd steht der Vogelzugsforscher vor der dunklen Frage, wo? und wie? ziehen diese Hauptmassen? wie erfolgt der Aufbruch? wie sammeln sich die Vögel, daß Zugketten und Massenzüge zustandekommen? und dergleichen mehr — das ist der geheime Vogelzug, an den die Forschung noch gar nicht herankommen konnte. Die Forschungsmethode muß meines Erachtens mehr ausgebaut werden: mehr Versuche und Experimente und eine ausgiebigere Anwendung von technischen Hilfsmitteln! Davon wird im nächsten Kapitel noch kurz die Rede sein.

Ich versuche es mir ganz abzugewöhnen, zu sagen: an dem und dem Tage ziehen keine Vögel, sondern ich drücke mich vorsichtig aus und sage: man bekommt keine Vögel zu sehen. Ebenso wenig darf der lokale Beobachter von einer bestimmten Vogelart sagen, daß sie unter den und den Umständen zieht; nein, sie kommt, soweit wir mit den jetzigen Hilfsmitteln feststellen können, nur unter diesen Umständen an der betreffenden Stell ein das Bereich der menschlichen Beobachtung. Der lokale Beobachter kann gar nicht bescheiden genug sein, denn er bekommt ja im Grunde genommen so herzlich wenig zu Gesicht. In dem geheimen Vogelzuge liegt ein gut Teil des Rätselhaften an dem ganzen Vogelzugsproblem eingeschlossen. Der Anreiz zum Zuge scheint sich im Vogel verschieden auszuwirken. Das eine Mal drängt sich alles auf bevorzugten Stellen zusammen, so daß der Zug sichtbar vor aller Augen vor sich geht, und das andere Mal ziehen die Vögel vielleicht mehr zerstreut oder nur bei Nacht, ohne einzufallen, oder höher als sonst, wir wissen es nicht, jedenfalls in einer Weise, daß sich die ganze Erscheinung mehr oder weniger der menschlichen Beobachtung entzieht. Das Bestimmende dabei scheint die Witterung zu sein. Das Wetter reguliert, gibt aber nicht direkt den Anreiz zum Ziehen.

Gedanken über moderne Vogelzugsforschung*).

Wir haben gesehen, daß noch vieles im Vogelzuge ungeklärt ist, und daß es so schwer hält, an manche dunklen Fragen heranzukommen. Woran liegt das? Ich meine, an der Unzulänglichkeit der jetzigen Beobachtungsmethode. Der lokale Beobachter ist zu sehr an die Scholle, an Raum und Zeit gebunden, und die Vögel sind doch die beweglichsten Geschöpfe. Immer möchte er hinter ihnen her in die Ferne reichen. Aber begegnen sich da nicht die Wünsche des Vogelzugsforschers mit dem ganzen Streben der Jetztzeit? Ist die Technik nicht gerade jetzt dabei, Raum und Zeit zu überwinden? Und sollte das in absehbarer Zeit der Forschung nicht zugute kommen? Alle die großartigen neuen Errungenschaften der Technik: Radio, Telephon, Auto, Luftschiff, eigens in den Dienst der Vogelzugsforschung gestellt, und ferner den dunklen Fragen mit allen möglichen Versuchen und Experimenten zu Leibe gegangen! O, das würde bald ungeahnte Fortschritte bringen. Ich pflege oft zu sagen, daß die Lösung so mancher Rätsel im Vogelzuge eigentlich nur eine Geldfrage ist, wie bei so vielen anderen Dingen im Leben auch.

Nehmen wir doch als Beispiel das Beringungsexperiment. Der kleine, unscheinbare Ring hat eine Verbindung mit aller Welt hergestellt, er hat eine Brücke geschlagen zwischen der Heimat und der fernen Winterherberge unserer Zugvögel, und in wie verhältnismäßig kurzer Zeit hat er Licht über so manches Dunkel verbreitet, wenn er

---

*) Darf ich hier auch auf meinen Artikel in der Zeitschrift „Forschungen und Fortschritte", Berlin, Juni 1927, hinweisen.   Der Verfasser.

auch nicht alles zu lösen vermag. Sollten weitere Versuche und Experimente, sowie die Anwendung der technischen Hilfsmittel, die uns gestatten, Raum und Zeit zu überwinden, nicht ebenso förderlich sein können? Den Vogelzug beobachten und dazu das Wetter notieren, wie es üblich war und noch ist, ich glaube, das kann uns wenig vorwärts bringen. Ich habe dieses Verfahren längst eingestellt.

Das sind ja vorläufig alles noch Zukunftsbilder, die ich hier zu entwerfen versuche, aber sie werden sicher zur Wirklichkeit werden, und darum zerbreche ich mir über manche dunklen Fragen gar nicht so sehr den Kopf, sondern stelle ihre sichere Lösung den Experimenten und Versuchen und der Anwendung der technischen Hilfsmittel anheim, dabei an meine langen Stangen denkend, die ich vor 25 Jahren auf der Hohen Düne bei Rossitten aufrichtete, um die Höhe des Vogelzuges zu erforschen, und die dann durch Einspringen des Flugzeuges gänzlich überflüssig wurden.

Der Verfasser mit seiner Falkenschule.

Die Falknerei.

Die Menschen schauen jetzt oft und gern in die Vergangenheit zurück, weil es ihnen in der in mancher Hinsicht trüben Gegenwart nicht gefällt. Altmodisches wird wieder hervorgeholt, und so ist man auch dabei, ein altes, edles, ritterliches Weidwerk aus dem Staube der Vergessenheit wieder hervorzusuchen: die edle Falknerei, die Kunst, mit Vögeln zu jagen, soll wieder etwas zu Ehren gebracht werden.

Wenn man heutzutage die Worte Falknerei oder Beizjagd hört, dann glaubt man sich unwillkürlich in vergangene Jahrhunderte zurückversetzt. Man sieht Ritter, Knappen und Edeldamen mit großem Troß durchs Burgtor reiten, hört Hundegebell und schaut Falken in die Lüfte steigen. Ich kann wohl sagen, daß ich bei meinen Reisen nach Berlin nie an der Marienburg vorbeifahren kann, ohne mir solche Bilder vor mein geistiges Auge zu führen. Aber wenn ich glauben würde, daß dieser alte mittelalterliche Pomp und Prunk jetzt etwa wieder erstehen könnte und sollte, dann wäre ich ein Schwärmer. Die moderne Falknerei verfolgt ganz andere Zwecke. Drum brauche ich hier nicht auf das Historische einzugehen, wenn es auch gewiß höchst interessant ist, sich einmal in diese alten Zeiten zu versenken. Wir modernen Menschen können uns, glaube ich, schwer eine Vorstellung davon machen, mit welchem Glanze diese alte ritterliche Jagdart damals umgeben war, und wie tief sie in die Lebensführung der

Der Sohn des Verfassers mit Falkentrage und aufgehaubten Falken.

Menschen eingriff. Wer Anspruch auf Bildung machen wollte, ob Mann oder Frau, mußte etwas von der Falknerei verstehen. In dem prächtigen Werke von dem Hohenstaufenkaiser Friedrich II.: „De arte venandi cum avibus" (Über die Kunst, mit Vögeln zu jagen) können wir über diese Dinge nachlesen und uns daran erbauen. Wir werden geradezu zum Staunen hingerissen, wenn wir sehen, mit welcher Sachkenntnis dieser geniale Herrscher über naturwissenschaftliche, besonders ornithologische Fragen schreibt. von Raumer sagt in seiner „Geschichte der Hohenstaufen" bei der Be=

sprechung dieses Buches, „daß Sachverständige selbst in unseren Tagen behaupten, der Kaiser verdiene deshalb den größten Männern in diesem Fache beigesellt zu werden". Der moderne Falkner wird aller-

Jagdübung: Wanderfalke schlägt ein hochgeworfenes Beutestück.

dings über die Dinge, die er gerade jetzt braucht, in dem Buche nicht viel finden. Die ganze Tierdressur hat doch seit jenen alten Zeiten gewaltige Fortschritte gemacht und ist in ganz andere Bahnen gelenkt worden, und nach den Vorschriften, die gegeben werden, darf man schließen, daß die alten Falkner ziemlich ungeschickte und ungebildete

Leute gewesen sein müssen. Die moderne Falknerei ist von ganz anderen Gesichtspunkten aus zu betrachten.

Ich glaubte als Leiter einer Vogelwarte an der neuen Bewegung, die durch Gründung eines Deutschen Falkenordens in die Erscheinung getreten ist, nicht vorübergehen zu dürfen, um mir ein eigenes Urteil in dieser Sache zu bilden, und weil ich, das gestehe ich ganz offen, eine glühende Begeisterung für diesen Zweig des Jagdbetriebes hege, aber auch vor allem deshalb, weil ich mich hier auf der Kurischen Nehrung auf klassischem Boden für die Falknerei befinde. Hier wurden, wie ich schon in einem früheren Kapitel andeutete, vor Jahrhunderten die durchziehenden Edelfalken von einem besonderen Personal gefangen und dann an die fürstlichen Höfe verteilt. Der südliche Teil der Nehrung heißt jetzt noch Falkenheide. Und wie vor Jahrhunderten die Wanderfalken hier durchzogen, so auch jetzt noch. Es ist nichts Außergewöhnliches, daß man an einem Tage ein Dutzend und mehr dieser edlen Vögel bei Ulmenhorst vorbeiziehen sieht, und an einem schönen Oktobertage des Jahres 1919 beobachtete ich auf dem Wege nach Ulmenhorst binnen kurzer Zeit zwanzig ziehende nordische Merlinfalken. Wo hat man das anderwärts!

Auch ist die Kurische Nehrung in ihrer Übersichtlichkeit und Abgeschlossenheit wie geschaffen für die Beizjagd. Rechts und links die weiten Wasserflächen der Ostsee und des Kurischen Haffs, die den Beizvögeln die Gelegenheit zum Entweichen nehmen. Auch keine bösen Jagdnachbarn gibt es hier, die einem die wertvollen Vögel totschießen, und schließlich bieten sich weite, unbebaute Landstriche für freie Bewegung dar. Ich möchte sagen, daß die Kurische Nehrung förmlich dazu herausfordert, die Beizjagd zu betreiben, und so bin ich denn unter die Falkner gegangen und werde diesen Schritt nie bereuen.

Wie groß das Interesse ist, das von weiten Schichten der Bevölkerung der Falknerei entgegengebracht wird, sehe ich an den vielen Anfragen, die über diese Sache auf der Vogelwarte einlaufen, und so bitte ich, die nachfolgenden Ausführungen gleichsam als eine Antwort auf diese Fragen und nicht etwa als eine durchaus erschöpfende Behandlung unseres Gegenstandes anzusehen.

Zunächst sei eine Bemerkung vorausgeschickt, die mir aus vollem Herzen kommt. Warnend möchte ich den Finger erheben, daß nicht etwa jedermann sich berufen fühlt, Beizjäger zu werden, sich Vögel verschafft, um sie dann zu vernachlässigen, weil ihm das Abtragen, das heißt das Dressieren, viel zu schwierig und umständlich ist. Das wäre schade um unsere schönen Raubvögel! Nur wer in Verhältnissen lebt, die ein Gelingen des Vorhabens von vornherein gewährleisten, und wer den festen Vorsatz hat, die Sache mit heiligem Ernste anzufassen und durchzuführen, der wende sich der Falknerei zu. So ein Falkner ist ein gebundener Mann; der kann keine schönen Sommerreisen unternehmen wie seine Mitmenschen, denn seine Beizvögel erwarten ihn ja. Sie hängen an der Person und wollen abgewartet und in Übung gehalten sein. Ich bringe das Falknerwerden jungen Leuten gegenüber gern mit dem Anlegen einer Eier- oder Vogelsammlung in Parallele. Was nimmt so ein Sammler für eine große Verantwortung auf sich, wie ist er mit seinem Ballast gehemmt und geplagt, und was kann er durch unnütze Vernichtung von Vogelleben schaden, wenn er leichtfertig handelt! Aber wie vermag er anderseits der Wissenschaft und der Allgemeinheit zu nützen, wenn er seine Sache ernst nimmt. So ist es auch mit der Falknerei. Nur der soll sie betreiben, der sich der übernommenen Verantwortung bewußt ist, und er wird dann nicht nur für sich großen Gewinn haben, da ein unendlicher Zauber auf diesem Zweige mittelalterlichen Glanzes liegt, sondern er kann auch der Allgemeinheit Nutzen bringen. Es wäre sicher mit Freuden zu begrüßen, wenn es wieder dauernd einige Stellen in Deutschland gäbe, wo man den Betrieb einer Beizjagd beobachten könnte.

Dazu soll bemerkt werden, daß die Falknerei auch in der Jetztzeit nicht etwa vollständig ausgestorben ist. Im Orient und in Nordafrika wird sie an vielen Stellen noch betrieben. Die Steppenvölker beizen mit abgetragenen Adlern sogar noch Wölfe, und auch in England beizt man noch sehr eifrig, allerdings, wie ich höre, unter Anwendung besonderer Autos, und das will mir nicht harmonieren.

Von welchen Gesichtspunkten aus muß man die moderne Falknerei ansehen? Zunächst vom wissenschaftlichen Standpunkte aus.

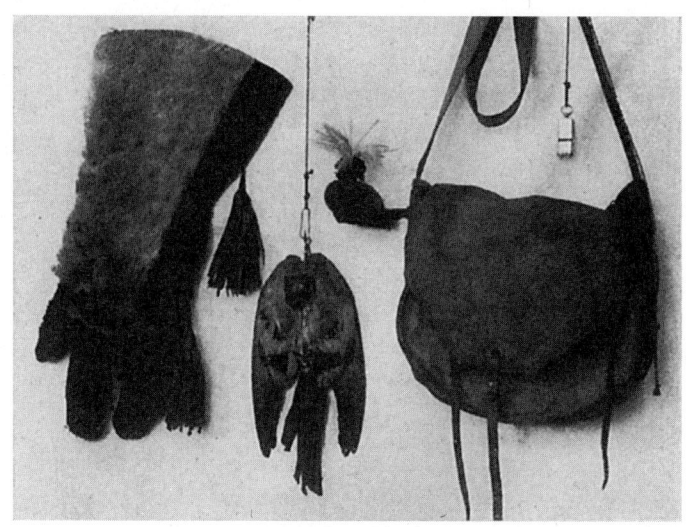

Falknereigerätschaften. 1. Falknerhandschuh. 2. Federspiel. 3. Haube. 4. Falknertasche. 5. Pfeife.

Zu 1. Den Falknerhandschuh fertigt man aus Rindleder; er reicht bis zum Ellenbogen; Daumen und noch zwei Finger genügen.

Zu 2. Das Federspiel kann man sich sehr gut selbst anfertigen: zwei zusammengeheftete Taubenflügel, unten rote „Spickbänder" oben ein kleiner Wirbel mit Schnur. Auf Pfiff und Schwenken des Federspiels muß der Beizvogel zum Herrn kommen, d. h. auf die Faust beireiten. Drum muß man schon sehr zeitig damit beginnen, dem Vogel beim Atzen immer das Federspiel zu zeigen und dazu zu pfeifen. Pfiff hören, Federspiel sehen und Atzen, diese drei Begriffe müssen für den Beizvogel zusammengehören. So bekommt man den Vogel in die Gewalt.

Zu 3. Die Hauben habe ich mir aus Holland mitgebracht. Die Beizvögel, namentlich Wanderfalken, an Haube gewöhnen, ist sehr zu empfehlen. Die Vögel werden viel ruhiger; man kann sie bequem auf der Trage oder mit Wagen befördern, ohne daß sie sich gegenseitig stören. Kurz vor dem Werfen auf Beute wird die Haube abgenommen. Das Aufhauben kann zunächst in einem dunklen Raume geübt werden.

Zu 4. Die Falknertasche mag jeder nach seinem Geschmack wählen. Man braucht sie, um Atzung, Lockschnur und dergleichen hineinzustecken. Auch eine lange Schwungfeder soll man bei sich haben, um den Beizvogel, wenn er „springen", das heißt von der Faust wegflattern will, „abzuliebeln" (streicheln). Das Gefieder nie mit der Hand anfassen! Das lieben die Vögel nicht.

Zu 5. Die Pfeife ist eine gewöhnliche laute Hundepfeife.

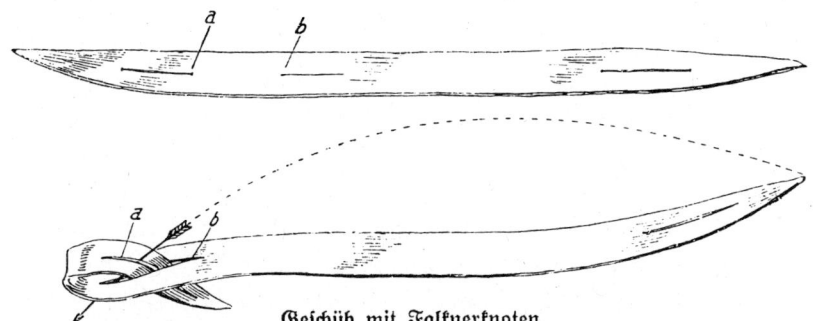

Geschüh mit Falknerknoten.

Das Geschüh schneidet man sich aus weichem, festem, fett gegerbtem Leder. Die Entfernung a—b beträgt für Habicht etwa 3 cm.

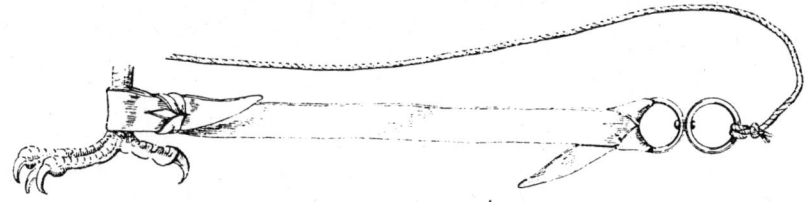

Geschüh mit Drahle (Messingwirbel) und Kurzfessel am Fang des Beizvogels. Die Kurzfessel wird gelöst, bevor der Beizvogel steigt. (Ich löse auch die Drahle.)

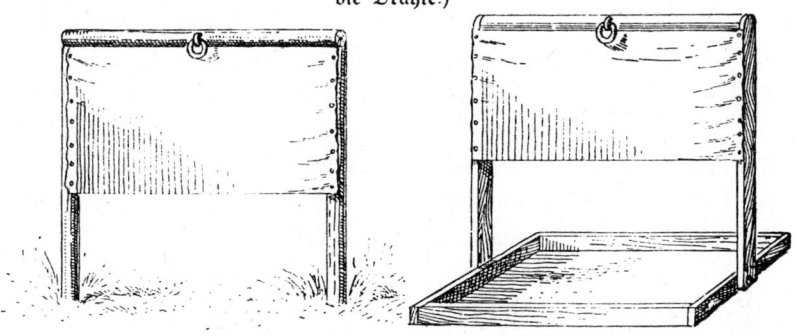

Hohes Reck.   Tragbares Reck.

Die Recks dienen dazu, den Beizvögeln eine Sitzgelegenheit zu bieten, auf der sie sich nicht beschädigen können. Die Sitzstange kann man mit Tuch umwickeln, um die Krallen zu schonen, und das gespannte Tuch verhindert das Verwickeln, denn der angefesselte Vogel muß immer an derselben Seite wieder hochklettern, auf der er heruntergesprungen ist. Höhe der Recks etwa 1,40 m, Breite etwa 1,20 m. Sitzstangen nicht zu dünn wählen! Das tragbare Reck ist ein sehr praktisches Gerät, denn man kann den Beizvogel dahin tragen, wo man ihn haben will. Es darf niedriger sein als das fest= stehende Reck, nur darf der angefesselte Vogel beim Springen nie mit den Flügeln den Erdboden berühren, sonst beschädigt er sich. Aus demselben Grunde müssen die Recks immer so stehen, daß der flatternde Vogel nirgends anstößt.

Man glaubt die Raubvögel zu kennen, aber hält man sie dann als Beizvögel, was kann man da noch alles dazulernen. Die Raubvögel gehören mit zu den scheuesten und flüchtigsten Tieren der Heimat, die den Menschen fliehen, wo sie nur können, aber als abgetragene Beizvögel führen sie uns ihre Lebensgewohnheiten in allerschönster Sichtnähe auf freier Naturbühne vor Augen, so daß wir unsere Studien anstellen können. Wie oft wird zum Beispiel in den Jagdzeitschriften die Frage erörtert, wie die Raubvögel im Fluge die Fänge halten. Der eine sagt so, der andere so. Ich meine, da braucht man nur einen Falkner aufzusuchen und sich neben ihn zu stellen, wenn die Beizvögel von weither „beigeritten", das heißt auf die Faust gestrichen kommen, oder wenn sie über einen hinwegsausen, oder wenn sie ihre Beute dicht vor den Augen schlagen. Da kann man ganz bequem sehen, wie sie die Fänge für gewöhnlich nach hinten ausgestreckt unter den Stoß legen, bei kurzen Entfernungen leicht anziehen und beim Stoßen vorschnellen, sich dabei zuweilen förmlich auf den ausgebreiteten Stoß setzend. Die beigegebenen Bilder vermögen diese Verhältnisse wohl zu veranschaulichen. Sie reden eine deutliche Sprache nicht nur zum Liebhaber, sondern auch zum Forscher, ohne daß lange Erklärungen notwendig sind. Man wird einen wildlebenden Raubvogel so leicht nicht in der Weise auf die Platte bekommen. Wie bequem kann man ferner die Mauser der gefiederten Räuber an den Beizvögeln beobachten, wobei als günstiges Moment hervorgehoben werden muß, daß diese Tiere sich nicht in beengender Gefangenschaft befinden, sondern sozusagen frei leben.

Und ferner der Nutzen, den die Tierpsychologie von der Falknerei hat. Der Beizjäger verlangt bestimmte Leistungen von seinen Vögeln, und das eröffnet willkommene Blicke in die Tierseele. Welchen Stimmungen ist so ein Vogel unterworfen! Wie lernt man sein Triebleben kennen, und das alles kann sich die Vogelzugsforschung zunutze machen. Wie verschieden veranlagt sind auch die Vögel! Von meinen drei Wanderfalken, die ich jetzt besitze, ist der eine ein richtiger Draufgänger, der zweite etwas sanfter, und der dritte, ein kleiner Terzel (wie die Männchen genannt werden), erweist sich als

Übungen. Der Beizvogel wird durch das Federspiel auf die Faust gezwungen.

dumm, oder sagen wir als wenig anpassungsfähig. Drei ganz verschiedene Vögel! Unzweifelhaft ist die wissenschaftliche Bedeutung der Falknerei nicht zu unterschätzen.

Weiter kann die **sportliche** Bedeutung genannt werden. Sport und abermals Sport, so lautet ja heutzutage allerwärts die Losung. Ich stehe nicht an, die Falknerei bei allem Sportbetriebe mit in die erste Reihe zu setzen. Wie werden dabei in der freien Natur draußen Körper und Geist geübt und geschult! Welche großen Entfernungen müssen zuweilen in kurzer Zeit zurückgelegt werden, wie schnell muß der Falkner Entschlüsse fassen, wie muß er darüber nachdenken, wie er seine wilden Zöglinge meistert, und wie muß er sich in die Tierseele hineinzudenken versuchen, um vorwärts zu kommen! Nur der, der die Falknerei selbst betreibt, kann es vielleicht ganz verstehen, welch prickelndes Gefühl es gibt, wenn man ein so wildes, flüchtiges Tier in verhältnismäßig kurzer Zeit auf die Faust zwingt, und zwar ohne jede Anwendung grausamer Mittel, nur durch eiserne Konsequenz, durch menschliche Überlegenheit dem Tier gegenüber. Das verleiht der Seele Schwung, und das ist doch eine Hauptaufgabe des Sports.

Ferner die Beizjagd im Lichte des **Vogelschutzes**. Ich habe gar nichts dagegen, wenn mich die Besucher der Vogelwarte bei meinen Übungen mit den Beizvögeln zuweilen hinaus ins Freie begleiten. Da stehen dann manchmal die Menschen dicht gedrängt und bekommen Dinge zu sehen, die ihnen ganz neu und fremd sind. Was hört man da zuweilen für Aussprüche: „Also so fliegt, so schlägt, so kröpft ein Raubvogel; das haben wir noch nie gesehen." Oder: „So ein Habicht, so ein Falke, das sind ja prächtige Tiere. Wir hatten sie uns viel gemeiner vorgestellt. Diese schönen Augen! Die eigenartige Zeichnung und diese gewaltigen Fänge, und wie der Wanderfalke „greift", wie mit Händen! Und der prächtige Flug!" Solche und ähnliche Aussprüche hört man wieder und wieder.

Meine verehrten Leser, gibt es wohl einen besseren Weg, dem Volke unsere so oft geschmähten und verkannten Raubvögel näherzubringen und Interesse für sie zu erwecken? Ich erlebe es alle Tage, daß die Vogelwartenbesucher mit heller Begeisterung von diesen edlen

Vögeln Abschied nehmen, die sie vielleicht vorher, weil sie einen krummen Schnabel haben, für schädliche Tiere hielten.

Ferner der ästhetische Gesichtspunkt: Beizjagd ist etwas Schönes. Der Beizjäger jagt nicht des Wildbrets wegen, um nachher tüchtig Rebhühner- und Wildtaubenbraten zu essen, sondern um der herrlichen Bilder willen, die der Beizvogel im Kampfe mit seiner Beute in den Lüften ausführt. Man hält förmlich den Atem an, wenn der Falke hoch oben in den Wolken steht, den Jäger nicht aus den Augen lassend, um dann auf das Beutetier wie ein Pfeil herunterzuschießen oder auf Pfiff und Federspiel auf die behandschuhte Faust beizureiten. Alles ist Schneid, alles Eleganz an solchem Vogel. Ja, Falkenjagd ist etwas Schönes!

Und nun schließlich noch die praktische Seite: Es ist in Jägerkreisen bekannt, daß die Rebhühner immer schlechter halten, und wer noch in der glücklichen Lage ist, einen guten Hühnerbestand zu haben, der kann einen regelrechten Abschuß oft gar nicht mehr durchführen. Tritt er mit seinem Hunde in das Kartoffel- oder Rübenstück ein, so stehen die Hühner an der entgegengesetzten Seite bereits auf und streichen davon. Für einen Jäger mit einem gut abgetragenen Habicht gibt es dagegen keine nichthaltenden Hühner. Das Rebhühnervolk steht vor dem Hunde auf, man „wirft" den Habicht, und meist stürzt alles wieder in die Deckung herunter. Ich habe die sich drückenden Hühner zuweilen mit der Stiefelspitze anstoßen müssen, um sie zum Aufstehen zu bringen. Dabei ist es gar nicht notwendig, daß der Habicht immer wirklich ein Huhn schlägt, sondern er veranlaßt eben, ähnlich, aber viel besser als ein Hühnerdrache, das Rebhühnervolk zum Halten. Der Preußenkönig Friedrich Wilhelm I. liebte die Jagd mit dem Beizhabicht sehr und hat zuweilen bis 2000 Rebhühner in einem Herbste vor so einem gefiederten Gehilfen geschossen.

Schließlich trägt der Gebrauch von Beizvögeln vielleicht auch sein Scherflein mit dazu bei, wieder etwas mehr Kunst in den Jagdbetrieb hineinzutragen. Die ganz gewaltige Vervollkommnung der Jagdgerätschaften bringt leicht die Gefahr der Verflachung des Weidwerks mit sich.

Der Kaiseradler „Sturm".

Nun zur Falknerei selbst. Man soll zunächst ja nicht glauben, daß sich jeder Raubvogel zum Beizvogel eignet. Nur ein angriffslustiger, schneidiger, beweglicher Vogel kann Verwendung finden, und so scheiden die Geier, Bussarde, Milane, Weihen, Turm- und Rotfußfalken von vornherein aus, weil sie zu wenig schneidig und zu schwerfällig sind. Es bleiben für deutsche Verhältnisse nur übrig: der Wanderfalke, der Hühnerhabicht, das Sperberweibchen und der kleine, mutige, nordische Merlinfalke. Das Sperbermännchen ist als Beizvogel zu klein und schwach, und daß ich die großen nordischen Falkenarten hier nenne, hat keinen rechten Zweck, denn wie sollen wir sie jetzt lebend bekommen! Früher wurden von der dänischen Regierung besondere Schiffe und Expeditionen ausgerüstet und abgesandt, um diese geschätzten Vögel einzuholen. Wir brauchen ihnen schließlich nicht nachzutrauern, denn unser schneidiger Wanderfalke ersetzt sie vollkommen. Auch Steinadler und Kaiseradler sind brauchbar, aber natürlich schwer erhältlich. Ich besitze seit vorigem Jahre einen jungen Kaiseradler, den ich durch das Hofjagdamt aus Rumänien erhalten habe. Ein prächtiger Vogel! Gut zu leiden, aber beim Abtragen nicht hervorragend gelehrig.

Man kann einen dreifachen Weg einschlagen, um zu einem brauchbaren Beizvogel zu kommen. Entweder wählt man einen Nestling, das heißt einen noch im Dunenkleide befindlichen jungen Horstvogel, oder einen Astling (auch Deckling genannt), das sind die jungen Raubvögel, die kurz vor dem Ausfliegen bereits auf den benachbarten Baumästen herumklettern, oder schließlich einen Wildfang, am liebsten einen, der noch das Jugendkleid trägt, aber bereits selbständig Beute geschlagen hat. Ich habe es gern, wenn die Horstvögel nicht zu jung sind, weil sie dann weniger „lahnen", das heißt schreien. Dieses ewige Geschrei kann leicht lästig werden.

„Sturm" begrüßt seinen Herrn.

Wir wollen annehmen, daß wir in den Besitz von zwei jungen Beizvögeln gekommen sind, die noch das Dunenkleid tragen und die wir abtragen, das heißt abrichten wollen. Wie und wo bringen wir sie am besten unter? Wir setzen sie in einen Korb, der mit nicht zu weichem Genist ausgefüllt ist, stellen sie ins Freie, aber natürlich nicht in die Prallsonne, und schützen sie auch vor Regen. Am Abend mag man sie in einen geschlossenen, aber luftigen Raum bringen, wohin weder Katzen noch Hunde gelangen können. Nun heißt es, die Tierchen mit größter Sorgfalt pflegen und füttern. Man verwendet dazu das Fleisch von Kleintieren: Sperlingen, Krähen, Ratten, Hamstern und dergleichen. Die Knochen füttert man mit, nachdem man die größeren mit dem Rücken eines Beiles zermalmt hat. Knochensubstanz ist den Tieren unbedingt nötig, sonst werden sie schwächlich und können ihr eigenes Knochengerüst nicht ausbilden. Auch Rinderherz ist gut zu verwenden, aber nicht Pferdefleisch. Gesplitterte spitze Röhrenknochen soll man nicht reichen.

„Sturm" auf der Faust.

Man hüte sich vor dem Überfüttern, gebe aber anderseits nicht zu wenig. Immer muß man sich vor Augen halten, daß ein Raubvogel sehr wohl mal etwas hungern kann, ja sogar hungern muß. Man darf dieses sogenannte Hungern ja nicht vermenschlichen. Ein Raubtier fühlt in der Beziehung ganz anders als ein Mensch. Hier kommen wir nun gleich auf das leidige Thema der sogenannten Bleivergiftung durch die Schrotkörner, die in den geschossenen Kleintieren stecken. Ich muß sagen, daß ich für meine Person in der Hinsicht noch keine schlechten Erfahrungen machen konnte, obgleich ich immer geschossene

Vögel verfüttert habe. Ich habe auch Schrotkörner in den ausgeworfenen Gewöllen wiedergefunden. Andere Jäger warnen sehr davor, geschossene Vögel zu reichen. Die Frage ist meines Erachtens noch nicht genügend geklärt, aber man muß zugeben, daß es doch recht schwer hält, geschossene Tiere ganz und gar zu meiden, denn

„Sturm" wird auf Beute geworfen.

wie soll man sich zum Beispiel schnell in den Besitz von Sperlingen oder Krähen setzen, wenn man sie nicht schießen will.

Ein Wildfang muß natürlich anders behandelt werden als ein junger Horstvogel. Ich bekomme beim Wohnen in Ulmenhorst ab und zu ganz frisch gefangene Hühnerhabichte aus den Krähennetzen. Die lasse ich dann für gewöhnlich beringt wieder fliegen, aber ab und zu habe ich mir einen Vogel, der das braune Jugendkleid trug, abgetragen. Zwei Regeln sind dabei vor allem zu beachten: Wenn man sich dem

"Sturm" steigt.

auf dem Reck angefesselten Vogel mit vorgehaltener Atzung nähert, soll man erstens recht ruhige Bewegungen machen und zweitens das Gesicht möglichst abwenden. Einen Habicht kann man in acht Tagen schon so weit haben, daß er auf kurze Entfernungen auf die Faust beigeritten kommt; mit einem Sperber geht's ebenso schnell. Zum fertigen Abtragen eines Falken mag man ein halbes Jahr rechnen.

Der Anfänger wählt zunächst lieber einen Habicht, weil der nicht so weit abstreicht und auch in kupiertem Gelände verwendet werden kann, und später erst den Falken mit hohem Flug.

Mit der Dressur, das heißt mit dem Abtragen, kann man schon sehr bald beginnen. Sobald die kleinen Vögel etwas fest auf den Beinen sind und laufen können, trägt man ihnen das Futter nicht entgegen, sondern läßt sie auf sich zutrippeln, so daß es ihnen nach und nach zur Gewohnheit wird, zum Herrn zu kommen, wenn sie etwas haben wollen. Sind sie herangewachsen und flugbar, so müssen sie den Weg durch die Luft zurücklegen, das heißt sie müssen auf die Faust beireiten, und dieses Auf=die=Faust=Kommen ist der Haupt=

„Sturm" schlägt ein Kaninchen.

punkt in der ganzen Falknerei, um den sich alles dreht. Im Freien wird das Beireiten zunächst an der langen Lockschnur geübt, die an der Kurzfessel befestigt wird. Die Schnur kann 20 und 30 m lang sein. Ich lege den Beizvögeln an jeden Fang ein Geschüh an und wechsele mit dem Anlegen der Kurzfessel tage= oder wochenweise, um die Fänge zu schonen. Andere Falkner verbinden die beiden Geschühe durch eine Drahle, so daß der Vogel immer an beiden Fängen angefesselt ist. Dabei will ich bemerken, daß fast jeder Falkner seine eigene Methode hat, die er sich ausprobiert. Das bezieht sich auch auf das Unterbringen der erwachsenen Beizvögel. Der eine fesselt sie auf dem hohen Reck an, ein anderer auf einer niedrigen Jule, das heißt auf einem dicken Pfahle oder Klotze, so daß sie zum Erdboden und zur hingestellten flachen Wasserschale gelangen können. Das mag jeder handhaben, wie er will, wenn nur der Zweck erreicht wird, den Vögeln ihr tadelloses Gefieder zu erhalten. Darauf kommt alles an. Dauerndes Anfesseln und tägliches Bewegen halte ich für richtiger als frei in einem Käfig oder in einer Kammer

„Sturm" reitet bei.

fliegen lassen, weil die Vögel frei fliegend leicht unbotmäßig werden. Man darf auch nie einen Käfig mit Drahtwänden wählen, denn da würden sich die Vögel sofort das Gefieder zerstoßen. Käfige für die Beizvögel müssen Wände und Decken aus glatt gehobelten Latten haben, wenn einem nicht eine Kammer mit schönen glatten Wänden zur Verfügung steht. Es muß immer der Stolz des Falkners sein, tadellose Vögel zu besitzen. Sogenannte Beizvögel mit abgestoßenem Gefieder rechne ich überhaupt nicht als solche.

Der Vogel hat nun nach und nach das Beireiten begriffen, er ist „locke" geworden. Man hat ihn schon draußen frei steigen lassen, womit der erste Abschnitt des Abtragens beendet ist. Der Vogel ist fest, wie der Falkner sagt, und manche Jäger mögen sich damit begnügen, aber das eigentliche Ziel ist doch das Schlagen wilder, freilebender Tiere, und ich muß sagen, daß für mich die ganze Falknerei nur Interesse hat, wenn dieses Ziel erreicht wird.

Dazu müssen die eigentlichen Jagdübungen vorgenommen werden, die darin bestehen, daß dem Beizvogel Beutestücke hochgeworfen oder für Habicht Hasenbälge an langen Schnüren gezogen werden, um die Zöglinge zum Schlagen zu veranlassen. Das tun sie auch bald, denn da kommt uns ihr Naturtrieb zustatten. Der Raubvogel will und muß ja schlagen. Von da aus folgt dann der Schritt zum freien Schlagen, der oft nicht leicht ist und viel Übung erfordert. Wenn der Beizvogel eine Beute geschlagen hat, dann streicht er mit ihr zum Erdboden herunter, und der Falkner muß hineilen, um sie ihm mit besonderen Handgriffen abzunehmen; der Vogel bringt sie nicht etwa zum Falkner hin, wie die meisten Leute denken.

Hier muß ich kurz auf die Hindernisse zu sprechen kommen, die sich der freien Jagdbeize entgegenstellen. Am besten werden sie vielleicht durch Beispiele veranschaulicht. Zunächst ist der aufgezogene Beizvogel verwöhnt. Er ist vom Herrn immer aus der Falknertasche

„Sturm" auf der Faust kröpfend.

geatzt, oder es ist ihm ein fliegender Vogel geboten worden, den er leicht einholte. Da wartet er nun immer und bequemt sich nicht dazu, einem frei fliegenden Vogel nachzuschießen. Auch fehlen die Eltern, die dem Kinde das Fangen vormachen.

Weiter mögen einige Erlebnisse mit meinem früheren Habicht „Blitz" auf die Schwierigkeiten, zur freien Jagdbeize zu gelangen, hinweisen.

Ich komme mit meinem „Blitz" auf die Rossittener Feldflur und lasse ihn frei fliegen, „steigen", wie es in der Falknersprache heißt. Der Habicht beschreibt einen weiten Bogen und blockt dann auf einem Pfahle oder freistehendem Baume auf. Sofort ist die ganze Flur in höchster Aufregung. Die Krähen wollen sich rein umbringen mit ihrem Geschrei, die Möwen und Seeschwalben eilen vom Bruche herbei und attackieren den frechen Räuber, der es wagt, sich am hellen lichten Tage auf freiem Felde zu zeigen. Ein dreister Sperber setzte sich neulich dicht neben meinen „Blitz" und neckte ihn, und der kleine rotrückige Würger, der in der Nähe sein Nest hatte, fliegt dem großen Habicht fortwährend direkt an den Kopf. Die Zuschauer, die das mit ansehen, fragen dann stets: „Aber warum schlägt denn der Habicht diese ihm unbequemen Vögel nicht? Er ist doch allen überlegen?" Das tut er nicht. Das ganze Getriebe ist dem Habicht höchst zuwider. Gewaltsam ist er in Verhältnisse gebracht worden, die ihm nicht zusagen. Einen wild lebenden Habicht, den man Beute schlagen sieht, den hat man vorher sicher nicht wahrgenommen. Der hat irgendwo am Waldrande versteckt gesessen, um von da aus wie ein Strauchdieb plötzlich auf seine ahnungslose Beute zu stürzen. So muß sich der abgetragene Habicht erst in ungewohnte Verhältnisse hineinfinden, er muß seiner Natur etwas Gewalt antun, und man muß ihm auch entgegenzukommen versuchen, indem man sich nahe an das Beutetier heranzupürschen sucht, ehe man ihn „wirft", das heißt von der Faust abstreichen läßt.

Um dem oben geschilderten Vogelspektakel ein Ende zu machen, nehme ich die Flinte und schieße eine Krähe. Sofort stürzt der Habicht herbei, um den fallenden Vogel noch in der Luft zu greifen, denn ich habe ihn gewöhnt, auf Schuß herbeizukommen, was nicht allzu schwer ist, weil die Raubvögel bald merken, daß beim Schießen leicht etwas für sie abfällt.

Wenn man aber erst erreicht hat, daß der Beizvogel auf frei lebende Tiere stößt, dann kommt der Lohn für alle aufgewandte Mühe, und dieser Lohn ist herrlich. Wie sagt unser Lehrmeister, der Hohenstaufenkaiser Friedrich II. in seinem Werke: „Der einsichtige

„Jagd vorbei!" nach einer Übung mit dem Beizadler „Sturm".
Sitzend: Rittergutsbesitzer E. Ulmer.

Leser dieses Buches wird finden, daß er mehr Geheimnisse des Waltens der Natur durch die Falknerei erkennt als durch andere Jägerkünste." Das ist ein sehr wahres Wort. Einige Beispiele aus dem Leben sollen zeigen, wie man in solche Geheimnisse etwas einzudringen vermag.

Zunächst etwas Psychologisches. Es fällt einem sehr bald auf, welcher plötzliche Wechsel in dem Raubvogel vor sich geht, wenn er schlagen will. Ich habe schon öfter auf die auffallende Erscheinung hingewiesen, wie bei Ulmenhorst an guten Zugtagen Finken und

Finkenhabichte einerseits und Wildtauben und Wanderfalken anderseits friedlich nebeneinander dahinwandern: diese krassen Gegensätze in der Vogelwelt, die wie Feuer und Wasser anmuten! Und ich habe die Erscheinung in dem Sinne auszuwerten versucht, daß der übermächtige Zugtrieb den Angst= und Furchtreflex übertäubt. Wie sich aber plötzlich das Bild ändert, wenn der Wanderfalke Lust hat zu stoßen! Wie da die Tauben plötzlich aus der Luft herunterfallen, um Deckung zu suchen. Da habe ich mich immer gewundert, wie die Vögel diesen Wandel bei ihrem Feinde sofort merken. Jetzt, seitdem ich Falkner bin, wundere ich mich nicht mehr. Der Raubvogel macht ja diesen Wechsel täglich auf meiner Faust unmittelbar vor meinen Augen durch. Ein Habicht, der ruhig auf seinem Reck sitzt oder draußen in der Luft seine Bogen ausfliegt, und ein Habicht, der stößt, die muten einen wie zwei ganz verschiedene Vögel an. Die Bestie ist plötzlich in dem Tier erwacht, alles keucht und fliegt an ihm, und ich glaube, dieser Zustand strengt den Vogel furchtbar an. Wir sehen die Raubvögel draußen in der Natur verhältnismäßig oft Fehlstöße ausführen und wundern uns, daß sie den Stoß dann nicht jedesmal sofort wiederholen. Ich möchte jetzt annehmen, daß sie oft nicht können. Sie sind mit ihren Kräften fertig. Man kann darum auch bei den Jagdübungen das Stoßenlassen nach dem „Vorloß" oder Federspiel oder nach geworfenen Gegenständen nicht zu oft wiederholen, weil das den Schüler zu sehr anstrengt.

Wie groß die Gier eines hungrigen Raubvogels ist, das konnte ich erst neulich wieder einmal sehen: Wir aßen vor Ulmenhorst Abendbrot und hatten Büchsenfleisch auf dem Tische, das so schön rot aussieht. Plötzlich stößt einer von den frei fliegenden Falken auf den Tisch herunter, ergreift ein Stück Büchsenfleisch; taucht es zum Überfluß natürlich noch in die Butter und streicht ab. Ich hatte Mühe, es ihm wieder abzujagen, denn Salzfleisch ist gefährlich für die Raubvögel. Das war der „Donner". Der „Doria" hätte sich jedenfalls noch toller benommen, da er viel angriffslustiger ist. Meine jetzigen Beizfalken heißen nämlich „Blitz", „Donner" und „Doria". Das hat seine praktische Seite, denn wenn bei den Übungen etwas durch=

Wanderfalke „Greif" auf der Fauſt.

Wanderfalke auf der Jule.

aus nicht klappen will und ich schreie: Blitz, Donner und Doria!, dann kann mir kein Mensch vorwerfen, daß ich lose Reden im Munde führe: ich rufe ja nur meine Falken.

Weiter etwas über den Geruchsinn der Vögel. Wenn uns der Anatom und Physiologe nicht schon von vornherein sagten, daß die Vögel unmöglich gut wittern können, so würden wir als Falkner oft genug Gelegenheit haben, diese Tatsache draußen in der freien Natur bestätigt zu finden.

Ich schieße in der Luft eine Krähe. Der Habicht stürzt herbei, bekommt aber die Krähe nicht mehr in der Luft. Sie fällt in die hohe Saat. Der Habicht hat sich die Stelle nicht genau gemerkt und stößt dicht dabei herunter. Da sitzt er nun hilflos da, oder läuft um die Beute im Kreise herum. Keine Spur von einem Richten nach dem Geruch! Oder er folgt einem Star, der sich im letzten Augenblick ins hohe Gras wirft, wie ich das öfters beobachtet habe. Dasselbe Manöver wie vorhin. Ich trete heran und sehe von oben den Star sitzen. Der Habicht ist nur eine Spanne weit von der Beute entfernt, aber dichte Grashalme stehen dazwischen. Nichts von Geruchsinn! Aber wehe, wenn der Star nur die leiseste Bewegung macht, dann ist er verloren.

Nun etwas über den Gesichtsinn. Ich gehe mit „Blitz" auf der Faust durch den Sumpf, die Kurzfessel gelöst, so daß der Habicht jeden Augenblick abstreichen kann. Die Habichthündin „Heidi" an der linken Seite bei mir. Da plötzlich dicht vor mir ein junger Kiebitz, glatt an den Boden gedrückt, der grünschillernde Rücken gegen die sumpfige Umgegend wenig abstechend.

Aber das menschliche Auge ist auf so etwas eingestellt: ich sehe den Kiebitz, und die leisen Bewegungen der Hundenase sagen mir, daß das Nasentier Hund den Vogel auch wahrgenommen hat. Aber oben auf der Faust sitzt das Augentier Habicht und bemerkt nichts von der leckeren Herrlichkeit dicht vor ihm, und ich fahre mit der Faust absichtlich über dem Kiebitz hin und her — „Blitz" sieht nichts. Vor dem Habicht heißt es also für die Tiere: sich drücken und stillsitzen, und wir verstehen jetzt, daß von den Habichten verhältnismäßig wenig Erdbrüter von den Nestern weggeholt werden.

Wir gehen weiter; da steht in einiger Entfernung vor mir ein Alpenstrandläufer auf, der sich mit mehreren Artgenossen aus Furcht vor dem Habicht in den Schlamm geworfen hatte. „Blitz" sofort

Wanderfalke „Donner" reitet bei.

herunter von der Faust, und im nächsten Augenblick hält er die Beute in den Fängen. Die Entfernung war nicht weit. Im freien Wettflug holt der Habicht die rasend schnell fliegenden Strandvögel wohl kaum ein. Das Auge des Habichts war auf Bewegung eingestellt.

Das ist ja an und für sich nicht wunderbar, aber höchst interessant ist es mir immer, wie mein „Blitz" die Leibesbeschaffenheit des Vogels einzuschätzen versteht: Ich übe, wenn irgend möglich, immer auf ein und demselben Gelände. Da lasse ich dann vorher zuweilen einen lebenden Vogel, etwa eine junge, flugbare Möwe, aussetzen. Die fliegt nicht sogleich ohne weiteres fort, sondern läuft umher. Dann komme ich mit dem Habicht an. Da ist es nun ganz unglaublich, wie er gleich merkt, daß es sich um einen ausgesetzten Vogel handelt. Den nimmt er sofort mit größtem Schneid an. Er weiß: der war schon mal in Menschenhänden und kann nicht gut fliegen, den bekommst du ohne weiteres. Sind nun zufällig einmal auf dem Übungsplatze vorher wilde junge Möwen eingefallen, da wird vom Habicht

Wanderfalke auf geschlagener Nebelkrähe.

erst lange gezaudert, ob's lohnt zu stoßen, und nicht immer wird der Stoß ausgeführt. Man wird mir mit Recht erwidern, daß es die einzelne junge Möwe ist, die den Habicht lockt. Ganz recht. Daß mit einer einzeln herumlaufenden Möwe etwas nicht in Ordnung ist, das weiß der Vogelkenner, und das weiß auch der Habicht. Aber ich habe versuchsweise auch eine kleine Herde Möwen ausgesetzt, da war

Hühnerhabicht auf der Faust.

dieselbe Beobachtung zu machen. Der Habicht hat eben einen unglaublich scharfen Blick für alles Krankhafte und Schwache in der Natur, und ich könnte da noch viel mehr Beispiele erzählen. Darum wollen wir unsere Habichte ja nicht ausrotten, denn sie würden draußen im Naturhaushalte fehlen.

Noch ein Beispiel aus jüngster Zeit, das auch den unglaublich scharf ausgeprägten Gesichtsinn der Raubvögel betrifft: Ich wohnte mit meinem „Donner" in Ulmenhorst, hatte ihn frühmorgens für kurze Zeit neben seinem großen, flachen Badenapfe angefesselt und dann freigelassen, ohne mich weiter um ihn zu kümmern. Gegen Mittag geht mein Bruder, der viel mit dem Vogel gearbeitet hatte, über die Feldflur bei Rossitten, und plötzlich ist „Donner" über ihm und reitet dann auf die Faust bei. Rossitten und Ulmenhorst liegen sieben Kilometer auseinander, und der Falke war verkappt nach der Beobachtungshütte gebracht worden, und zwar zum ersten Male

Merlinfalke auf geschlagener Beute.

in seinem Leben. Er hatte sich also unterwegs nicht orientieren können. Ist der Vogel bei Ulmenhorst hochgestiegen und hat seinen Pfleger über den Wald hinweg auf sieben Kilometer erkannt?

Noch eine ähnliche Geschichte erlaube ich mir hier einzufügen, die gleichzeitig das gute Gedächtnis eines Falken zeigt. Ich war einst zur Herbstzeit mit einem meiner Falken auf einem Rittergute bei Cranz. Beim Verfolgen von Rebhühnern verstieß (das heißt verflog) sich der Falke. Er war verschwunden und trotz allen Suchens und Pfeifens nicht zu finden. Niedergeschlagen kehre ich zum Gutshause zurück, wo eine allgemeine Trauer um den schönen Falken einsetzt. Da öffnet sich plötzlich die Zimmertür, und herein tritt mein Sohn mit dem Falken auf der Faust. Was war geschehen? Mein Sohn war vom Bahnhof Cranz mit dem Gutsfuhrwerk abgeholt worden und hatte vom Kutscher unterwegs erfahren, daß mein Falke verschwunden war. Plötzlich sieht mein Junge hoch oben an den Wolken einen Wanderfalken in voller Fahrt dahinsausen. Er springt im Wagen hoch und winkt mit der Hand, weil das Federspiel in der Tasche verpackt war. Sofort schwenkt der Falke ein, blockt zunächst auf einer danebenstehenden Telegraphenstange auf und reitet auf die Faust bei. Mein Junge hatte während der Sommerferien

nur wenig mit diesem
Falken gearbeitet, er
war doch auch gar
nicht dabei, als sich
der Falke verflog,
die beiden hatten sich
seit Juli gegenseitig
nicht gesehen — und
doch hat der Falke
meinen Sohn sofort
nach Monaten und in
einem fremden Wagen
sitzend wiedererkannt.
Ich hätte nur ge=
wünscht, es wäre noch
ein fremder Fahrgast
mit im Wagen ge=
wesen, der von der
ganzen Sache nichts
wußte. Der hätte

Merlinfalke vor dem Abstreichen von der Fauft.

doch geglaubt, wir können die Vögel aus der Luft herunterhexen.

Das sind solche „Geheimnisse des Waltens der Natur", in die man durch die Falknerei kleine Einblicke bekommen kann. —

So oft werde ich gefragt, was schwieriger sei, einen Hund zu dressieren oder einen Beizvogel abzutragen. Nun, ich muß doch sagen, daß das Abtragen eines Beizvogels mehr Mühe verursacht. Es ist eben, wie der Kaiser Friedrich schon sagt, eine ars venandi, eine Jagdkunst, die man aber anderseits auch nicht überschätzen darf. Die Hauptschwierigkeit besteht meines Erachtens darin, daß man einem Vogel gegenüber zu wenig Zwangsmittel hat, die einem beim Hunde zur Verfügung stehen. Die Dressurmittel müssen im Jäger selbst liegen: Geduld und abermals Geduld, Selbstbeherrschung auch beim schwersten Widerstande, eine unendliche Tierliebe und ein Hin=
eindenken in die Tierseele. So verstehen wir sehr wohl die Worte

die der Kaiser Friedrich II. vor Jahrhunderten über den Falkner=
beruf gesagt hat, wenn sie uns auch in der Jetztzeit vielleicht etwas
eigenartig anmuten: Für so einen Mann muß Essen, Trinken,
Schlafen ganz Nebensache sein, wenn es sich um das Wohl seiner Beiz=
vögel handelt, und Strapazen darf er nicht scheuen. Auch Jähzorn
muß von ihm fernbleiben, wenn so ein Falke oder Habicht „schwer
ärgert", wie der Kaiser sagt, und nie darf er sich zu hastigen Be=
wegungen hinreißen lassen.

Sollte das alles nicht eine heilsame Zucht für den Jäger selbst
sein? O, in der Beizjagd liegt sicher viel Gutes und Schönes, so viel
Poesie, so viel Ritterlichkeit — und das alles wird vielleicht in der
jetzigen nüchternen Zeit doppelt angenehm empfunden. Drum seien
meine letzten Worte:

Hoch die edle Falknerei!

Druck: J. Neumann=Neudamm.